日本語
ライブラリー

日本語史概説

沖森卓也
［編著］

陳　力衛

肥爪周二

山本真吾
［著］

朝倉書店

執 筆 者

沖森卓也*	立教大学文学部	(1・5章)
陳　力衛	成城大学経済学部	(4・8章)
肥爪周二	東京大学大学院人文社会系研究科	(2・6章)
山本真吾	白百合女子大学文学部	(3・7章)

*は編著者，( )内は執筆担当章

はじめに

　本書は，日本語の歴史について知りたい，学びたい方のために入門用として編集したものです．この現在の一瞬はたちまちに過去となり，歴史のなかに記録されていきます．現在話されていることばも，そのまま言語の歴史を形成していくとともに，歴史的に変化してきた最先端の様相を呈しているともいえます．その意味で，現代語を深く知るためには，その構造と体系をもたらした日本語の歴史についての理解が必要不可欠なのです．

　言語にはいくつかの側面があります．まず，音によってことばが語られ，その音（音韻）と意味とが結びついた語（単語）を用い，文法という規則に基づいて表現されます．話しことばに対して，書きことばでは，その音や語が文字によって書き表されます．つまり，大きく音韻・文字・文法・語彙という分野にわけることができます．それぞれの分野でどのような流れをもっているのか，時代別に区切るのではなく，それ自体の変遷をよりわかりやすくするために，本書では分野別の章立てとしてその歴史を記述することを優先させました．

　そして，記述内容の理解に役立つように，図表をできるだけ作成して付表や資料として掲載しました．分野別にその変遷の様相を確認してください．これを縦軸とするならば，それぞれの時代の様相は個々の図表を関連づけることによって，いわば横軸からその概略を知ることができます．その意味で，付表の最初に掲げた「変遷の概要」を見渡すことによって，日本語の歴史が最も簡潔に把握できることでしょう．また，言語資料を示し，必要に応じて翻字・釈文（読み下し文）を付しました．これらの資料に実際に触れることによって，より具体的に理解を深めるようにしてください．

　ふだん何気なく用いている日本語ですが，その表現一つ一つに歴史があります．本書の記述はその変遷の概略にとどまりますが，これをきっかけにして，日本語に対する理解がさらに広く，かつ深くなることを切に願っています．

　2010 年 3 月

　　　　　　　　　　　　　　　　　　　　　　　　　　　　沖森卓也

目　　次

第1章　総　説 ……………………………………………… 1
- 1.1　日本語の範囲　*1*
- 1.2　日本語史の記述対象　*3*
- 1.3　日本語史の時代区分　*4*
- 1.4　日本語史の資料　*6*
- 1.5　言語変化のメカニズム　*7*

第2章　音韻史 ……………………………………………… 9
- 2.1　8世紀の日本語　*9*
- 2.2　音節構造の変遷　*13*
- 2.3　子音の変化　*21*
- 2.4　連濁と連声　*25*
- 2.5　アクセントの変化　*26*

第3章　文字史 ……………………………………………… 29
- 3.1　漢　字　*30*
- 3.2　万葉仮名　*34*
- 3.3　平仮名　*38*
- 3.4　片仮名　*42*
- 3.5　ヲコト点　*47*
- 3.6　仮名遣い　*47*
- 3.7　ローマ字　*50*
- 3.8　補助符号　*52*
- 3.9　〈ひねり〉と〈かさね〉の織りなす表記　*54*

第4章　語彙史 ……………………………………………… 55
4.1　固有の語彙と外来の語彙　*55*
4.2　和語の成長と意味発達　*58*
4.3　漢語の受容と応用　*65*
4.4　外来語の使用と増加　*75*

第5章　文法史 ……………………………………………… 80
5.1　用言と活用　*80*
5.2　体　言　*88*
5.3　助　詞　*91*
5.4　助動詞　*100*
5.5　現代語への過程　*104*

第6章　待遇表現史 ………………………………………… 109
6.1　待遇表現のあらまし　*109*
6.2　尊敬語　*111*
6.3　謙譲語　*113*
6.4　丁寧語　*114*

第7章　文体史 ……………………………………………… 116
7.1　漢文体　*117*
7.2　和文体　*119*
7.3　漢文訓読体　*120*
7.4　和漢混淆(交)文　*121*
7.5　言文一致体　*123*

第8章　位相語史 …………………………………………… 125
8.1　地域のことばの位相　*125*
8.2　謙譲と敬意の歴史的推移　*128*
8.3　男女のことばの差　*130*
8.4　雅俗の使い分け　*132*

目　次　v

参考文献……………………………………………………………… *135*

付　表………………………………………………………………… *139*
  1.　変遷の概要　*140*
  2.　音韻の変遷　*142*
  3.　音節の種類の変遷　*144*
  4.　アクセントの変遷　*146*
  5.　文字表記の変遷　*148*
  6.　平仮名字体表　*150*
  7.　片仮名字体表　*152*
  8.　漢字音対照表　*154*
  9.　語彙の変遷　*156*
 10.　文法の変遷と用言活用の変遷　*158*
 11.　助動詞の変遷　*160*
 12.　助詞の変遷　*162*
 13.　待遇表現の変遷　*164*
 14.　文体の変遷　*166*

資　料………………………………………………………………… *167*
  1.　稲荷山古墳鉄剣銘──5世紀の日本語表記　*168*
  2.　宣命──奈良時代の散文　*169*
  3.　万葉集［西本願寺本］──奈良時代の韻文　*170*
  4.　正倉院万葉仮名文書──奈良時代の万葉仮名文　*171*
  5.　讃岐国戸籍帳端書 有年申文──平安時代前期の草仮名文　*172*
  6.　源氏物語 桐壺［陽明文庫本］──平安時代の仮名文　*173*
  7.　長恨歌［正宗敦夫文庫本］──平安・鎌倉時代の訓点資料　*174*
  8.　類聚名義抄［観智院本］仏下末（十六オ）──鎌倉時代の漢字辞書　*176*
  9.　下官集［定家本］──定家仮名遣　*177*
 10.　阿弖河庄上村百姓等言上状──鎌倉時代の片仮名文　*178*
 11.　平家物語［高野本］──鎌倉時代の和漢混淆文　*179*
 12.　天草版 伊曽保物語──天草版ローマ字本　*180*

13. 蜆縮涼鼓集, 和漢音釈書言字考節用集——江戸時代の辞書　*182*
14. 浮世風呂——江戸時代後期の江戸語　*183*
15. 西洋事情, 真政大意——江戸時代から明治時代の外来語　*184*
16. 気海観瀾広義, 言海——江戸時代から明治時代の新漢語　*185*
17. 怪談牡丹燈籠, 浮雲, 夏木立, 金色夜叉——近代口語体と速記本　*186*
資料の所蔵先一覧　*188*

索　引··189

第1章 総　　　説

1.1 日本語の範囲

　日本語は日本国の公用語であり，古くから日本民族が用いてきた言語である．ただ，歴史的にみて，「日本語」がいつごろ出現したかということは明らかにしがたい．そもそも「日本語」という名称は「日本」という国名または地域名と密接にかかわるものであるから，日本国が成立する以前は，たとえば「倭国語」などと呼ぶほうがふさわしいともいえる．しかし，日本語という言語そのものを扱ううえでは，単に国名または地域名の成立とのみ関係づけることはできない．日本語をさかのぼって，社会や文化などの歴史という観点からも，ほかの言語とは異なり，その独自の性質をもつという内実によって，祖先として認めうるものを，その名称で呼ぶことは許されるであろう．

　そこで，日本語として解釈できる最も古い例を探すと，たとえば国名の「倭」が一人称のワ（「我が」のワ）に由来するとみれば，「漢倭奴国王」と記された，いわゆる金印の存在によって西暦57年までさかのぼることができる．中国の史書[1]の語るところからみても，日本語はその前後までさかのぼれよう．

　ところで，日本語の系統について，古くから北方起源説では，①語頭にr, l音がない，②母音調和[2]がある，③人称・性・数・格の変化がない，④前置詞ではなく後置詞を用いる，⑤修飾語が被修飾語の前にくる，などの特徴が指摘され，また，南方起源説では，①開音節[3]である，②頭子音が二つ以上重ならない，③

---

1) 『後漢書』に「建武中元二年，倭奴国 奉朝賀す．使人自ら大夫と称す．倭国の極南界なり．光武賜るに印綬を以ってす．」とみえる．
2) 母音調和とは，一定の言語単位（語幹や形態素など）を構成する母音の組み合わせに関する制限のことで，あるグループの母音どうしだけが共存できる．
3) 音節末尾が母音で終わるものを開音節，音節末尾が子音で終わるものを閉音節という．

人称・性・数・格の変化がない，などの特徴が説かれてきた．しかし，比較言語学[4]の立場からみて，日本語と同系と認められる言語はいまだに認められない．このことも日本語の成り立ちについて言及することを困難にしている．

ちなみに，日本語の起源について付言すれば，おそらく，極東アジアの，太平洋に面する島国において，南方系のオーストロネシア語族[5]の言語を基層とし，これに北方系のアルタイ諸語[6]の言語がおし寄せた結果，さまざまな言語の特性を併せもつ独自の言語が形成されてきたというように想定される．このことは日本人の身体的特徴とも関連しよう．弥生文化が北方系の要素の影響が強いことから，北方系の言語が日本列島の言語にその性質を付与したとすれば，それは弥生時代に入ってからということになる．ここに，文献時代以前の日本語の胚胎期が始まると考えられる．

一方，地域的分布からみると，日本語の方言は一般に表1.1のように区画される．

琉球方言は，独自に発達した面も多いことから，日本語の姉妹語として琉球語と呼ばれることもあるが，日本語との類縁関係は実証されており，ふつう日本語の二大方言の一つとして扱われる．「日本語は……」などという場合の日本語とは，ふつう共通語もしくは中央語をさし示すのであるが，日本語のなかにはさまざまな特徴をもつ方言が存在することを忘れてはならない．

表1.1 方言の区画

内地方言	東部方言 西部方言 九州方言
琉球方言	奄美大島方言 沖縄方言 先島方言

---

4) 比較言語学とは，複数の言語が共通の祖語にさかのぼれることを，音韻対応の法則性などによって立証しようとする言語学の一分野．
5) オーストロネシア語族は，マライ－ポリネシア語族，アウストロネシア語族とも呼ばれたもので，北は台湾から南はニュージーランド，東はハワイ・イースター島から西はマダガスカル島に及ぶ広大な地域で話される諸言語のこと．元来語末子音もあったが，後に一部の言語で脱落したとされる．
6) アルタイ諸語とは，西アジア・中央アジアから北アジアの諸民族によって話される諸言語のことで，ツングース諸語（満州語など）・モンゴル諸語（モンゴル語など）・テュルク諸語（トルコ語・ウズベク語・カザフ語など）などの総称．

1.2 日本語史の記述対象

　日本語の歴史という場合，日本列島におけるそれぞれの地域の言語がその歴史記述の対象となることが望ましい．しかし，方言には古い資料が乏しく，その歴史を体系的に記述するのはなかなか困難である．このことから，とりあえずは文献資料が豊富な「中央語」の歴史を記述するのを優先させることとなる．こうして，日本語の歴史という場合，一般に中央語を主たる記述対象とするが，可能なかぎり方言の歴史にも配慮すべきことはいうまでもない．

　さて，中央語，すなわち政治・文化の中心である都の言語という点に関しても留意する必要がある．古く，都は飛鳥・大坂・奈良，そして千年弱，京都に置かれており，これら畿内地域が中央語の地位にあったものが，18世紀中ごろ（江戸時代中期）以降，しだいに江戸が上方と並び立つようになり，さらに東京が首都となったという歴史的背景がある．すなわち，地理的にみると，その中央語の位置が大きく移動しているという点は念頭においておかねばならない．

　さらに，現存する資料の性質からみて，古い時代ほど特定の階層の人々の言語しか残されていないことも事実である．すなわち，文字の使用者は限られることから，記述可能な言語も特定の階層に限定されることになる．奈良・平安時代では貴族および僧侶のことばが中心であり，これらのことばは庶民階層のことばや方言とは異なったものであったことは「下衆のことばには必ず文字余りたり」（清少納言『枕草子』同じことなれども），「此当国方言，毛人方言，飛騨方言，東国方言」（『東大寺諷誦文稿』）などの記述によって知られる．そして，鎌倉時代になると，武士のことば，新仏教の信者たちのことばなどもこれに加わり，室町時代には上層町人のことばもしだいに記されるようになった．江戸時代になると，特にその後期には下層町人のことばも知られるようになる一方，方言資料もしだいに増加していった．このほか，ことばの位相には男女・年齢・職業などによる差異も考えられるが，資料によって判明する範囲には制約がある．これらを含めて，どのような人々の言語が史的に記述されているかということも留意点の一つである．

　そして，日本語の歴史は話しことばを記述するのが一般的である．文字を獲得すると，書きことばが生じるが，その当初は話しことばに基づいて書くというも

のであったとみられる．しかし，書きことばに規範的な体系が確立されると，しだいに話しことばとは乖離するようになる．日本語の場合，平安時代まではこの両者にほとんど違いがなかったようであるが，鎌倉時代になると，前代，すなわち平安時代の言語を規範とする書きことばが用いられるようになった．話しことばが言語の変化を反映するのに対して，書きことばは守旧的・保守的であるため，言文二途の時代に至るのである．その隔たりは時代の変化とともにはなはだしくなり，明治20（1887）年以降の言文一致運動によって話しことばに基づく書きことばが用いられるまで続いた．書きことば，すなわち文語の歴史も言語生活という観点からみると，その解明も必要ではあるが，時代によることばの変化を明らかにすることが日本語の歴史の立場であるから，第一義的には話しことば，すなわち口語の歴史を記述対象とすることになる．実際には文語のなかに口語の反映を求めることにもなるが，その「ずれ」から捉えられる断片的な事実から浮かび上がる様相こそが，言語史の自然な流れを物語るものである．ただし，口語といっても，そこにも俗語的なもの，やや改まったものなどの差異もあるから，それはある幅をもったものでもある．

1.3　日本語史の時代区分

そもそも，歴史を研究・理解するのは，現在の状況や現象を客観的，実証的かつ主体的に認識するためである．それ自体無自覚な時間の流れを，時代のそれぞれの特色によって概括し，それによって自覚的に歴史のうえに時代を位置づけるのは，現代を見据えるための必須の作業である．時代区分の概念はいうまでもなく，ヨーロッパにおいてルネサンス期以後に生じたもので，模範とすべき古代，その再生（ルネサンス）である近代，そしてその中間に位置するのが，克服すべき暗黒の時代である中世というものであった．のちに歴史時代に近世の概念が設けられ，古代・中世の意味づけもルネサンス期当時とは異なってきたが，こうした名称は歴史の時代区分の名称として言語史や文学史などにも，幅広く用いられてきている[7]．

日本語史でいうと，三分法では，古典語の成立期（～1086）までを古代語，古

---

7)　一般に，日本史の時代区分は古代（大和朝廷の成立から摂関政治の終焉まで）・中世（封建制時代のうち前期）・近世（封建制時代のうち後期）・近代（明治維新以降）の四分法に基づく．

表 1.2　日本語史のさまざまな時代区分

二分法	三分法	四分法	五分法	七分法	政治史的区分
古代	古代	古代	上代	上代	奈良時代以前
			中古	中古	平安時代
	中世	中世	中世	中世前期	院政・鎌倉時代
				中世後期	室町時代
近代	近代	近世	近世	近世前期	江戸時代前期
				近世後期	江戸時代後期
		近代	近代	近代	明治以降

典語が姿を変えていく院政時代から安土桃山時代まで（1086〜1603）を中世語，現代語的な様相を呈する江戸時代以降（1603〜）を近代語，と呼ぶのがだいたいの傾向である．その古代語を，古典語として未完成である奈良時代以前のものを上代語，後世模範とされる古典語として完成した平安時代のものを中古語（院政時代を含まないことが多い），また，その近代語を，現代語の萌芽としての江戸時代のものを近世語，現代語とほぼ同じ様相を呈する明治維新以降のものを近代語と名づけることもある（表1.2）．

これに対して，大きく二つに分けて，古代語・近代語と称することがある．この場合，ふつう南北朝時代（1333〜1392）[8]を境にして，古典語的な様相を呈する時代と，それが移ろい変わり現代語的な様相となる時代とに区分される．アクセントが大きく変化したり，「ている」「てやる」のような新しい言い方が出現したり，また「ござる」「まらする（「ます」の古形）」などの丁寧語が発達したりするなど，前代とは大きく異なる言語事象が認められる．

さらに，中世語・近世語をそれぞれ前期・後期に分ける場合もある．前記の南北朝を境とする大きな変化に着目すると，中世前期語と中世後期語とに区分でき，また，中央語の移行[9]を反映して，上方を中心とする近世前期語と，江戸を中心とする近世後期語とに分けることもできる．

これらとは別に，政治史に基づいて政権の所在地による，奈良時代（およびそれ以前）・平安時代・鎌倉時代・室町時代・江戸時代などの時代区分の名称を用い

---

8)　南北朝時代の扱いには諸説あるが，二分法では古代に入れられることが多い．
9)　江戸に幕府が開かれた後も上方が文化の中心地であったが，宝暦年間（1751〜1764）ごろから独自の江戸文化が芽生え，東京語の母胎となる江戸語の特色が現れる．

ることもある．社会や文化が言語と密接な関係にあることを考慮すれば，そのような区分のしかたにも首肯できる点がある．ただ，それは読み手に対して，ある時期を特定するという便宜的な手段であって，厳密には，政治体制に立脚した名称を時代区分に用いることの有効性を実証しておく必要がある．

　いずれにしても言語史の時代区分は，言語の通時態なるものの実証に立脚して厳密に行われなければならない．結果的に政治史のそれと異ならないと結論づけるにせよ，言語事象の諸相を実証的に分析し，それによって時代区分として意味づけすることが必要である．それをいくつに区分すべきかは，時代区分の概念として妥当であるという判断に基づくべきであろう．

　その意味で，とりわけ「近代語」という場合には注意を要する．ふつう「近代」といえば，明治以降，大正もしくは昭和前期までをさすことが多い．したがって，「近代語」をそうした時期の日本語と受け取ることも無理はない．これを日本史の時代区分でいう「近代」の日本語という意味で用いることはむしろ少ない．一般的に「近代語」は，現代と連続するが，前代とはかなり相違点のみられる時代という実質的意味づけで，室町時代以降もしくは江戸時代以降の日本語のことをさす．

1.4　日本語史の資料

　日本語の歴史を記述するための資料としては，日本語そのものを，もしくは日本語について記された文献が用いられる．それには日本国内のものと日本国外のものとがあり，また，日本の文字で書き記されたもの以外にも中国語，朝鮮語，ポルトガル語，英語などの外国語によるものもある．このような文字で記された資料，これを文献資料と称することがあるが，これ以外にも，音声として今日に残されているもの，たとえば方言や芸能（謡曲・浄瑠璃など）・声明[10]，新しくは録音資料などによっても古い時代の日本語を，部分的ではあるが，知ることができる．ただ，方言や芸能・声明などは古い姿を伝えてきたものであって，ある年代の言語として特定することができない．その点で，言語地理学[11]が文献によ

---

10)　声明とは，仏教儀礼に用いられた，仏典に節をつけた音楽．
11)　言語地理学は，語の地理的分布を言語地図を通して比較・分析し，言語の歴史的変遷を研究しようとする言語学の一分野．

る歴史的研究を補う面があることなどは認めつつも，文献資料が時代性を反映するものとして中心的な研究対象となる．

ただし，文献の時代性にも留意すべき点がある．それが原本であるのか，著者または編者の自筆本であるのか，また写本（後人が転写したもの）であるのか，また出版物であれば初版であるのか，いつの版行であるのかなどというように，その言語事象がどの年代のものを反映しているかということを厳密に把握しておく必要がある．古くは自筆本が残されていることはまれであって，その場合，本文批判などを通して原本を忠実に復元することが求められる．

1.5　言語変化のメカニズム

言語は時の流れとともに変化するが，それにはさまざまな要因が考えられる．これを大きく，言語内的要因と言語外的要因に分けることができる．前者は，その言語体系内における不均衡，未整備な部分を是正しようとするものである．たとえば，ガ行鼻音は，ザ・ダ・バ行で濁音の鼻音的要素が消失したことによって，現代では体系的に均衡を保つためにその鼻音が失われつつあること，助動詞「ない」は16世紀（室町時代後期～安土桃山時代）の東日本方言で確認でき，終止連体形しかなく無活用であったが，19世紀（江戸時代後期）になると，形容詞「ない」からの類推によって「なかろ（う）」「なかっ（た）」のような活用形を有するようになる，などの言語事象がそれに当たる．後者は，より効率のよい伝達を求めたり，新しい言い方を好んだりする人間の心理や，外国語との接触による社会的影響などがその一例である．外国語が日本語に干渉すると，その語（単語）をそのまま借用したり翻訳したり，「何が彼女をそうさせたか」のように非情の物を主語とする使役文にみられる，欧米語の言い方を直訳的に日本語に取り込んだりするなど，非日本語的要素が関与するようになる．古くは中国語による影響が甚大であった．

言語表現を明晰化しようとする欲求も言語に大きな変化を与える．主格を表す「が」，目的格を表す「を」が助詞として成立したのは論理的関係を明確にするためであり，過去推量の「けむ」が「ただろう」，否定推量の「まい」が「ないだろう」というように連語によって表現されるようになるのも，過去・推量・否定という文法的カテゴリーを分析的に言い表そうとした結果である．

また，ある語形を，別の使用頻度の高い優勢な語形に似せようとする類推によって，変化が生じることもある．漢語「牛耳」「四角」などを用言の活用語尾から類推して「牛耳る」「四角い」のように用言化したり，「輸出」「輸入」にみられる「輸」は本来はシュという音であるが，「兪」から類推してユと誤って読んだり，また，可能動詞を五段活用以外の動詞においても「見れる」「食べれる」「来れる」などと用いたりするのも，この類推によるものである[12]．

　言語は人間の根源的な活動を支えるものの一つであり，その活動の時を常に新たな表現の場とする．したがって，そこには前代のものを継承しようとする慣用や惰性のなかに，そこから逸脱しようとする変異が恒常的に胚胎している．それを契機として大きなうねりとなって言語社会全体に変化をもたらすのである．このような言語変化のメカニズムが言語を変貌させ，ある方向に導く．その意味で，日本語史は現代語を映し出す鏡ともいえる．

---

[12]　可能動詞は五段動詞を下一段活用させることで生じたもので，kak-u（書く）に対する kak-eru（書ける）という対応から mir-u（見る）に対する mir-eru（見れる）が類推される．また，可能の意の助動詞「れる」は五段活用の，「られる」はそれ以外の未然形に本来は付くが，いずれの動詞の場合でも未然形に「れる」が付くと類推されたともいえる（食べ〈未然形〉＋れる）．

第2章 音韻史

2.1 8世紀の日本語

(1) 上代特殊仮名遣

『古事記』(太安万侶,和銅5年〈712〉)『日本書紀』(舎人親王(撰),養老4年〈720〉)や『万葉集』に用いられている万葉仮名を分析すると,後世の仮名の体系からは説明できないような,文字の使い分けがあることが知られる.たとえば『万葉集』において,「ゆき(雪)」「つき(月)」は,それぞれ「由企・由伎・由岐・由棄・由吉・遊吉」「都奇・追奇」のように表記される.実は「キ」の音を表す仮名は,「支岐伎吉棄枳企…」「紀貴奇騎綺寄記…」の二つのグループに分かれて,原則として互換性をもたないのである.そして,「秋・時・先・君」の「キ」には前者のグループの万葉仮名が,「木・霧・起き・あしひきの」の「キ」には後者のグループの万葉仮名が使われている.この二種類の「キ」の使い分けは,平安時代以降には失われてしまった,上代語の発音の違いによったものである.同じように,二群の仮名の使い分けが,「ギ・ケ・ゲ・コ・ゴ・ソ・ゾ・ト・ド・ノ・ヒ・ビ・ヘ・ベ・ミ・メ・ヨ・ロ」においても見出される[1].これを五十音図上に丸を付けて示すと,図2.1のようになる(対応する濁音は省略).イ段・エ段については,カ行・ガ行・ハ行・バ行・マ行という,子音の調音に前

図 2.1 二群の仮名を使い分ける音

---

1) 『古事記』では,これに加えて「モ」の音にも二群の仮名の使い分けがあるとされる.

舌面が関与しない行においてのみ，この区別がみられる．

以上のような万葉仮名の使い分けは，伝統的に「上代特殊仮名遣」と呼ばれ，二種類の音は，分析・整理したうえで，甲類・乙類の呼称で区別するのが慣例である．

これらの音の違いが，具体的にどのようなものであったかということは，使用されている音仮名の，当時の中国における発音や，後世の日本語との連続性などを勘案して推定される．たとえば，有坂（1955）の推定では，以下のように，頭子音以外の部分の差であると解釈される．

　　ア段　　　　[-a]
　　イ段甲類　　[-i], イ段乙類　　[-ïi]
　　ウ段　　　　[-u]
　　エ段甲類　　[-e], エ段乙類　　[-əe] または [-əi]
　　オ段甲類　　[-o], オ段乙類　　[-ö]

諸家の推定は，音声学的には，上の有坂の推定との歩み寄りが不可能なほど相違することはないが，これを音韻論的にどう解釈するかについては，さまざまな考え方がある[2]．現在，上代語の音節は，一つの子音と一つの母音が組み合わさったCV音節のみを認める[3]のが一般的であり，甲乙の別をすべて母音の差と解釈する，八母音説が広く行われているが，オ段に関しては母音の違い，イ段・エ段に関しては子音の違い（口蓋化の有無[4]），とする解釈のほうが，共時分析としては，合理性が高く有力である．

これらの音の区別は，奈良時代末ごろには混乱しはじめ，平安時代初期には，

---

2) 現代共通語の類例を挙げると，「か」と「きゃ」の音韻論的解釈には数通りの立場があり，「か」については /ka/ でほぼ異論はないが，「きゃ」については，二つの音素から成り立つとする，/kʲa/・/kä/ のような解釈，三つの音素から成り立つとする /kja/ のような解釈がありうる．つまり，「か」と「きゃ」の音韻論的な差は，子音の違いとする説，母音の違いとする説，半母音音素の有無の差とする説が可能である．しかし，音声実態の観察に関しては，以上の解釈の間に極端な差があるわけではない．

3) Cは子音音素，Vは母音音素を意味する．また，ア行については，上代語に喉音音素 /'-/ の存在を認める立場と認めない立場とがある．

4) 口蓋化の有無は，調音に前舌面が関与しない子音のほうが区別をしやすい．イ段・エ段甲類は口蓋化した子音で，乙類は通常の子音と解釈される．たとえば，キの甲乙の対立は，/kʲi/：/ki/ のように解釈される．

コ・ゴを除いて消滅し，コ・ゴ甲乙の区別もまもなく失われた[5]．

(2) 音配列の制限

古代日本語（字音語を除いた和語）には，後世の日本語には存在しない，いくつかの音配列上の制限がある．

a. 濁音

古代語には濁音で始まる自立語は存在しなかった．ただし，オノマトペに関しては，「鼻びしびしに〈毗之毗之尓〉（『万葉集』892）」のような例が既にあり，「馬声蜂音石花蜘蟵荒鹿（『万葉集』2991）」は「いぶせくもあるか」と読まれるので，蜂の羽音は「ブ」であったと推定できる．後世，「うばふ・むばふ＞ばふ（奪）」「うばら・むばら＞ばら」「いだく・うだく・むだく＞だく」のように，語頭音節の脱落により，和語でも語頭に濁音が露出するようになった．

b. ラ行音

濁音と同様に，ラ行音で始まる自立語も存在しなかった．オノマトペに関しても，ラ行で始まるものは，かなり時代が下るまで指摘できない．中国語のl-の子音（来母）は，朝鮮漢字音の場合と異なり，日本漢字音では安定的にラ行で受け入れられていた．ただし，「硫黄 イワウ（古くはユワウ・ユワ）」は例外的にl-を脱落させている．

c. 母音連続

上に述べたとおり，上代語には，音韻論的には，CVVのような音節内の母音の連続（二重母音）が存在しなかったと考えられるが，音節境界を挟んだ母音の連続（母音連接）も，避ける傾向が強かった[6]．

複合や語の連続の結果として，母音連接が生じる場合には，これをなんらかの方法で回避することがあった（用例はいずれも『万葉集』による）．

①母音脱落（一方の母音を脱落させる）

  吾妹＞わぎ甲も（和伎母），荒磯＞ありそ甲（安利蘇）

  離磯＞はなれそ甲（波奈礼蘇），山之上＞やまの乙へ乙（野麻能閇）

---

5) コ・ゴ甲乙の区別を残す平安初期の文献としては，西大寺本『金光明最勝王経』平安初期点，『新撰字鏡』，興福寺本『日本霊異記』訓注などが知られている．

6) ア行に喉音音素 /'/ を認める場合には，厳密には母音連接と呼べないが，ここでは慣例に従う．サンスクリット語のように，母音連接を徹底的に排除する言語に比べると，上代日本語の母音連接回避はゆるやかである．母音連接を避けなくなっていく過渡期の状態かもしれない．

吾家＞わがへ甲（和我覇）・わぎ甲へ甲（和伎覇）
　　と言ふ＞とふ（登布）・ちふ（知布）[7]
　②母音融合（二つの母音が融合して，別の一つの母音になる）
　　長息＞なげ乙き甲（奈宜吉），咲有る＞さけ甲る（佐家留）
　③子音挿入（二つの母音の間に子音を介入させる）
　　春雨＞はるさめ乙（波流佐米）[8]

(3) 上代語よりも前の段階の日本語

　上代語においてはCV音節のみを認めるのが主流であるが，上代よりも前の段階においては，むしろCVV音節（二重母音）の存在を認めるのが一般的である．前項で扱った母音融合の諸例から，a＋i→e乙，i＋a→e甲という公式が導き出され，エ段音は甲類・乙類ともに，出現頻度がほかの母音に比して顕著に低いことなどから，これらは前代の二重母音・母音連接が変化して形成された，二次的な母音であるとされることがある．そして，以下のような「被覆形」「露出形」の関係にある語例を手がかりに，前代の二重母音が推定される．

　　酒（サカ―サケ乙），風（カザ―カゼ），手（タ―テ），　金（カナ―カネ），
　　上（ウハ―ウヘ乙），雨（アマ―アメ乙），群（ムラ―ムレ）
　　月（ツク―ツキ乙），神（カム―カミ乙），栗（クル―クリ）
　　木（コ乙―キ乙），　火（ホ―ヒ乙），　遠（ヲト乙―ヲチ）

「被覆形＋*i」が「露出形」であると考えられるので，上代語よりも前の段階に，二重母音 /*ai/，/*ui/，/*öi/ がとりあえず推定され[9]，それらが上代語では，エ段乙類・イ段乙類・イ段乙類（の少なくとも一部）になっていることになる．このほかにも，推定されている二重母音・長母音があるが，詳細は略す．

---

7)　「ちふ」は「といふ」の母音融合形とも解釈できる．
8)　「さめ」などが古形であり，語頭位置において子音が脱落したとする解釈もある．同様の例として，「見之禰（御稲）」「神楽歌」，「粳米，宇留之禰」（『本草和名』深根輔仁〈撰〉，延喜年間〈901～923〉）など．
9)　厳密には，上代の /a/・/u/・/ö/・/i/ の元となった母音を推定する必要がある．また，二重母音ではなく，母音連接であった（二音節であった）と解釈する余地は残される．

2.2 音節構造の変遷

(1) 音便の発達と重音節の歴史

上代の日本語には，CV 音節のみが存在したと考えられる．しかし，平安時代に入ると，イ音便・ウ音便・撥音便・促音便の発達によって，CVV 音節・CVC 音節のような重音節が登場する．

a. CVV 音節

イ音便　イ音便の一般化により，平安時代以降の日本語には，CVi 音節が存在するようになった．キ・ギから転じたものは平安時代初期からみえ，シから転じたものは，それにやや遅れて例が指摘できるようになる．

　　次ッィテ（『願経四分律』平安初期点）

　　先サィタて（『金光明最勝王経』平安初期点）

　　敏トィこと（『大唐三蔵玄奘法師表啓』平安初期点）

　　了了ワイワイシ〈くし〉て（『法華経玄賛』平安中期点）

　　ついたち（青谿書屋本『土左日記』）

　　下クタィて（『守護国界主陀羅尼経』平安後期点）

　　脅オヒヤカイテ（『大唐西域記』平安中期点）

　　まいて（「小野道風書状」）

なお，漢字音では，海ヵィ・水スィ・提ティのように，CVi 音節が豊富にあるが，古くはこれを回避して，「双六乃佐叡（『万葉集』3827）」「珮波江反（『一字頂輪王儀軌音義』）」のように，CVje の形で二音節化して日本語に取り入れたこともあった．

ウ音便　ウ音便の一般化により，平安時代から江戸時代初期の日本語には，CVu 音節が存在していた．ク・グ・キ・ガから転じたものが，平安時代初期からみえる．ヒ・フから転じたものは，やや遅れて平安時代中期ごろからみえはじめる．

　　徐ャゥャク（『願経四分律』平安初期点）

　　馥カウハシ（『地蔵十輪経』元慶 7 年〈883〉点）

　　詣マゥテ（『金光明最勝王経』平安初期点）

冠_(加字布利)_（道円本『和名(わみょう)類聚(るいじゅ)抄』）[10]

妹_(伊毛宇止)_，舅_(之宇止)_（道円本『和名類聚抄』）

また，ウの挿入と解されるものもある．

辨_(マウケ)_（『金光明最勝王経』平安初期点）

与宇佐利止利（「催馬(さいば)楽(ら)」）

やうか（青谿書屋本『土左日記』）

なお，漢字音では，高_(カウ)_・九_(キウ)_・空_(クウ)_・教_(ケウ)_・口_(コウ)_のような，CVu 音節が豊富にあるが，古くはこれを回避して，「陶_(タヲ)_（『沙門勝道歴山瑩玄珠碑』平安初期点）」「昊_(カヲ)_（『大唐三蔵玄奘法師表啓』平安初期点）」「芭蕉_(発勢乎波)_（道円本『和名類聚抄』）」のように，CVwo の形で二音節化して日本語に取り入れたこともあった．CVu 音節は，「高 カウ→コー」「九 キウ→キュー」「教 ケウ→キョー」「口 コウ→コー」のように，のちに CV$_R$ 音節に転じることになる（/R/ は引き音素）．

オ段長音　「教_(ケウ)_」「興_(キョウ)_」は，現代の漢字音ではともに「キョー」と発音され，「高_(カウ)_」「紅_(コウ)_」は，ともに「コー」と発音される．これらは古くは，発音の区別が保たれていた．このうち，「ａウ」「ｏウ」（および「ｉヤウ」「ｉヨウ」）の対立を，特に「オ段長音の開合」と呼ぶ．

「ｅウ」と「ｉヨウ」の混乱は，院政時代ごろからみえはじめ，多くは漢字音の例であったが[11]，「ゑふ→よう（酔）」のように，一部の和語の語形にも影響を与えることになる．一方，江戸時代以降に一般化した「ａウ」「ｏウ」の合流は，多くの和語をも巻き込み，文法的には，四段活用の五段活用化という変化をもたらすことになった．これは，二重母音音節 CVu・CVi のうち，CVu 音節が許容されなくなるという，日本語史の大きな流れに則った変化である．室町時代末期（合流直前）のオ段長音開合の音声的実現は，キリシタン資料の記述や現代の方言から推定して，[ɔː]：[oː]（または [ou]）のようであったと考えられる．一方，その音韻論的解釈には，/ɛɛ/：/oo/，/ao/：/oo/，/oo/：/ou/ などの諸説があるが，/-au/：/-ou/ と解釈しても問題はない．むしろ，日本語音節構造史において，CVV 音節は，平安時代の CVu, CVi のみを許容する体系から，現代の CV$_R$, CVi

---

10）順に，「ヤクヤク」「カグハシ」「マキテ」「カガフリ」の転．ただし，「ヤウヤク」は「ヤヲヤク」「ヤヤク」の転とする解もあり，「カウブル」も「カガフル」が「カブル」に転じた後に，ウが挿入されて「カウブル」になったとする解もある．

11）氷「ヒョウ〜ヘウ」などは，中国原音の側に揺れの原因がある可能性もある．どこまでが日本語の内的変化であるのか，外来語音の問題であるだけに判定が難しい．

のみを許容する体系へと変化した，とシンプルに記述できることになる．

引き音素の成立[12]　　平安時代に入ると，イ音便・ウ音便の結果として，CVi・CVu 音節が日本語に許容されるようになるが，そのなかには，Cii・Cuu というタイプの音節も存在する．「きいて（聞）」「あつうして（熱）」などが，その例である．これを長母音と解釈することも可能ではあるが，これらは，CVi・CVu 音節の一種にすぎないともいえるので，CVR 音節の成立とまではいいにくい．したがって，オ段長音の問題が，長母音成立を判定するうえで最大のポイントとなる．しかるに，前項で述べたように，室町時代末期のオ段長音開合の音韻論的解釈には，さまざまな立場がある．/ɔɔ/：/oo/，/ao/：/oo/，/oo/：/ou/ などの解釈をするのならば，この時点で，引き音素 /R/ が成立していると読み替えることが可能になるが，/-au/：/-ou/ と解釈するのならば，オ段長音の開合の合流を待って，引き音素が成立したと解釈することになる．

江戸語の連母音音訛　　江戸語において顕著である連母音音訛も，異種の母音連続（二重母音・母音連接）を忌避する現象の一種である．

現代共通語において許容される二重母音 CVi は，江戸語のある位相においては忌避されて，長母音化する．つまり，CVV 音節として，CVu も CVi も忌避されて，CVR のみが許容される体系ということになる（用例は，いずれも式亭三馬『浮世風呂』（文化 6～10 年〈1809～1813〉，『浮世床』（文化 10～11 年〈1813～1814〉）による）．

　　[ai] → [e:]　せけへ（世界），てへそう（大層），はりゑへ（張合）
　　[ui] → [i:]　わりい（悪），あっちい（熱），いいごん（遺言）
　　[ei] → [e:]　いせへ（威勢），てへし（亭主），ごこんれへ（御婚礼）
　　[oi] → [e:]　ふてへ（太），おとてへ（一昨日），おもしれへ（面白）

さらに，これが短呼されることもある（ただし，例は少ない）．

　　ちげね（違），いちめ（一枚），ともれ（弔），おでこさん（大根）

江戸語の連母音音訛は，間に音節境界をもつ母音連接の場合にも生じる．

　　[a.e] → [e:]　けへる（蛙），くちごてへ（口答），きめへ（気前）

---

12) ここでは，通説に従って，古代語には母音の長短の対立が存在しなかったという前提のもと，いかにして現代の長母音が成立したのかを述べる．なお，長母音の音韻論的解釈は，「おかあさん」ならば，/ˈokaasan/ のように同母音の連続と解釈する立場と，/ˈokaRsan/ のように，引き音素 /R/ を立てる立場があるが，ここでは後者に従う．

［o.e］→［e:］　こけへ（爰へ），どけへ（何処へ）
［i.e］→［e:］　をせへる（教），わがゑへらく（我家楽）

b. CVC 音節

　平安時代に入ると，**撥音便・促音便**の結果として，CVC 音節が存在するようになった．このうちの撥音便の結果として生じた撥音（音節末の鼻音）は，後世（鎌倉時代以降）とは異なり，二種類のものが音韻論的に区別されていたとされる．

　m 音便　ビ・ミ・ヘ・モなどから変化した撥音はm音便と呼ばれ，平安時代初期からムで表記するのが原則であった．

　　　謄ﾌﾑﾀ（フミタより）（『四分律行事鈔』平安初期点）
　　　つむたる・よむたる（ツミタル・ヨミタルより）（青谿書屋本『土左日記』）
　　　歴ｴﾗﾑﾃ（エラビテより）（『漢書楊雄伝』天暦2年〈948〉点）
　　　使ﾂｶﾑﾏﾂﾙ（ツカヘマツルより）（『蘇悉地羯羅経略疏』天暦5年〈951〉点）
　　　固ﾈﾑｺﾛ（ネモコロより）（『法華経玄賛』平安中期点）

後続音には特に制限がなく，尊敬の接頭辞「おほむ（御・オホミより）」は，「おほんありさま・おほむいらへ・おほむよろこび（『源氏物語絵巻』）」のように，ア行・ヤ行・ワ行の前にも用いられる．「あそむ（朝臣・アソミより）」のように，語末位置にもm音便は生じた．つまり，m音便の撥音は，後続音からの独立性を保つことが可能であった．

　n 音便　ニ・リなどから変化した撥音はn音便と呼ばれる．古くは無表記であり，その原則は後世まで続くが，11世紀（平安時代後期）以降には，ムやン（古くは一画でレのような符号）の仮名で表記された例もみえるようになる．

　　　蔵ｷ蒆ｽｲﾄｻｶﾅﾘ（サカリナリより）（『大唐三蔵玄奘法師表啓』平安初期点）
　　　奈世无尓加（ナニセムニカより）（『有年申文（讃岐国戸籍帳端書）』貞観9年〈867〉）
　　　敦ｲｶﾝ（イカニソより）（『漢書楊雄伝』天暦2年〈948〉点）
　　　成ﾅﾑﾇ（ナリヌより）（『成唯識論』寛仁4年〈1020〉点）
　　　定ﾀﾝﾇ（タリヌより）（『秘密曼荼羅大阿闍梨耶付法伝』康平3年〈1060〉点）
　　　何ﾅﾝｿ（ナニソより）（『法華経遊意』承保4年〈1077〉点）
　　　焉ｲｯｸﾝｿ（イツクニソより）（『大慈恩寺三蔵法師伝』承徳3年〈1099〉点）

訓点資料の用例では，後続音はナ・ヌ・セ・ソなど，舌音行に大きく偏る．ただし，平仮名文献では「あべし（アルベシより）」「あめり（アリメリまたはアル

メリより)」のような例もあるので，後続音が舌音のときに当該変化が起こりやすかっただけで，音声的には［-n］に固定されていなかった（次項の促音と同様に，後続音に対する待機音としての性質の強い要素であった）とする考え方もある(肥爪，2008)．

促音便　チ・リなどから変化したものが促音便である．後続音は，タ・テ・スなどの舌音行に偏り，この条件下で当該変化が起こりやすかったようである．古くは無表記であったが，11世紀以降には，ムヤンの仮名でも表記された例もみえるようになる[13]．ツの仮名による表記は，11世紀末ごろから若干例が指摘できるが，一般化するのは，鎌倉時代中期以降である．

　　　令召ノタマフ（ノリタマフより）（『金剛波若経集験記』平安初期点）
　　　妄イッハテ（イツハリテより）（『地蔵十輪経』元慶7年〈883〉点）
　　　度ノトル（ノリトルより）（『漢書楊雄伝』天暦2年〈948〉点）
　　　因ヨテ（ヨリテより）（『法華義疏』長保4年〈1002〉点）
　　　度ワタムて（ワタリテより）（『成唯識論』寛仁4年〈1020〉点）
　　　昇ノホンテ（ノボリテより）（『金剛頂瑜伽経』康平6年〈1063〉点）
　　　欲ホンス（ホリスより）（『史記孝文本紀』延久5年〈1073〉点）

c. CVC音節とCVV音節の交渉

　m音便形とウ音便形は，しばしば交替する．多くは，m音便形→ウ音便形という方向の変化と解される．特に，規則的に起こったのは，バ行・マ行四段動詞の音便形で，平安時代には「遊むで」「悲しむで」のごとくm音便形をとったが，室町時代の抄物・キリシタン資料においては，「アソウデ」「カナシウデ」のごとく，ウ音便形を原則とする[14]．「カムバシ〜カウバシ」「アキムド〜アキウド」「カムガヘ〜カウガヘ」「カム〜カウ（上・髪）」等々，両形が併存する語は多い．字音語でも，「コムヤ〜コウヤ（紺屋）」「サム〜サウ（三）」など，並行する現象が指摘できる．

---

13) つまり，促音の表記は，n音便の撥音の表記と強い連関をもっていた．
14) ただし，語幹末尾がウ段音の場合には，「すすんで」「にくんで」「やすんで」のように撥音便形をとる．また，語幹が一音節の場合には，「やんで〜やうで」「よんで〜ようで」のように両形をとる．

(2) 拗音の発達とアヤワ三行の統合
a. 拗音の歴史

キヤ・キヨなどの開拗音，クワ・クヰなどの合拗音は，当初は漢字音という外来語にのみみえる要素であった．そのため，古くは表記が一定せず，「嶺令，浄上，若尺，桓観，輝鬼，絹券」のような類音表記や，「正者ゥ，順受ン，承序ゥ，擲菜ク，獲火ク，源外ン」のような拗音仮名を用いた表記，「宿スク，略ラク，敵タク，灌カム」のような直音表記なども行われた．

開拗音　仮名で表記する場合は，平安時代初期にはイ段の仮名に，ア・オなどを添えて書くア行表記が主流であった[15]．現在のように，イ段の仮名にヤ・ユ・ヨを添えて書くヤ行表記は，平安初期にも若干例があるものの，定着するのは11世紀以降のことであり，時代が下っても，類音表記・拗音仮名表記・直音表記と併用された．

溺三悪，嬰伊阿宇，歴リ阿口，壌东阿宇，桀千悪（『央掘魔羅経』平安初期点）

釈志阿久，弱美悪，択(チ)阿九（『阿毘達磨雑集論』平安初期点）

敵チアク，逆キアク，捨シア，遮シア，壌ニアウ（『金光明最勝王経』平安初期点）

馮ヒオ（『菩薩善戒経』平安初期点）

褚チオ（『金剛波若経集験記』平安初期点）

合拗音　合拗音はクワ・クヰ・クヱ（およびグワ・グヰ・グヱ）にほぼ限定された．古くは，類音表記・拗音仮名表記が主流であり，仮名表記（クの仮名にワ行の仮名を添えるもの）は平安時代中期にみえはじめるものの，一般化するのは，開拗音の仮名表記の定着にかなり遅れた．イ段・エ段のクヰ・クヱ（グヰ・グヱ）に関しては，鎌倉時代に入るころには直音化して，キ・ケ（ギ・ゲ）と区別されなくなっていった．一方，ア段のクワ・グワは，比較的遅くまで保存されていたが，江戸時代から明治時代にかけて，徐々に失われていった．

和語には，基本的に合拗音が現れることはなかったが，下一段活用の「ける（蹴）」の形成過程には，合拗音に相当する音が現れたらしい．古く，この動詞はワ行下二段活用「くう」であったとされ，連用形は「くゑ」であった．鎌倉時代中期書写の観智院本『類聚名義抄（るいじゅみょうぎしょう）』には「蹴ルル」などの例がみえ，三音節の「クヱル」ではなく，合拗音化していたらしい．

なお，平安・鎌倉時代の漢音資料に関しては，サ行・タ行についても，合拗音

---

15) おそらく，ア行表記のほうが，中国原音に忠実な表記であった．

の例が指摘できる．

  率_{主キチ}（『大慈恩寺三蔵法師伝』承徳 3 年〈1099〉点）
  詢_{スキン}，潤_{シキン}，率_{スキツ}（『蒙求』長承 3 年〈1134〉点）
  瞬_{シキン}，旬_{シキン}，脣_{シキン・スキン}，出_{スキチ}，述_{シキツ}
          （『文鏡秘府論』保延 4 年〈1138〉点）
  屯_{ツキン}（『史記孝文本紀』延久 5 年〈1073〉点）
  黜_{チキツ}（『大唐西域記』長寛元年〈1163〉点）

オノマトペの拗音 拗音は漢字音にのみみられる要素であったが，オノマトペには，比較的早くから取り込まれていた（字音系オノマトペの影響か）．

  やまぶしのこしにつけたるほらがひの丁（ちゃう）どおち，ていとわれくだけてものをおもふころかな   （『梁塵秘抄』）
  此ノ六相ヲ以テ、チヤウド、マロカシツレバ （『解脱門義聴集記』）
  乍去、矢取テツガヒ、「南無八幡大菩薩」ト心中ニ祈念シテ、能引テヒヤウド放ツ   （延慶本『平家物語』）

和語の拗音 開拗音が，一般の語彙にも拡張されるのは，南北朝時代以降と考えられる[16]．このころから，「〜デア→〜ヂャ」「〜テワ→〜チャア」「オイリアル→オリャル」のごとく，音節の融合によって拗音を含むようになった和語が指摘できるようになる．

b. アヤワ三行の統合

 開拗音の定着と表裏をなすのが，アヤワ三行の統合である．10 世紀中ごろ（平安時代中期）までは，ア行「アイウエオ」，ヤ行「ヤ○ユ江ヨ」，ワ行「ワヰ○エヲ」の発音の区別はすべて保たれていたが，この三行はしだいに統合されていく（図 2.2）．

 最も早く区別が失われたのは，ア行の衣 [e] とヤ行の江 [je] であり，10 世紀中ごろから，仮名遣いの混乱例が指摘できるようになる．具体的な合流過程は必ずしも明らかではないが，結果的に，音声的には [je] に統合されることになった．つづいて，11 世紀初頭には，ア行のオ [o] とワ行のヲ [wo] の仮名遣いの混乱例が目立つようになる．音声的には [wo] に統合されることになった．ア行の衣とオは，語頭にしか立たなかったため，以上の二つの変化は語頭位置のみ

---

16) 鎌倉時代までは，和語において，音節の融合により拗音が発生することはなかったと考えられる．「にあり」が「にゃり」に，「てあり」が「ちゃり」になることはなかったのである．

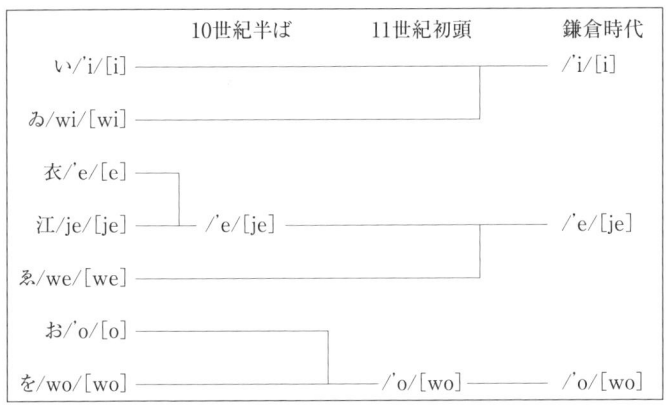

図 2.2 アワヤ三行統合の歴史

の問題であり，仮名遣いの混乱は，音韻の統合の時期を知る手がかりとして扱うことができる．この二つの変化は，体系的な観点から，一連の変化として捉えるべきであろう．

いわゆる「歴史的仮名遣い」は「いろは歌」の 47 文字を基準としている．そして，「いろは歌」はア行の衣とヤ行の江の区別はなく，ア行のオとワ行のヲの区別はしている．これが「いろは歌」の成立当時の音韻体系をそのまま反映したものなのかどうかは議論のあるところである．

ア行のイ [i] とワ行のヰ [wi]，統合後のア行ヤ行のエ [je] とワ行のエ [we] の，語中位置での仮名遣いの混乱例は，比較的早い時期からみられる．

　かいそくむくゐせん（青谿書屋本『土左日記』）
　おもひまいらすれと（伝藤原行成『仮名消息』）
　讐ムクユて（『蘇悉地羯羅経』寛弘 5 年〈1008〉点）
　机和名都久恵（道円本『和名類聚抄』）
　渇水ニウヱタル（『大般涅槃経』治安 4 年〈1024〉点）

しかし語頭位置で仮名遣いが混乱するようになるのは，鎌倉時代に入ってからであるので，音韻としてイ /'i/ とヰ /wi/，エ /'e/ とヱ /we/ の区別が失われるのは，鎌倉時代に入ってからということになる[17]．音声的には，それぞれ [i]・[je] に統合された．この変化は，音声としての [wi][we] の消滅を意味し，合拗音

---

17)「ばあい〜ばわい」「あじわわない〜あじあわない」「きあい〜きやい」のように，語中のア行〜ヤ行・ワ行の交替は，現代語でも例が指摘できる．

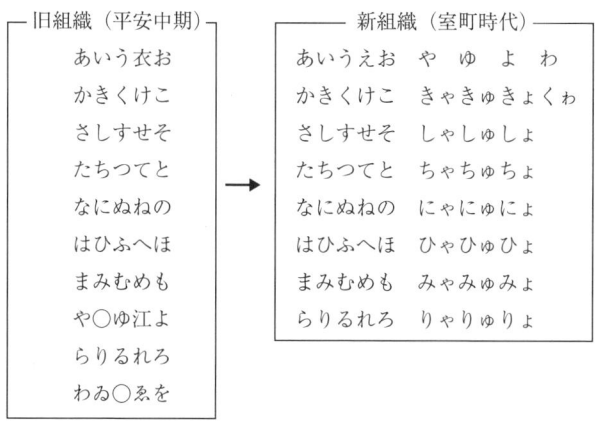

図 2.3 モーラ組織の転換

クヰ・クヱの消滅と，ほぼ同時期に起こっている．

c. モーラ組織の転換

　以上のような，開拗音の定着・合拗音の整理・アヤワ三行の統合は，図2.3のようなモーラ組織の転換を意味する（濁音・特殊音素は省略する）．この転換は，南北朝時代ごろに完了したものと推定される[18]．

2.3 子音の変化

(1) ハ行子音

　ハ行子音は，歴史的に ［p-］ ＞ ［Φ-］ ＞ ［h-］ と変化したと考えられている．古く ［p-］ であったとする推定は，直接的な証拠は存在しないが，連濁現象において対応する濁音が ［b-］（または ［ᵐb-］）であることなどから，古くは ［p-］ であったと推定される．これが，いつごろに摩擦音 ［Φ-］ となったかは不明である[19]．上代語の段階ですでに摩擦音化していたという見解もあるが，確実な根拠

---

[18] 漢字音での，「九キウ→キュウ」「柳リウ→リュウ」のような変化の結果，それまでシュ・ジュにほぼ限定されていたウ段拗音が，各行に出揃うのは，南北朝時代ごろである．また，拗音を含んだ和語の語例を指摘できるようになるのも，南北朝時代ごろからである．

[19] 円仁『在唐記』の「pa 唇音。以本郷波字音呼之。下字亦然。皆加唇音。」という記述から，平安時代初期には，ハは ［Φa］ になっていたとするのが一般的であるが，別の解釈の余地もあり，確実ではない．

があるわけではない．次に示すハ行転呼現象が一般化した，11 世紀初頭（平安時代後期）には，すでに摩擦音化していたであろう．キリシタン資料では，原則としてfを用いて綴られるので，室町時代末期には依然として［Φ-］であったが，江戸時代になると，ハ行子音は［h-］に変化した（ウ段に関しては，現在に至るまで［Φ-］でも発音される）．

ハ行転呼音は，「イハ→イワ」「ウヘ→ウエ」のように，語頭以外のハ行音がワ行音化する現象で，音声的には，母音に挟まれた両唇摩擦音［Φ］が，前後の母音の影響で有声化するとともに，調音が緩んで接近音化したものと説明される[20]．11 世紀初頭（平安時代後期）から，仮名遣いの混乱例が目立つようになる．「ウルハシ→ウルワシ」に関しては，「姝 有留和之久（興福寺本『日本霊異記』）」「彩ゥルワシキこと（『金光明最勝王経』平安初期点）」など，平安時代初期から豊富に例がみえるが，これは個別の子音交替現象であろう．

ところで，現代語では，和語・漢語ともに，撥音・促音の後という条件下で，パ行音が現れることがある（しらんぷり，よっぽど，しんぱい，しっぱい等）[21]．室町時代末期のキリシタン資料では，撥音・促音の後にp音が立っているが，このp音がいつごろまでさかのぼるのかは明らかではない．促音＋ハ行子音は，いったん［ΦΦ］のような摩擦音の状態を経たのちに，閉鎖音化して［pp］に変化したとする考え方と，歴史を通じて［pp］であったとする考え方がある．撥音の後のハ行音は，和語の場合，原則としてバ行音化していたと考えられるが，漢語の場合，キリシタン資料では，ハ行・バ行・パ行の三様で現れ，撥音の後のp音が，歴史を通じて存在したのか，ハ行音が変化して生じたのか，バ行音が半濁音化したのか，未解明である．

オノマトペに関しては，p音が一貫して存在したらしい．現代語でも，ほかの行なら「カタカタ：ガタガタ」「サラサラ：ザラザラ」などと，清音と濁音とで意味の対応をするところが，ハ行では，「ペラペラ：ベラベラ（しゃべる）」「ポタポタ：ボタボタ（こぼす）」のように，半濁音と濁音とでペアをなしている．

---

[20]　「あさひ」「おしひらき」のように，複合語の境界部分のハ行音は，母音間でもワ行音化しない．ハ行転呼現象の結果，ハ行子音は意味の切れ目を表示する機能をもつようになった．

[21]　和語では，撥音の後のパ行音はまれである．また，これらの条件を満たす語からつくられた略語には，「パシリ（使いっ走り）」「ポンシュ（日本酒）」のように，語頭にパ行音が立つ和語・漢語もある．

(2) サ行子音

サ行子音は，問題が多い．たとえば，平安時代初期の貴重な音韻資料である，円仁『在唐記』の記述の解釈だけでも，サが [sa] [tsa] [ʃa] [tʃa] であったとする四種類の異なる解釈が提出されている．

まず，摩擦音か破擦音かについては，上代語の音韻資料として，最も信頼度の高い，『日本書紀』α群の万葉仮名の分析によると，少なくとも異音の範囲内に破擦音があったということになりそうである（森，1991）．室町時代末期のロドリゲス（J. Rodriguez）の記述も，軽い閉鎖を伴う破擦音のサ行子音が存在したことを示唆するという（丸山，1981）．現代の高知県中村方言のサ行子音は，摩擦音と破擦音との間でゆれている（山田，1983）．古代から中世のサ行子音は，異音として，摩擦音から破擦音までを許容するものであったようである．

また，調音位置について，エ段のセについては，キリシタン資料において，xe で綴られていることなどから，室町時代末期には [ʃe (～ tʃe)] であったと考えられる．上代のア段・ウ段・オ段甲類・オ段乙類に関しては，『日本書紀』α群の万葉仮名の分析からは，[s (～ ts)] であったということになりそうである．しかし，漢字音のサ行拗音について，「しそく（紙燭）」「すぎやうさ（修行者）」などのように，ほかの行の拗音に比して，直音表記がとられる事例が顕著に多く，異音として [ʃ (～ tʃ)] までが許容されたと考えると具合がよい[22]．ただし，異音の重心は，[s (～ ts)] の側にあったとしなければなるまい．

古代から中世のサ行子音は，調音様式についても調音位置についても，許容範囲の広いものであったと考えるのが穏当である．

なお，対応する濁音のザ行子音については，清音のサ行子音に平行する有声子音であったと考えられる．しかし，摩擦音であるか破擦音であるかは，前鼻音の有無の問題と連動するため，なお未解明な点が残される（本節 (4)(5) 参照）．

(3) タ行子音

タ行子音のうち，問題となるのは，イ段・ウ段のチ・ツである．これらは，古く [ti]・[tu] であり，タ行子音はいずれも破裂音であった．これが破擦音化して，後世の [tʃi]・[tsu] に変化するのは，朝鮮資料・中国資料などを勘案する

---

22) アイヌ語の歯擦音は，調音位置の許容幅が広く，[s～ʃ] にわたる．これは完全な自由異音であるという．

と，16世紀初頭ごろ（室町時代後期）であったようである．対応する濁音のヂ・ヅも，同時期に破擦音に変化したと考えられる．

(4) 濁子音

濁子音は，ロドリゲス『日本大文典』の記述によれば，室町時代末期には[ⁿg-][ⁿd-]のごとく前鼻音を伴っていた．この前鼻音は，いくつかの音現象を考慮すると，上代〜平安時代初期の段階までさかのぼるものであると考えるのが合理的である[23]．それ以前の状態については，手がかりが皆無であるが，証拠が存在しないときには，変化は起こっていないと仮定するのが，言語史研究の作法であるので，濁音は，その起源の段階から前鼻音を伴っていたと，とりあえず推定されることになる．

(5) 四つ仮名

四つ仮名とは，「じ・ぢ・ず・づ」の四群の仮名で表記される音の区別の称である．「ぢ・づ」が，16世紀初頭ごろに，[ⁿdi][ⁿdu]から破擦音化して，[ⁿdʒi][ⁿdzu]になった結果，「じ・ず」と音声的に接近し，区別が失われていった．すでに鎌倉時代から表記の混乱例はみえはじめるが，かなり時代が下っても，規範的には発音し分けるべきものとされ，キリシタン資料でも，ジji・ヂgi・ズzu・ヅzzuなどのように厳格に書き分けている．元禄時代ごろになると，『蜆縮涼鼓集』（元禄8年〈1695〉）のような四つ仮名専門の仮名遣い書も出版され，中央語でも書き分けること自体が困難になっていた（資料13参照）．

音声面での具体的な合流過程については諸説がある．ロドリゲスの記述によれば，室町時代末期の中央語では，語中のダ行は前鼻音を有していたが，ザ行は有していなかったことになる．つまり，ジ[ʒi]ヂ[ⁿdʒi]ズ[zu]ヅ[ⁿdzu]の状態から，ダ行の前鼻音が脱落することによって，四つ仮名の合流が促進されたとする解釈が出てくる．一方，朝鮮資料のハングル転写や謡曲資料の記述は，ザ行

---

23)「いかにか＞いかが」「なにと＞など（何故）」「くぐひ＞くび（白鳥）」のような変化は，前鼻音の存在を想定したほうが，説明が簡単である．また，「とびて＞とむで」のようなm音便形も，前鼻音化子音が，音節末で無開放の形では事実上発音不可能であることから，母音の脱落（当該音節における開放の不実現）により，ただちに[toᵐbi]＞[tom]の変化が起こったと説明できる．また，撥音との関連においても，平安時代の撥音発達に先行して，前鼻音が存在したと考えるのが合理的である．

2.4 連濁と連声

(1) 連 濁

　和語の連濁に関しては，基本的な性質は歴史的に変化していないようである．「赤玉〈阿加陀麻〉・白玉〈斯良多麻〉」（「古事記歌謡」）のように，連濁・不連濁が予測困難な点，後項に濁音が含まれる場合には連濁が起こらない点（ライマンの法則）などは，現代語に至るまで一貫している性質である．なお，上代語では，「*たびひと」のように，前項の末尾が濁音であるときに連濁が起こらなかったとする推定もあるが，十分な証拠があるとはいえない．「漕ぎ止め」「散り過ぎず」「遊べども」のように，上代語においても，濁音の連続自体は忌避されるわけではない．

　字音語の連濁（新濁・連声濁とも）に関しては，「金色コムジキ」「蓮華レングェ」「皇子ワウジ」のように，漢字音のm・n・ŋ韻尾（日本漢字音ではム・ン・ウなどで現れる）の後で連濁が起こるという顕著な傾向があった．概していえば，時代が下るほど連濁する率が低くなり，現代語では，特定の熟語にのみ，その痕跡をとどめているにすぎない．

　『妙一記念館本仮名書き法華経』（鎌倉時代，濁声点を濁点に置き換えて示す）

　　安置ぁんぢ，経巻きゃうぐゎん，歓喜くゎんぎ，正法しゃうほう，身体しんだい，善根ぜんごん，前世ぜんぜ，珍宝ちんほう，顛倒てんだう，本心ほんじん，梵天ほんでん

『日葡辞書』（1603〜1604年）

　　Anjin（安心），Qiŏden（経典），Cŏji（講師），Gŏdŏ（強盗），Cangiŭ（寒中），Guanjo（願書），Quanbacu（関白），Cùgiù（空中），Qenbŏ（憲法），Conbon（根本），Xŏga（唱歌），Xeijo（清書），Xeiden（晴天），Nanbŏ（南方），Bunjo（文書），Meidei（酩酊），Yŏji（養子），Riŏju（領主），Riŏbŏ（両方）

　漢語サ変動詞においても，「感ず」「念ず」「生ず」「命ず」のように，同様の条

件で連濁が起こることがあった．「Cuyŏji, zuru（供養）」「Ficqiŏji, zuru（畢竟）」のように，語幹が二字漢語のサ変動詞の場合も連濁することがあるのは，現代語にはない現象である．

なお，訓点資料の場合，連濁の実例が見出されるのは，多く仏典を中心とした呉音資料であって，漢籍などの漢音資料においては，連濁の例はまれとされるが，『日葡辞書』『文明本節用集』などでは，漢音語においても連濁が起こっている．

(2) 連　声

連声とは，「三位 サムヰ→サムミ」「観音 クワンオム→クワンノム」「雪隠 セツイン→セッチン」などのように，漢字音のm韻尾・n韻尾・t韻尾の後に，ア行・ヤ行・ワ行が続く際に，マ行・ナ行・タ行の音に転じさせて，日本語として許容度の高い形にする現象である[24]．文献資料の表記に反映されることはほとんどないが，中世には規則的な現象であったらしい．明覚『反音作法』の嘉穂2年〈1095〉写本の紙背に，次のような記載があるのが，早い確実な例である．

　　任意 シムーイ　　円因 エンーイン　　攀縁 ヘンチエン　　三悪 サムーアク　　濫悪 ラムーアク
　　観音 クワンーオン　因縁 インチエン　　瞋恚 シンニイ　　任運 ニムーウン　　万延 ハンーエン

中世になると，漢語のみならず，「失念いたす」「御有様」「今日は」「大念仏を」のように，和語の関与する例もみられるようになる．

2.5　アクセントの変化

(1) アクセント史の資料

京都方言のアクセントの歴史は，比較的，各時代の資料に恵まれている．

アクセントの表示方法として重要なものに，声点というものがある．これは漢字音の声調（tone）を表示するための方法を，国語音に転用したものであり，仮名の周囲に印を付けることによって，音の高低・昇降を表すものである（図2.4）．小さい単位を扱うかぎりは，これでも十分に用が足りる．『類聚名義抄』『和名類聚抄』『金光明最勝王経音義』などの辞書・音義や，『古今和歌集』（紀貫之ほか〈撰〉，延喜5年〈905〉）などの文学作品の写本・注釈書，『日本書紀』などの訓点

---

[24] 漢字音において，m韻尾とn韻尾の区別が消滅したのちは，「三位サンミ」「陰陽師オンミャウジ」などの定着した語を除き，本来のm韻尾の後でも，ナ行音が現れる．

2.5 アクセントの変化   27

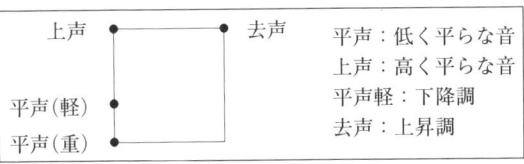

図 2.4 声点と音調

資料にも，和語のアクセントを示すための声点が差されており，平安時代から鎌倉時代のアクセントを知るための貴重な資料となっている．

江戸時代初期に成立した『補忘記』も，アクセント史上，重要な資料である．新義真言宗の儀式の一つ，「論議」に用いるよみくせを整理したもので，節博士（＼《徴》高い音，—《角》低い音）によってアクセントが表示されている．平安時代のアクセントから，大きく変化しており，現代京都アクセントへと移行する過程の体系を反映している．

(2) アクセント体系の変化

平安時代末期の京都アクセントは，後世のアクセントに比べて，きわめて多くの型をもった，複雑なものであった．一音節名詞・二音節名詞には，以下のような型が，文献資料から復元できる（図 2.5）[25]．

平安時代末期の段階で，[[○，[[○]]，[○]] ○，[○○]]，[[○○，[[○] ○は用例が僅少であったが，鎌倉時代以降には消滅する．

京都方言のアクセントは，南北朝時代ごろに，最初の大きな変化が生じたとされる．○○ [○>[○] ○○，○○ [▷>[○] ○▷のような変化が規則的に起こったためである．これは，高くなる直前の拍が，上昇に備えて低めに発音された結果，音声的に，[○] ○ [○・[○] ○ [▷のように実現し，中低型を忌避し

[コ(子)	[ナ]](名)	キ(木)	[[ス(巣)		
			[[ハ]](歯)		
[ニワ(庭)	[ニ]ジ(虹)	ヤマ(山)	[[ユリ(百合)	フ[ネ(船)	
	[ハ]シ(橋)		[[ハ]ギ(脛)	ア[メ](雨)	
	[ミゾ](溝)				

図 2.5 平安末期の一音節・二音節名詞アクセント型

---

25) [は声の上げ，[[は拍内の上昇，] は声の下げ，]] は拍内の下降，無印は低平（音声表記）．

た結果，［○］○○・［○］○▷となったものと推定されている．

次の大きな変化は，江戸時代後期に起こった．○［○○＞○○［○のような変化が起こり，低く始まる語は，高い位置が一カ所に限定されるようになる．また，［○○］○＞［○］○○のような変化の結果，高く始まる語は，すべて高いか，始まりのみが高い，のが原則となった[26]．詳細は付表4を参照されたい．

(3) アクセントの機能の変化

日本語のアクセントは，主に語の区別に役立つメキシコ型アクセントから，語のまとまりや境界を表すのに役立つギリシャ型アクセントへと，歴史的に変化したとされる．平安時代には，「つくしても（上上平上平）」「たけからぬ（平上平平上）」のように，助詞・助動詞の一部はアクセントの独立性を保っていたとされるが（築島，1951），鎌倉時代ごろには，その独立性は失われた．また，江戸時代後期に起こった変化によって，京都方言アクセントにおいて，高い位置が，一単位あたり一カ所に限定される傾向が強まったのも，ギリシャ型アクセントへの傾斜とされる（金田一，1955）．

---

26) 複合語には，［○○］○（マレ），［○○○］○のような型が存在する．このようなアクセント型自体が，複合語であることを表示する機能を担うことになった．

第3章 文　字　史

　日本語の特色を文字の側面から述べようとすれば，まず最初に複数の字種を交ぜ書きにして用いるという点を挙げることができよう．世界の諸言語を見渡しても，一つの言語に用いられる文字体系は一つというのがおよそ一般的であるが，現代日本語の表記は，表語文字の漢字と表音文字（音節文字）の仮名，しかも，平仮名と片仮名の二種を用いる．さらに，ローマ字も書いたり読んだりすることがあり，小学校の初等教育の段階で，私たちは，この四つもの字種を学習するのである．

　このほかにも，私たちが日本語を書き表すのに，アラビア数字，句読点，かっこ，長音符号，踊り字（々など），濁音符・半濁音符を用いており，日常の文章を書くうえでどれも欠かすことはできない．

　　成田空港で米フェデックス機が着陸に失敗した事故に絡み，閉鎖されたA滑走路の運用が24日午前9時10分から再開された．

　　　　　　　　　　　　　　　　　　（時事通信社　2009年3月24日）

　このわずか二行程度の一文のなかでも，たとえば，「成田空港」「米」「機」「着陸」などは漢字，「フェデックス」は片仮名,「で」「が」「に」などは平仮名，「A」はローマ（英）字，「24」「9」「10」は（アラビア）数字である．

　このように，複数種の文字を交えて日本語を書き表すスタイルは，世界の文字を見渡しても類のないものであるが，これは，日本語の書きことばが古代以来の複雑な歴史をもち，特異な発達を遂げたことによるものである．

3.1 漢　　字

(1) 文字をもたなかった古代日本語

　言語は，一般に，書きことばと話しことばに分けられる．日本語の書きことばの歴史のうえでまず知っておかなければならないことは，元来，古代の日本に日本語は存在しても，それを記録し伝達するための文字は存在しなかったという事実である[1]．このことに関して，たとえば，右のような伝承も残されているが，では，日本で文字はどのようにして誕生したのであろうか．

　日本では固有の文字が誕生する前に，漢字が輸入され，これによって日本語を表記するようになった．平安時代になって仮名が生み出される前までは，漢字だけで読み書きが行われたのである．

　つまり，古代日本語を書き記すことは，漢字という異国語の文字を「借用」することから始まった．

> 上古之世，未ㇾ有ㇾ文字．貴賤老少口々相伝．（上古の世，文字有らず．貴賤老少口々に相伝す．）
> 『古語拾遺』大同三年〈八〇八〉

　漢字は当初古代中国及び朝鮮半島から渡来してきた人たちによってもたらされ，記録はもっぱら彼らに依存していた．彼らはのちに史部（ふひとべ）として朝廷の文書を司るなど，漢字の移入に多大な役割を果たした．

(2) 漢字の伝来と日本での漢字使用

　漢字がわが国にいつごろ伝来したかは，『古事記』や『日本書紀』が応神天皇の世（4世紀末か）に百済王の使者王仁（わに）が『論語』・『千字文（せんじもん）』を奉ったことを伝え，これを漢字伝来の初めとするが，説話的で明らかではない．

　「漢倭奴国王印」（金印）は，天明4（1784）年福岡県志賀島で発見されたが，これは，『後漢書』東夷伝によって，倭の奴国王が後漢に奉貢朝賀した中元2（57）年に，後漢の光武帝が倭国の使者に与えたものであるとされる．また，下って，景初3（239）年「三角縁神獣鏡（さんかくぶちしんじゅうきょう）」なども，漢字がわが国に伝来した証拠とみな

---

[1] ちなみに，江戸時代には漢字伝来以前から「神代文字」というわが国固有の文字があったとする説が平田篤胤『神字日文伝（かむなひふみのつたえ）』（文政2年〈1819〉）などによって宣伝されるが，科学的根拠はなく否定されている．

すことができよう．しかし，これらは大陸からもたらされたものであって，日本国内で漢字を用いた実例とはいい難い．

2, 3世紀（弥生時代後期）には，日本で中国鏡を模してつくられた仿製鏡がある．しかし，漢字の部分がつぶれて模様のようになっているものがあるなど漢字の体裁を成していないものも多く，一般には未だ文字として理解されていなかったことがうかがわれる．また刻書・墨書された土器の漢字は一字のものが多く，漢文を綴るための文字というよりは呪力，権威の象徴と意識されていたらしい．

このように，漢字の輸入はまず，その「形」から始まった．

次いで，漢字漢文の本格的な伝来とともに，漢文の書き方をそっくり真似て学習する段階があった．基本的には中国及び朝鮮半島で書かれていた正式の漢文を記し，日本語の固有名は音訳するというものである．「稲荷山古墳鉄剣銘」(いなりやまこふんてっけんめい)（5世紀後半）にみられる，「乎獲居（＝ヲワケ）」などの人名の表記がこれに当たる．この方式も日本語を母語とする者が独自に編み出したものではなく，たとえば『魏志』倭人伝に「卑弥呼（＝ヒミコ）」とみえるような手法がすでに存在しており，これにならったものと考えられる．漢字は，このように「形」のみならず「音」も受容することになったのである（資料1参照）．

さらに，「岡田山一号墳鉄刀銘」（6世紀中ごろ（古墳時代））に記された「各田ß」は，「額田部」で「ヌカタベ」を表記したもので，たとえばタは「田」の漢字音ではなく，その意味に対応する日本語である．これはいわゆる訓というものであるが，漢字の意味つまり「義」を受容していることの証である．

このように，漢字を「借用」したといっても，直ちに日本語を母語とする者が漢字を用いて読み書きできたわけではなく，形から音，そして義へと段階的に漢字表記を行う習慣を獲得していったのであろうと想像される．

(3) 漢字の〈ひねり〉

漢字は，表語文字である．「山」という漢字には〈高く隆起した地形〉という意味と〈サン〉という伝来の発音があり，「本」も〈書物〉の意味とともに〈ホン〉という音を有していて，その語のもっている意味と音とを文字という形で表現している．

漢字のみを用いて日本語を書き表すには，相当の困難が存したであろうことは想像に難くない．なかでも，中国語にはない，日本語特有の概念を表現するため

にはさまざまな工夫が必要であった．

その際に，漢字のもっているこの意味と音とに〈ひねり〉を加えることで，日本語を表記するための専用の用法を生み出すことになった．

奈良時代には，中国（六書の仮借）や先に漢字に接していた朝鮮半島での用法（史読）にならい，漢字の表語性を捨てて，音読みや訓読みを用いて表音的に記すことが行われた．この表音（音節）文字を万葉仮名という[2]．音読みは中国から漢字を輸入した際の伝来音であるが，訓読みとは，漢字の担う語に同じあるいは近似した日本語を結びつけた，一種の和訳語である．

さらに，漢字の構成原理（主として会意）に倣って，日本でも文字をつくるようになった．このような日本製の漢字を「国字」というが，これも漢字に〈ひねり〉を加えたアレンジの産物である．

たとえば，神前に供える木の意から「榊」，十字の道を「辻」，身の美しさを「躾」と書くものなどがこれである．この「国字」は，古く「桛（＝糸を紡ぐ道具）」「鞆」などの例があって7世紀後半（飛鳥時代）にはみえ，平安時代の寛平4（892）年に僧昌住が編纂した漢和字書『新撰字鏡』のなかの「小学篇」には400字余りを収録している．また，江戸時代の学者新井白石はその著『同文通考』（宝暦10年〈1760〉）のなかで，81字を紹介している．「俤」「働」「畑」「鰯」など現代でもよく用いられるものが多い．

　　国字トイフハ，本朝ニテ造レル，異朝ノ字書ニ見ヘヌヲイフ．故ニ其訓ノミアリテ，其音ナシ．　　　　　　　　　　　　　　　　（『同文通考』巻四）

国字は，日本でつくられた擬製の漢字であるから，伝来の発音（＝音読み）は通常ない．ただし，「働」のように，形声の原理による造字と考え，「動」を音符と解してドウの音読みを与えることになったものもある．

国字は，中世以降も必要に応じてつくられたようで，秋田地方に多い姓「草彅」の「彅」などもその一つである．さらに，幕末・明治維新にかけて西欧から外来語が入ってくると，「糎（センチメートル）」「瓩（キログラム）」などの国字も新たにつくられた．

---

[2]「万葉仮名」というが，『万葉集』から始まったのでなければ，『万葉集』歌の表記がすべてこれによっているわけでもなく，象徴的な呼び名である．

(4) 表語文字としての漢字を用いた表記体

　古代日本語の担い手たちは，漢字という外国から輸入した文字のみを用いて日本語を書きとめる工夫として，一つには，漢字の表語性を捨てて，その発音を採ることによって表音文字（音節文字）である万葉仮名を生み出した．逆に，漢字本来の発音は問わずに，その意味と日本語を結びつける工夫が試みられた．文字レベルでは，訓読みと国字の成立がこれに当たる．

　さらに，文章レベルの表記体としては，変体漢文[3]と呼ばれるものがある．これは日本語を漢文の様式によって書き記したもので，中国の正式の漢文にはみえない日本語の要素が交じった文章である．

　最古のこの種の文は，西暦606年の「菩薩半跏像銘」（東京国立博物館蔵）で（右参照），文中の「作奏」の「奏」は，本動詞「作」に添えられた謙譲の補助動詞マヲス（のちのモウス）を表したものであって，本来の漢文にはみられないものである．

歳次丙寅年正月生十八日記高屋大夫為分韓婦夫人名阿麻古願南无頂礼作奏也

（歳の丙寅の次る年，正月生十八日に記す．高屋大夫，分かれし韓の婦夫人，名は阿麻古が為に願ひ，南无頂礼して作り奏す）

　このように，文字レベルでの訓の定着を前提とし，この訓を媒体として日本語式の漢字専用文が作成されるようになり，それは，漢字しかなかった奈良時代のみならず，仮名が誕生した平安時代以降も公式の文書に採用されて，近代に至るまでながらく書き継がれることになった．

(5) 近代以降の漢字政策

　慶応2（1866）年，前島密は「漢字御廃止之議」を提出し，難解な漢字の使用を廃止して平仮名を採用することを主張した．この主張が退けられた後も，必要以上の漢字使用は制限しようとする提言が相次いだ．たとえば，福沢諭吉は『文字之教』（明治6年〈1873〉）で「ムツカシキ字ヲサヘ用ヒザレバ漢字ノ数ハ二千カ三千ニテ沢山ナル可シ」と述べている．大正12（1923）年には「常用漢字表」1962字が発表され，新聞・雑誌などでこれに基づく漢字使用が9月1日から実行される運びとなったが，あいにくこの日に関東大震災が発生し，その実施は事実上不可能となった．昭和6（1931）年には新たな「常用漢字表」1858字が発表さ

---

[3]　和化漢文，漢式和文，擬製漢文，擬似漢文などの呼称もある．

れたが，当時の状況のもとでは実施が見送られた．昭和21（1946）年の「当用漢字表」1850字によって，漢字制限は前島密の建言からおよそ80年を経て，ようやく実現をみることとなり，新字体も採用された．昭和56（1981）年には「常用漢字表」1945字が告示され，新たな漢字使用の目安が示された．

3.2　万葉仮名

(1)　奈良時代の文字生活

漢字という，元来外国語を記すための文字を借用して，これのみで自国語を綴るということは，さまざまな負担や困難を伴うものであった．この問題を公式に取り上げて表明したのは太安万侶で，『古事記』序文で，その苦悩を次のように述べている．

自二其地一幸、到二三重村一之時、亦詔之、吾足如二三重勾一而甚疲。
故、号二其地一謂二三重一。自レ其幸行而、到二能煩野一之時、思レ国以歌曰、
夜麻登波　久爾能麻本呂婆　多多那豆久　阿袁加岐　夜麻碁母礼流
夜麻登志宇流波斯
（其地より幸まして、三重の村に到りまし時、亦詔之く、吾が足は三重の
勾りの如くして甚疲れたり。故其地を号けて三重と謂ふ。其より幸行まして、
能煩野に到りまし時、国を思ひて歌ひたまひて曰く、
やまとは　くにのまほろば　たたなづく　あをかき　やまごもれる
やまとしうるはし）

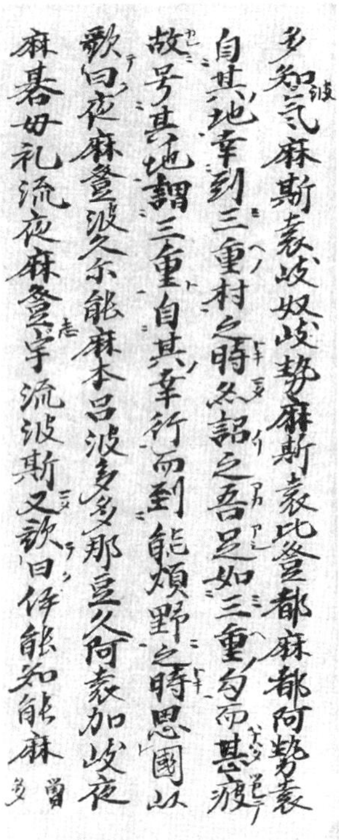

図 3.1　古事記の表記法
（尊経閣文庫蔵）

3.2 万葉仮名

変体漢文方式の，正訓字による文章は，コンパクトにいいたいことが表現できるが，日本語としての繊細なニュアンスまでを伝えることができない（＝「詞，心に逮ばず」）．たとえば，「本日天晴」の四文字の漢字列で「今日は天気がよくて晴れている」という文意は伝えられるが，「桜散」に，「桜」が「散ってしまいそうだなあ」とか「いつか散るだろうにね」といった表現者の微妙な感情を込めることは難しい．一方，「各地で桜が咲く見込みだ」といった程度の短文も，一音節一字の万葉仮名だけで書くと「加久知伝左久良我散久美已見堂」というように長々と書かねばならず，微妙な表現が可能ではあるが労力と時間がかかり効率が悪い（＝「事の趣　更に長し」，右参照）．

この，訓字による表記（＝変体漢文）では繊細なニュアンスを十分に伝えることができないという欠点と，音による表記（＝万葉仮名）では冗長になって効率が悪いという欠点の双方を解消すべく，『古事記』本文の表記法には工夫が施された．

左の図3.1について漢文の2,3行目は，日本語話者相互の意思伝達のために発達した，変体漢文である．『古事記』本文は基本的にこの方式であり，歴史的事項や物語などの事柄を叙事的に描くのに採用された．一方，4,5行目は，万葉仮名による表記であって，音声言語へと正確に還元できるように，字数の限定された歌謡や特定の注意すべき語句などに採用されたのである．

已因訓述者、詞不逮心。全以音連者、事趣更長。
（すでに訓に因りて述べたるは、詞、心に逮ばず。全く音を以て連ねたるは、事の趣更に長し。）

石激　垂見之上乃　左和良妣乃　毛要出春尓　成来鴨
（いはばしる　たるみのうへの　さわらびの　もえいづるはるに　なりにけるかも）

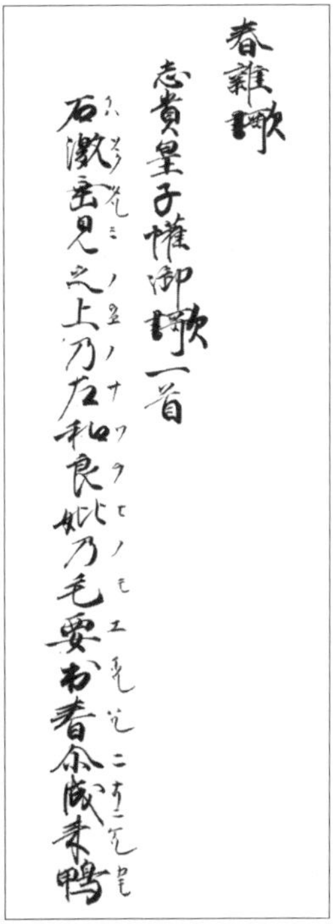

春雜謌
志貴皇子懽御歌一首
石激垂見之上乃左和良妣乃毛要出春尓成来鴨

図3.2　万葉歌の原表記例
（西本願寺本，お茶の水図書館蔵）

(2) 万葉仮名の種類

万葉仮名と一口にいってもその内実は複雑で，たとえば，『万葉集』の表記

も一様でない．

　たとえば，『万葉集』巻八の冒頭に記された志貴皇子の歌について見ると，平仮名が誕生していなかった奈良時代における原表記は，実は図 3.2（『万葉集』1418）のようなものであった．

　「石」「上」「出」「春」などの表記は，それぞれ「いは」「うへ」「いづ」「はる」の意味をもっていて表意性は捨象されていない．こういったものは「正用」とされ，万葉仮名ではない．その一方で，「左和良妣」「毛要」は「さわらび」「もえ」を表記したもので「左」字はサの音を表すためであって，left の意味はなく，「毛」字もモの音を表すために使われていて hair の意味はない．このようなものが万葉仮名であって，「借用」ともいい，「左和良妣」「毛要」はその漢字音を採用しているので「音仮名（借音）」というが，「鴨」字は，助詞の「かも」を表していて，これは音ではなく訓読みを採用しているので，「訓仮名（借訓）」と呼ばれる．

　同じ「やまと」を書き表す場合でも，『古事記』の前掲例のように「夜麻登」と書けば「音仮名」であるが，「八間跡」と表記すれば「訓仮名」である．

　このように，万葉仮名を用いて歌謡を綴る場合の方式は多様であって，先の『古事記』の「夜麻登波」歌のように一音節一字の「借音」で綴られるものもあれば，「石激」歌のように種々交ぜ書きするものもある．さらに，

　　東　野炎　立所見而　反見為者　月西渡　　　　　　（『万葉集』48）
　　（ひむかしの　のにはかぎろひ　たつみえて　かへりみすれば
　　　つきかたぶきぬ）

のように「正用」を原則とする表記法があり，

　　児等手乎　巻向山者　常在常　過往人尓　往巻目八方　（『万葉集』1268）
　　（こらがてを　まきむくやまは　つねにあれど　すぎにしひとに
　　　ゆきまかめやも）

など，「児等手」のような自立語は「正用」「乎」などの付属語の類は「借用」といった使い分けをする歌もある．

　なお，万葉仮名には，「音仮名」「訓仮名」のほかに，「戯訓」と呼ばれる文芸効果をねらった特殊な当て字があり，「十六（＝しし）」「山上復有山（＝いで）」「馬声蜂音石花蜘蟵（＝いぶせくも）」といった例がある．

　しかし，その万葉仮名も形自体は漢字であり，奈良時代までの文献は一見して漢字専用であって，文字体系としての日本固有の仮名はまだ誕生していなかった

(3) 万葉仮名を用いた表記体
a. 万葉仮名使用の拡充
　最古の万葉仮名は,「稲荷山古墳鉄剣銘」(5世紀後半) などの金石文の人名などにみられ, 6, 7世紀 (古墳時代〜飛鳥時代) を通じてみられるが,「乎獲居 (＝ヲワケ)」「意富比垝 (＝オホヒコ)」などの人名,「斯鬼 (＝シキ)」の地名といった固有名詞の表記に限られている. 近年, 大阪・難波宮跡から, 固有名詞以外の, 和歌とみられる文言を万葉仮名で書いている7世紀中ごろの木簡が出土しており, 8世紀 (奈良時代) 以降になると,「正倉院万葉仮名文書」のようなすべて万葉仮名で書かれた文献も出現するようになり, 漸次日本語の表記に万葉仮名の使用が浸透していくようすがうかがわれる.

b. 宣命体
　先の『万葉集』「児等手乎」の歌のように, 自立語は正訓字, 付属語の類は万葉仮名といった使い分けをするものがみえるが, これが, さらに進んで, 視覚的にも両者を区別して書き表す様式が生まれた. 正訓字は本文に大きく書き, これと区別して, 助詞や助動詞の類は万葉仮名で右寄せ (あるいは割注風に) 小字で示すもので, 8世紀半ばごろに誕生した「宣命体(せんみょうたい)」という表記体である.

　「現御神 (＝あまつみかみ)」のような自立語は正訓字で表記し, 助詞「止(と)」「乎(を)」などは小字で記している (資料2参照).

　古代日本において, 律令国家の行政文書は正式の漢文および変体漢文で書くことが原則であった. 宣命はこのなかにあって例外的なものであり, それは天皇のことばを生の声として伝える詔書として特別の意味を帯びていた. 天皇の生のことばにできるだけ近づける工夫として案出された「宣命体」は, 祝詞, 講式などの神仏の前で読み上げる文章にも拡がっていった.

現御神大八嶋国所知天皇大命(らま)止(と)詔(のりたま)大命(おほみこと)乎(を)、集侍(うごな)はる皇子等、王等、百官人等、天下公民諸聞食(きこしめ)止(と)詔(のりたま)ふ

(現御神と大八嶋国知す天皇が大命(おほみこと)らまと詔(のりたま)ふ大命(おほみこと)を、集侍(うごな)はる皇子等、王等、百官人等、天下公民、諸聞(きこ)き食(たま)へと詔(のりたま)ふ)

『続日本紀』西暦六九七年)

3.3 平仮名

(1) 平仮名の生成原理

日本固有の文字である平仮名や片仮名が生み出されたのは，平安時代に入ってからのことである．すでに存した万葉仮名にさらに〈ひねり〉を加えて，平仮名や片仮名ができた．「正倉院万葉仮名文書」など実用的な文章の世界では，字画の少ない平易な万葉仮名が選ばれる傾向があり，やがて速く楽に書けるように草書体にくずし，さらに簡略化して平仮名が誕生した．「安」をくずし，さらに簡略化して「あ」ができ，「良」から「ら」ができた（図3.3）．

国風文化が育まれ，当初日陰の存在であった平仮名も，紀貫之が『古今和歌集』（延喜5年〈905〉）の仮名序や『土左日記』（承平5年〈935〉）を執筆したことが契機となって，公的な地位を獲得し，やがて女流文学の隆盛をみるに至るのである．

(2) 平仮名の成立時期・作者

平安時代に誕生した平仮名について，その成立時期や作者は，現在，どのように考えられているのであろうか．こういった問題を明らかにするためには，実際

あ(安)	い(以)	う(宇)	え(衣)	お(於)
か(加)	き(幾)	く(久)	け(計)	こ(己)
さ(左)	し(之)	す(寸)	せ(世)	そ(曽)
た(太)	ち(知)	つ(川か)	て(天)	と(止)
な(奈)	に(仁)	ぬ(奴)	ね(祢)	の(乃)
は(波)	ひ(比)	ふ(不)	へ(部)	ほ(保)
ま(末)	み(美)	む(武)	め(女)	も(毛)
や(也)		ゆ(由)		よ(与)
ら(良)	り(利)	る(留)	れ(礼)	ろ(呂)
わ(和)	ゐ(為)		ゑ(恵)	を(遠)
ん(无)				

図3.3 現行の平仮名字母表

3.3 平仮名

に平仮名で書かれた文献資料を探し出して，検討することが必要である．

平安時代の「仮名文学作品」「女流仮名文学」などと呼ばれてきた著名な古典作品の多くは，平安時代に書かれた書物そのものが残っているわけではなく，実は原本を元に転写された後世の写本である．『伊勢物語』（定家本系統天福本），『枕草子』（清少納言；前田家本・鎌倉時代中期写，ほかの三巻本系統などの諸本は室町時代末期写），『源氏物語』（紫式部；青表紙本，河内本，保坂本，大島本），『更級日記』（菅原孝標女；御物本・定家筆），『竹取物語』（武藤本・天正20年〈1592〉写），『かげろふ日記』（藤原道綱母；桂宮本・近世初期写）など，古典作品の多くは中世以降の写本しか残っていない．

現在，平安時代の平仮名の実物として知られているのは，おおよそ表3.1のようなものであって，20点ほどを数えるのみである[4]．

特に平安時代前半期の成立当初のものは，「落書」「端書」の語句が端的に示すように，当初は正式ではない私的な文字として，「仮に」用いたものであって，漢字が正規の文字として「真名」と呼ばれるのに対して「仮名」と呼ばれたのである．

このほか，断片的な資料ではあるが，多賀城跡から出土した漆紙文書（仮名文書，9世紀中ごろ（平安時代中期）），斎宮跡出土の「仮名墨書土器」なども平仮名の原物として貴重である．断片的ということでは，「古筆切」にも平仮名で書かれたものがある．『秋萩帖』『賀歌切』『高野切』がこの類である．さらに，やや特異なものとしては，漢文を訓読する際の訓点に平仮名を用いた文献があり，『沙門勝道歴山瑩玄珠碑』（神護寺蔵），『宇多天皇宸翰 周易抄』（訓注は草仮名，傍訓は片仮名で記す），『沙弥十戒威儀経』（石山寺蔵・平安中期角筆点）なども成立当時の平仮名の姿を観察するうえで有益である．

平仮名は弘法大師空海がつくったとする説は早い時期からみえる（卜部兼方『釈日本紀』13世紀末（鎌倉時代））が，現存文献の平仮名字体はまちまちであって一様でないことなどから，多くの人の手を経て徐々に整備されていった，社会的産物と考えられている．

---

[4] 『讃岐国戸籍帳端書（有年申文）』（貞観9年〈867〉写）は万葉仮名を草書体にくずしたもので，簡略化した体系までには至っていないことから「草仮名」と呼ばれ，「平仮名」の前段階の文字と位置づけられることがある（資料5参照）．

表3.1 平安時代の主な平仮名資料

書　名	所　蔵	写年・時代
讃岐国戸籍帳端書（有年申文）	東京国立博物館	貞観9年〈867〉
円珍筆病中言上書		9世紀末
千手観音立像臂内剣部所出桧扇橋落書	教王護国寺（東寺）	元慶元年〈877〉ごろ
東南院文書（因幡国司解案）紙背仮名消息		平安時代中期（10世紀）
土左日記（定家臨摸本）	前田育徳会	承平5年〈935〉ごろ
奝然生誕記	清凉寺	承平8年〈938〉
醍醐寺五重塔天井板落書		天暦5年〈951〉
虚空蔵念誦次第紙背消息	石山寺	康保3年〈966〉ごろ
集古浪華帖所載小野道風消息		
北山抄紙背仮名消息	三条家	長徳-長保年間〈996-1004〉
藤原道長自筆御堂関白記紙背和歌及平仮名文	陽明文庫	寛弘元年〈1004〉・寛弘8年〈1011〉
因明義断略記紙背和歌	興福寺	寛弘7年〈1010〉ごろ
延喜式紙背仮名消息	東京国立博物館	長元8・9年〈1035・1036〉ごろ
不空三蔵表制集及灌頂阿闍梨宣旨官牒紙背仮名消息	青蓮院	永保3-応徳2年〈1083-1085〉
諸仏菩薩釈義紙背消息		寛治年間〈1087-1093〉か
三宝感応要録紙背消息		寛治4年-康和元年〈1090-1099〉以降
元永本古今和歌集	東京国立博物館	
関戸家本三宝絵詞及び東大寺切	名古屋市博物館ほか	
天治本万葉集		天治元年〈1124〉
源氏物語絵巻	徳川美術館	12世紀前半ごろ
文泉抄紙背消息		承安5年〈1175〉ごろ
三十帖策子目録紙背仮名往生要集断簡		治承5年〈1181〉以前

(3) 平仮名史の展開

　平仮名は,「かんな」「かな」といい,平安時代には「女手」ともいわれた．その呼び名と,『土左日記』の冒頭「をこともすなる日記といふものををんなもしてみむとてするなり」の女性仮託の表明によって,あたかも平仮名は女性専用の文字という印象がつきまとうが,必ずしもそうではなく,実際には男性が用いることもあった．

　『源氏物語』には,「さう（草）」と「女手」とを光源氏が別々の色紙に書いたと

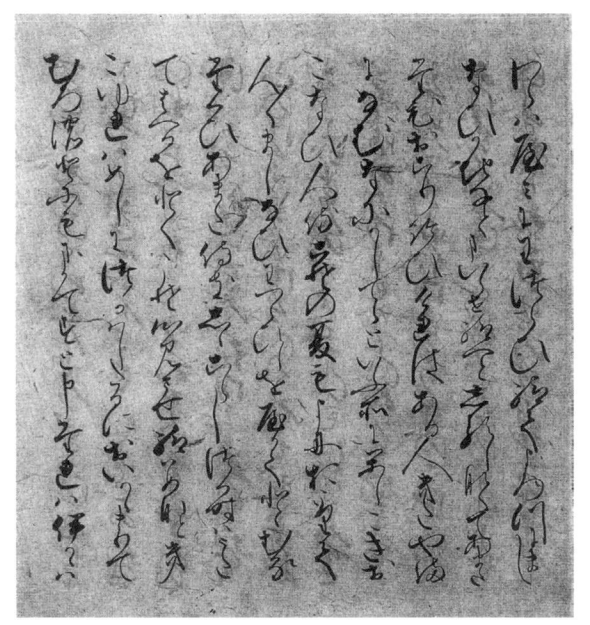

図 3.4 変体仮名の事例（青表紙本『源氏物語』若紫，冒頭部）
（保坂本，東京国立博物館蔵）

いう記事がみえ（梅枝巻），また，『宇津保物語（うつほものがたり）』に，「をんなで」と並んで「かたかんな」が挙げられているように，10世紀後半から11世紀にかけて，平仮名・草仮名・片仮名は，それぞれ別の文字体系であると認識されるようになったことがうかがえる．

　平安時代前半期の文献では，仮名字母の種類はごく限られていて，しかも字画の比較的少ない簡単な万葉仮名が選ばれる傾向がみえるが，これは，当初実用の世界で平仮名が速く楽に書く手段として用いられたことを物語っている．後半期になると，書や文芸といった芸術的な美を追及するようになり，変体仮名と呼ばれる，筆画の多い字母をくずした仮名を使用することにより，紙面に変化をもたらすことも意図された（図3.4）．

　中世になると，仮名字体の整理が漸次進み，さらに近世には印刷文化の浸透と庶民教育の普及によって変体仮名も減っていった．なお，「普通，一般に用いる仮名」という意の「平仮名」という呼称もこの16世紀ごろ（室町時代後期から安土桃山時代）にみえはじめる．

　現在では，書道や看板の文字といった美的装飾効果を伴う場合を除いて変体仮

名を用いることはせず，一音節に対して一字体に限られているが，これは明治33（1900）年の小学校令施行規則改正に定められたもので，明治以後のことである．

(4) 平仮名を用いた表記体

紀貫之筆の『土左日記』は，室町時代中期ごろまで現存していたらしいことが記録によって知られるが，その後行方がわからないまま今日に至っている．この原本『土左日記』を元に忠実に書写した藤原為家筆本（大阪青山歴史文学博物館蔵）および藤原定家筆本の『臨模箇所』(りんもかしょ)（前田育徳会蔵）が現存しており，これに基づいて10世紀（平安時代中期）当時の平仮名文（また単に「仮名文」とも）の姿をかなり具体的に知ることができる．

この本によれば，平仮名文といっても，漢字をまったく用いないというわけではなく，平仮名を多く用いつつも，漢字を交えている点が注意される．

それは，仮名で表記する習慣の定着していなかった漢語が漢字で書かれるほか，月日の記載に漢字を採用して，これに日記文の見出しの機能を与えており，また，仮名で表記すると誤読のおそれのある場合にも漢字を用いるなど，平仮名で書くことを原則としつつも，文意が正しく理解されるような工夫がみられる．

3.4 片　仮　名

(1) 片仮名の生成原理

平仮名が〈くずす〉原理によって誕生したのに対して，片仮名の生成原理を一口でいえば，万葉仮名の筆画を〈はぶく〉という，省画化によると説明することができる．やはりこれもできるだけ速く楽に書きたいという欲求に応えるものである．しかし，その内実は単純ではなく，細かくみれば，いくつかの型が認められる．

まず，最初の画を残して，以下を省くという「初画採用」の型がある．現行の仮名では，「ア」は字源の「阿」のこざとへんを採用し，以下を省略してできたものである．「イ」も「伊」のにんべんを採用して，以下を略し，「ウ」も「宇」のうかんむりを採用してできた字体である．

その逆に，書き終わりの画を残して，これより前を省くという「終画採用」の型もある．「エ」の字源は「江」であるがさんずいへんを省いて右側を残してい

ア(阿)	イ(伊)	ウ(宇)	エ(江)	オ(於)
カ(加)	キ(幾)	ク(久)	ケ(介)	コ(己)
サ(散)	シ(之)	ス(須)	セ(世)	ソ(曽)
タ(多)	チ(千)	ツ(州か)	テ(天)	ト(止)
ナ(奈)	ニ(二)	ヌ(奴)	ネ(祢)	ノ(乃)
ハ(八)	ヒ(比)	フ(不)	ヘ(部)	ホ(保)
マ(末)	ミ(三)	ム(牟)	メ(女)	モ(毛)
ヤ(也)		ユ(由)		ヨ(与)
ラ(良)	リ(利)	ル(流)	レ(礼)	ロ(呂)
ワ(和)	ヰ(井)		ヱ(恵)	ヲ(乎)
ン(∨のような象徴的記号から)				

図3.5 現行の片仮名字母表

る.「ス」は「須」の「頁」の最後の画を採っており,これ以前を省いている.「ヌ」も「奴」の旁を採用している.いずれも書き終わりの終画を採用していて,それより前を省いているのである.

これら二つの型が大半を占めるが,一見して,どこを省いたのかわからない字体もある.

たとえば,「キ」の字源は「幾」で,「ヱ」は「恵」を字源とするが,どこを省いたかはすぐにはわからない.これらは,「幾」「恵」の草体から簡略化してできたものであり,「草体経由（ほかに「部」から「ヘ」ができるがこれはおおざとの略体を経由する）」とでも呼べる型である.

さらに,「チ」「ミ」「ハ」などは,それぞれ「千」「三」「八」を字源としていて,これらは「全画採用」の型で,どの画も省いてはいない.

このように,一口に省画化の原理といっても,数種の型に分かれ,どの画も省かない型もある.ただし,現行の片仮名字体で中途の画を採用する型というのは見当たらない（図3.5）.

(2) 片仮名の成立時期・作者

平仮名の作者を弘法大師空海説とする伝承が当たらないことは先に述べたが,片仮名も吉備真備一個人の作とする説（吉田兼倶『日本書紀神代巻抄』14世紀

(鎌倉時代))は,実際の文献資料に現れた仮名字体のあり様からして信じがたい.画を省略した片仮名は,9世紀初めごろ(平安時代初期)から文献にみえはじめるが,その省き方がそれぞれ異なっていて,一つの音節に対して多くの形があった.もし一個人の創作によるものであればこのようなことは起こらないであろう.

(3) 片仮名史の展開
a. 訓点としての片仮名

万葉仮名が形のうえでは漢字そのものであり,これを表音文字として運用するには多大の労力が必要であったことは想像に難くない.この労力を軽減するために,つまり,より速く楽に書けるようにと,〈くずす〉か〈はぶく〉かの道を選ぶことになった.この二つの方向の実現が平仮名と片仮名ということになるが,たとえ理論上二つの方法があるとして,それぞれの原理による仮名が二種類とも現代まで用い続けられているということは,どのように考えればよいだろうか.一方に淘汰されても然るべきであろう.

平仮名は,平安時代前半の発生当初,私的な文字として実用文に用いられたが,後半以降は書や文学作品などの芸術的な場に使用域を獲得していく.連綿と流れるような筆致で仮名を美しく綴ることが追及されたのである.

では,片仮名はどういった場で用いられたのであろうか.

古代日本は,東アジアの大国中国の文化を輸入し,その影響を多大に蒙っている.近代日本の欧化政策に英語などの欧米語の学習が必須であったように,当時の日本人は中国語(=漢文)の学習が欠かせなかった.この中国語の文章は,〈翻訳〉ではなく,原文を活かした〈訓読〉によって理解されたが,これには,中国語に乏しい助詞・助動詞や活用語尾の送り仮名などを補い,返点といった語順を置換する符号が用いられた.この漢文に記入するための仮名は,漢字本文と形のうえで区別されなければならず,かつ,行間の狭いスペースに書き込むためにシンプルな形が要求された.漢文訓読の場においても,当初は万葉仮名(真仮名)や平仮名が用いられることもあったが,字画を〈はぶく〉ことによりできた片仮名がこの条件にこたえて徐々に定着していった.

漢文の訓読に仮名を用いたのは,わが国においては9世紀初め(平安時代初期)の南都の僧侶であったらしく,漢訳仏典を読み解くために,その本文の漢字の間に記入することから拡がったようである.

b. 片仮名字体の変化

全画採用型の「チ」や「ミ」の場合，漢文本文の漢字「千」「三」と区別がつきにくいことがある．現行の「チ」は「千」の最終画が左に曲がり，「ミ」は「三」の三本線が左肩から斜めに下がっている．この変化は鎌倉時代初期ごろに起こるが，漢字の「千」や「三」ではない別の文字であることを示そうとしてその形が変化したものと考えられる．この「チ」や「ミ」に限らず，片仮名字体は，原初の形はより字源に近いものであったが，徐々に変形し，漢字とは別体系であることを示す（＝示差性）ようになり，時代によって字体が異なる．したがって，片仮名字体を観察することによって，書写年代のわからない文献についてその時代のおおよそを推定できることもある．

一方，今日でも「二」や「ハ」は前後に片仮名文字列がない場合には，形だけから漢数字と判別することは難しいことがある．

この片仮名字体の統一は平仮名と同じく明治33（1900）年の小学校令施行規則改正に定められた．

(4) 片仮名を用いた表記体

片仮名は，平仮名と併用され現代に至っている．しかし，もともと片仮名は，漢文本文に記入する訓点として発達し，文字としての独立性に乏しかった．しかし，片仮名成立当初の9世紀（平安時代初期）には，すでに漢字に片仮名を交えて文章を綴ることもあった．『東大寺諷誦文稿』（焼失）（図3.6）や『七喩三平等十無上義』（東大寺図書館蔵）がそれである．しかし，平安時代の平仮名文や訓点資料の文献は数多く知られるのに比して，片仮名文で書かれた文献は9〜11世紀（平安時代）まではごく少ない．

この片仮名交じり文の起原としては，大きく二つの系統が存し，一つには，訓点記入の様式が表現の場に及んだと考えられるもので，訓点資料の注や奥書にみえるものである．いま一つは，上代以来の宣命体に由来するもので，小書きの万葉仮名（真仮名とも）を片仮名に差し替えた形で発達した表記体（＝片仮名宣命体）である．

12世紀の院政時代から鎌倉時代になると，漢字片仮名交じり文は隆盛をみる．公任撰『大般若経字抄』（石山寺蔵，長寛2年〈1164〉）では，漢字の読みを示す注記に片仮名を用いており，『極楽願往生歌』のように全文を片仮名で記す文献も

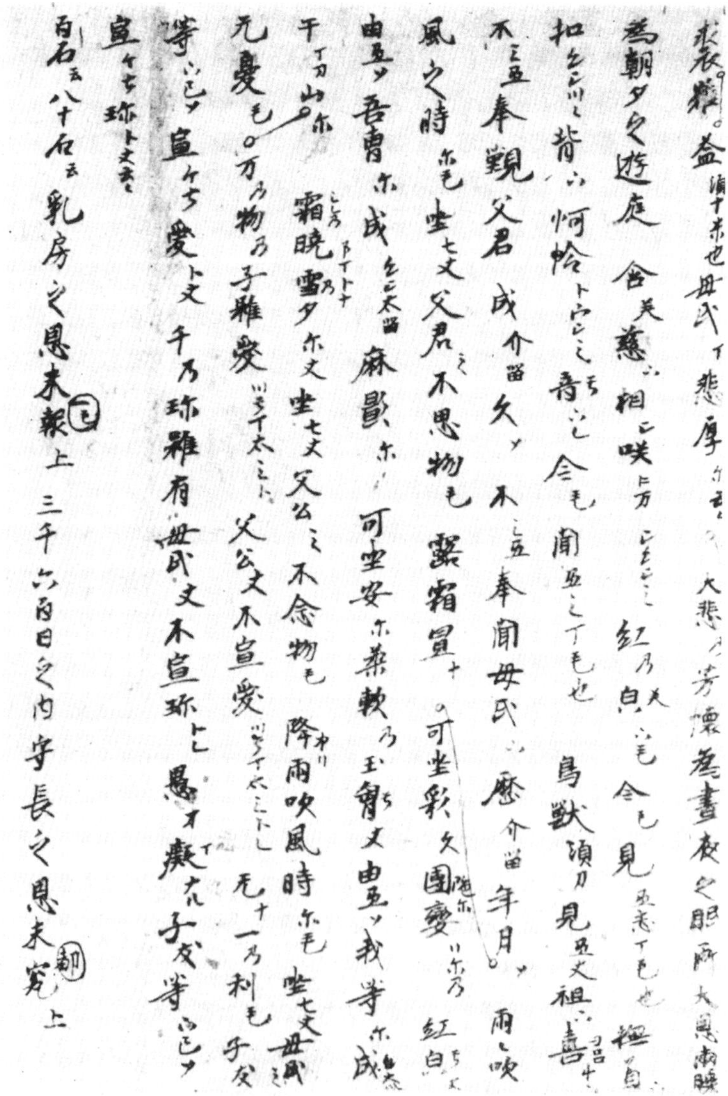

図3.6 東大寺諷誦文稿（焼失）

みえるようになる．さらに，鈴鹿本『今昔物語集』（京都大学蔵）や『打聞集』（京都国立博物館蔵），延慶本『平家物語』（大東急記念文庫蔵）など，説話や軍記の文学作品も多くこの表記体で記されるようになった．

戦後から現代に至って，漢字に平仮名を交じえて書くことが定着したが，明治

初頭までは，公的，学問的な文章は，こういった文章の書き手が漢文に親しんでいたこともあってむしろ片仮名交じり文で書かれることが一般的であり，公用文では，昭和21（1946）年まで漢字片仮名交じり文が採用されていた．

　漢字平仮名交じり文のなかに外来語を片仮名で表記することを行った具体的な例は，新井白石の『西洋紀聞』（18世紀初め（江戸時代中期））であり，江戸時代の蘭学がこれを受け継ぎ，明治時代に外来語の急増に伴って，この表記法が確立する．

　なお，現代では外来語のほか，擬音語・擬態語の類は片仮名で書くことが定着しており，また，文中で特定の部分を際立たせる効果を目的として用いる場合もある．

3.5　ヲコト点

　現在，一般的に目にする「漢文」の訓点は，返点と送り仮名がその中心であるが，平安時代において漢文を訓読する際に用いられた符号は，さらに多種多様であった．

　この時代に最もさかんに用いられ，発達した訓点符号に，ヲコト点がある．

　ヲコト点は，漢字の四隅などに「・」「／」「｜」「＋」といった諸符号を加えて，音節を表したものである．

　ヲコト点の種類は大きく八つの型があって，さらに細部を異にする（図3.7）．漢文訓読のテキスト（訓点資料という，図3.8）は，大きく，『論語』『白氏文集』『文選』『史記』などの漢籍と『法華経』『大日経』といった仏典に分かれ，その学問活動は，それぞれ大学寮の博士，寺院の僧侶というようにおおむね限られていた．このことと関係して，たとえば，天台宗山門派では宝幢院点，真言宗広沢流では円堂点，大学寮の明経道では明経点といったように所用のヲコト点が決まっていた．

3.6　仮名遣い

　一般に，音声言語は流動性に富み，変化が激しく，文字言語はこれに比して保守的である．表音文字が成立したときには，音韻と文字とがきちんと対応してい

図3.7 ヲコト点

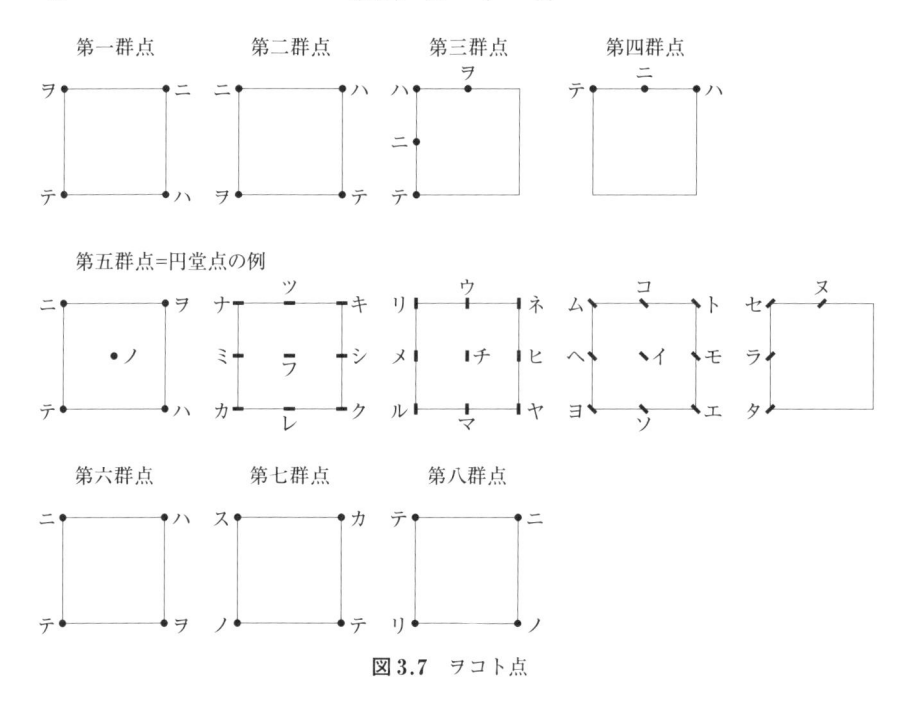

たとしても，音韻が変化するつど，文字がそれに応じて消滅したり新たにつくられたりすることはむしろ少ない．その際に，音韻と文字との対応が乱れることになるが，この事態に対処する際に，仮名遣いが問題となる．仮名遣いは，このような，文字と音韻とが対応しなくなった事態が起こったときに，この事態を〈乱れ〉と認識して正すための〈きまり〉をつくることによってできる．

ア行の「o（オ）」とワ行の「wo（ウォ）」は，古来発音が異なり，それに応じて「お」「を」のように文字も異なっていた．両者の発音が，平安時代の11世紀初めごろから合一化して同音（「wo」）となった際に，発音を失った文字（「お」「を」のいずれか）を廃れさせるのではなく有効に活用しようとした．音韻の異なる文字すべてを一回だけ使ってできた「いろは歌」のなかに同じ音の「お」「を」の二種の文字が出てくる事態を〈乱れ〉と認識し，正すべく〈決まり〉をつくった．「いろは歌」作者を祖師弘法大師と信じる真言宗教団あたりからこの二種の文字の運用についての〈きまり〉が案出されたとみられる．その〈きまり〉とは，アクセントの高低による使い分けであり，「いろは歌」の唱え方にならって，「お」は低く，「を」は高く発音するところに用いるというものであった．やがて，歌学

の権威藤原定家がこの〈きまり〉を仮名文学や和歌の古典書写の際に採用した．これが「定家仮名遣」であり，江戸時代までながらく歌学の方面で遵守された[5]．

契沖は，この「定家仮名遣」を批判し，古代文献の実例に基づいて定めることを説き，『和字正濫鈔』(元禄8年〈1695〉)を公にした．「定家仮名遣」の流儀にならった行阿（14世紀（南北朝時代））の仮名遣いに誤りのあることを述べ，

> 今撰ぶ所は，日本紀より三代実録に至るまでの国史，旧事紀，古事記，万葉集，新撰万葉集，古語拾遺，延喜式，和名集のたぐひ，古今集等，及び諸家集までに，仮名に証とすべき事あれは，見及ぶに随ひて引て是を証す
>
> (『和字正濫鈔』巻一)

と説き，仮名遣いの問題となる仮名を使用する語を掲げて，その出典を示してい

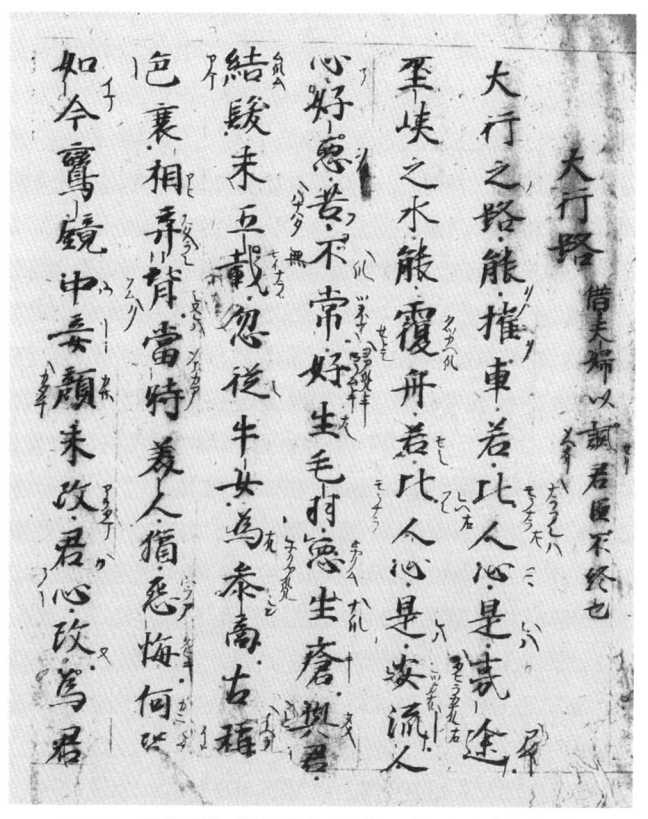

図3.8 訓点資料（神田本白氏文集，京都国立博物館蔵）

---

[5] 鎌倉時代末にはアクセントとの対応は失われ，知識として守られるようになる．

る．この契沖の説は，戦前まで用いられた「歴史的仮名遣」の基礎となったものであるが，当時すぐには理解されず，「定家仮名遣」によった書がしばらくは主流であった．やがて荷田春満や賀茂真淵らの国学者に評価され，徐々に浸透していった．

明治時代以降の公文書や学校の教科書には，この契沖の説に基づく仮名遣いが採用され，昭和21（1946）年の「現代かなづかい」が公布されるまで広く用いられた．

「現代かなづかい」は，「歴史的仮名遣」が現代の発音と一致せず不便だとする批判から提出されたものであるが，その内容は，現代の発音をもとにしつつも「歴史的仮名遣」を加味したもので一種の折衷案であり，昭和61（1986）年に新たに「現代仮名遣い」が出されたが，小幅の修正にとどまり，基本方針に変更はない．

3.7　ローマ字

西洋の文字であるローマ字は，いつごろ日本に入ってきて，その後，どのような歴史を歩んだのであろうか．そして，小学校の国語の授業では，たとえば，シチジ（7時）は sitizi と書くように教わるが，日常生活で実際に目にし，書くのは shichiji である．なぜ，このようなことになるのだろうか．ここにも，ローマ字の表記法についての問題が潜んでいる．

日本に初めてローマ字が入ってきたのは16世紀末（安土桃山時代）のことで，ヨーロッパからやってきたキリスト教宣教師によってもたらされたものである．

フランシスコ・ザビエルが鹿児島の地で布教を開始してから，宣教師たちは日本でキリスト教の伝道に努めた．布教活動のために日本語を学んだ彼らは，母語である当時のポルトガル語に基づいてローマ字の綴り方を考案したが，それは，現在の私たちが用いているのとはずいぶんと異なる．

たとえば，ニホンは NIFON と綴られ，コトバは COTOBA と書かれた（図3.9）．カ行は ca, qi, cu, qe, co のように書き，サ行は sa, xi, su, xe, so と綴った．

その後，徳川幕府による鎖国政策とキリシタン禁圧のために，その使用は廃れる．次いで，オランダ人や蘭学者によって，オランダ語に基づいた綴り方がなされたが，特定の学者などの使用にとどまるものであった．クを koe，ツを toe な

どと綴る点に特徴がある．ローマ字の本格的な再導入は，鎖国を解いた幕末から明治にかけてであり，現在私たちが用いているローマ字の源はこの時点以降のものである．

　明治18（1885）年に外山正一（とやままさかず）やチェンバレン（Chamberiain）によって「羅馬字会（ろーまじかい）」が結成されて，ヘボン式といわれる，英語の綴りにならって日本語の発音に近づけた表記法が考案された．これは，『改正増補和英語林集成』第3版（明治19年〈1886〉）に採用されて広まった（図3.10）．これに対抗して，田中館愛橘（たなかだてあいきつ）らが「羅馬字用法意見」を出し，仮名の五十音図の枠組みに従った表記法を提案した．これが，日本式と呼ばれるものである．その後，昭和12（1937）年9月に内閣訓令によって，ローマ字表記の標準化と統一をはかった．これが訓令式というもので，日本式に基づきこれを整理して，ザ行とダ行のジとヂ，ズとヅの区別をなくして，zi, zu に統合し，ワ行もワはwaと書くが，発音の違いのないヰ・ウ・ヱ・ヲは，i, u, e, oのようにア行に統合している．

　現在は，昭和29（1954）年12月に「ローマ字のつづり方」が告示されてから変更はない．これは，昭和22（1947）年度の義務教育の学習指導要領において，標準式（改正ヘボン式），日本式，訓令式の三種から自由に選べるようになってい

図3.9　大英図書館蔵『天草版平家物語』扉　　図3.10　『改正増補和英語林集成（第3版）』

たものを統一したもので，第一表と第二表からなる．

　第一表は，訓令式を受け継いだもので，第二表は，第一表から除外されたヘボン式，日本式のもので，結局，今日でも，どちらの方式で綴っても誤りではない．

　冒頭で紹介した，シチジを sitizi と書くのは第一表（訓令式）によった書き方で，shichiji はヘボン式である．実際に目にする地名や人名の表記は，ヘボン式が多いようで，駅名「新橋」も SHIMBASI とヘボン式で書き表し，訓令式 SIN-BASI をみかけることは少ない．

3.8 補助符号

　現代の私たちが日本語の文章を書くのに，漢字や仮名といった文字を知っているだけでは十分でない．文字のほかにも，理解を助けるためにさまざまな符号を用いており，これらの符号にも，その成立や使われ方の歴史がある．

(1) 濁点・半濁点

　仮名には，右肩に二つ点を施して濁音を表す方式がある．

　この濁点は，平安時代初期（9世紀）にみえ，天台宗の学僧が，陀羅尼部分の読み方を示す際に考案したものではないかとみられている．『金剛頂瑜伽蓮華部心念誦儀軌』（石山寺蔵，寛平元年〈889〉点）には，「濁」字のさんずいへん「氵」を漢字の傍に「婆」のように書き加えて示す方式（「婆」字がバと濁音であることを「氵」で示す）を用いていることが報告されている．その後，漢字音の声調（アクセント）を示す際に，これに伴って，濁音を表示する符号が発達した．『金剛界儀軌』（大東急記念文庫蔵，永延元年〈987〉点）は，清点「○」に対して濁点「・」で区別し，ほかにも「：」「｜」「－」「△」など種々の形式が使用されるようになった．これらは，声調表示を兼用するので，平声であれば左下，上声であれば左上となって，漢字の右肩に固定しているわけではない．

　これとは別に，声調表示とは関係なく「ヽ」を字の下部や右肩に記す符号も 10 世紀（平安時代中期）にはみえるが，これは南都の法相宗および真言宗の僧侶の間で始められた．

　このように，濁音符は，発生当初，寺院の僧侶の間で使われていたものが，やがて漢学者にも広まり，鎌倉時代には平仮名で書かれた『古今和歌集』の古写本

などにも声調表示機能を兼ねた清濁の符号がみえるようになる．現在のように「゛」が声調表示を放棄して，右肩に固定してくるのは，江戸時代初期（17世紀）のことである．

半濁点は，パピプペポのように，ハヒフヘホに「○」を加えて表す符号であるが，これは，唐音資料およびキリシタン版でp音表示に「○」を使用したことを起源とし，徐々に国内資料へと波及した．

(2) 句読点

句読点の発達は，諸符号のなかでは時期的に遅いが，漢文を訓読する際の符号に源がある．

奈良時代の『李善註文選抜萃』（天平17年〈745〉以前写）に「、」の句点が付けられており，以降，平安時代の訓点資料にも，漢字列のなかの文の切れ目を示したり，句の切れ目を示したりする符号がみられる．『成実論』（天長5年〈828〉点）は，文末は字の右下，句末は左下と，位置によって句点と読点とを区別しており，訓点資料においてしだいに，句読点を位置の違いによって表示し分ける方式が一般化した．

やがて，仮名文の世界にも句読点の使用が拡大し，院政時代以降の，読誦・朗唱の読み上げる文章などに用いられる．その後，室町末期のキリシタン資料や蘭学の書物にも句読点を用いたものが出現するが，今日のように，文末に必ず句点を用い，適宜読点を施すといった様式はかなり後にならないと固定しない．

句点「。」，読点「、」の使い分けは，近代に入って明治20（1887）年ごろからみられるようになったが，それでも，当時の新聞や小説，教科書の使い方は一定しておらず，さまざまであった．明治30（1897）年以降にはようやくこの様式が固まってくるようになり，明治39（1906）年に文部省が『句読法案』を出して国定教科書の標準とされ，ようやく定着した．

さらに，一般の日常の文章では使われていないが，漢文訓読の世界では，語順置換のための返点，熟合を示す合符，声調を表す声点など，種々のものが認められる．

このように，日本語の文章表記のうえで，文字だけでなく，そのほかの符号も漢字漢文の影響抜きには考えられないのである．

3.9 〈ひねり〉と〈かさね〉の織りなす表記

　日本語の文字・表記は，その淵源を漢字の輸入にもとめることができるが，これに〈ひねり〉を加えて，万葉仮名，国字，さらに，平仮名，片仮名を生み出した．そして，これらを〈かさね〉て用い，現代の私たちの複雑な表記様式を確立していったのである．

第4章 語　彙　史

4.1　固有の語彙と外来の語彙

(1) さまざまな語彙の捉え方

どの言語でも，ことばの一つ一つをもって混沌たる世界を認識し，物事を表してきた．それぞれの時代と社会において，人間のたゆまざる探究心によってことばが増えてきたのもその反映である．今日の日本語が70万語にも達していることは，まさに日本人の世界への認識を深めた証拠であろう[1]．これを日本語の語彙と称するならば，あまりにも膨大な数であり，なかなかイメージがつかみにくい．そのため，時代によって「古代の語彙」とか「現代の語彙」とかに分けて扱うことも考えられる．後者は，さらにジャンル別に小説の語彙，新聞の語彙，官庁の語彙などに分けることができ，また作家や記者，学生，サラリーマンなど社会的立場によって個人の語彙を特徴的に描くこともできる(第8章)．語彙はこのようにさまざまな視点から捉えられるが，日本語の誕生と成立の過程に即して考えれば，その語彙の構成についてまずみておく必要がある．

(2) 日本語語彙の層

日本語のルーツと系統についてはいろいろな議論が展開されているが，そのなかで，安本美典の基礎語彙による四階層の分け方と，大野晋の考え方が日本語語彙の特色を理解するには役立つであろう．

表4.1をみると，安本は基本的に，第一層を「古極東アジア語」という日本語

---

[1]　国語辞書の収録語彙（平凡社の『大辞典』（昭和11年〈1936〉）75万語，小学館の『日本国語大辞典』（第2版，2000～2002）50万語，岩波書店の『広辞苑』（第6版，2007）23万語）をもとに推測している．むろん，古語や死語なども含まれている．

表 4.1　安本美典・大野晋による日本語のルーツ

		安本美典	大野　晋
第一層		古極東アジア語の層 （朝鮮語・アイヌ語・日本語） 文法的・音韻的骨格	タミル語 （南まわり） 縄文時代
第二層		インドネシア・カンボジア語の層 （基礎語彙）	タミル語 （北まわり）
第三層		ビルマ系江南語の層 （身体語・数詞・代名詞・植物名） 列島語の統一	漢語の層
第四層		中国語の層 （文化的語彙）	印欧語の層

ルーツ「北方由来説」に立ち，ついで第二層を南方由来の「基礎語彙」と考えている．これに対して，大野の説はちょうど正反対である．第一層をタミル語の南まわりからの影響とみて，第二層をタミル語の北まわりの影響と考える「南方由来説」をベースに，両層にわたる縄文・弥生時代を日本語の成立期と考えていた．そして第三層の漢語の層は，安本の第三，第四層を含めており，さらに設けた第四層は印欧語（外来語）の層であって，この両者は外来の部分として日本語の語彙の特色をなしていると考えられ，安本の第四層（文化的語彙）の捉え方と共通している（安本，1978；大野，1957）．

このように，固有の和語（やまとことば）は，縄文時代以来，開音節を特徴とする南太平洋諸島のことばと関係していることが知られている．その一方，弥生時代には，北からのモンゴル語や朝鮮語とも関連していて，この南北の異なる由来はまるで接木のようにくっついていることから，一般言語学において日本語を系統的に一つの語族に帰属させられない理由の一つとなっている．

このように区分けしてみると，日本語の語彙の由来は少なくとも固有の語彙と外来の語彙とに分けられ，それを軸に日本語の語彙の移り変わりが記述できよう．本章では，言語全体の流れのなかで，語彙の変化のきっかけ（理由）と変わり目（時代）を歴史的に捉えることを主たる目的としたい．

(3) 異なる言語体系の共存

現代では，日本語を，ことばの出自によって固有の和語と外来の漢語と洋語（外来語）とに三分している．しかし，歴史的にみれば，図4.1のように，日本語における三者の使用は時代的にはかなり不均衡なものである．和語を中心とした上

代，漢語の増加しはじめた中古，そして外来語の入ってきた中世末期というおおまかな流れが鳥瞰できる（宮島，1967）．

和語は，上代の『万葉集』のようにほぼ100％の和語の世界から時代とともに下がりつづける一方，漢語は逆にその占める割合が徐々に右肩上がりに上がってきて，現代において両者の語彙量はほぼ拮抗している．外来語の増加はこのグラフではまだ一割未満程度にとどまっているにすぎない．その概略をよりよく示すものとして，表4.2のように古典文学における語種の推移を表すデータがある．これは図4.1のグラフをより細かく裏づけるものである．表4.2に示されているように，『万葉集』における和語の占める比率は99.6％で，この時点では漢語の使用は微々たるものであった．同じことが勅撰集の『古今和歌集』『後撰和歌集』についてもいえる．それぞれ和語の占める率は99.8％と99.6％に達していることから，いわゆる韻文において純粋な日本的表現が成り立っているといえよう．平安時代末期では「畳字連歌」のように，韻文にわざと漢語を用いて詠むというスタイルがあったが，純然たる和語の世界に漢語を一つ入れることで表現のキーポイントとするもので，今日の和歌に外来語が使われること以上にすこぶる先駆的なものであった．

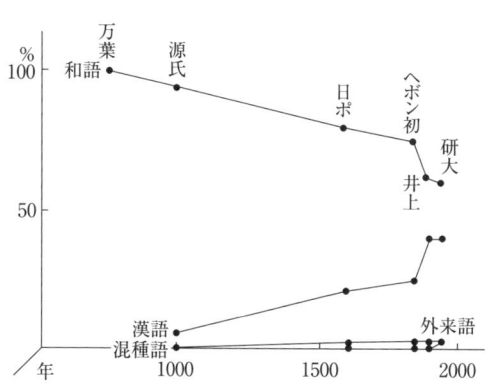

このような和語の絶対的優勢を占める韻文に比べて，散文では明らかに漢語の侵食する余地が与えられている．『竹取物語』の6.7％から徐々に上昇し，『枕草子』

図4.1 和語・漢語・洋語使用量の変遷（宮島，1967）

表4.2 古典作品の語種（宮島，1971）

	万葉集	竹取物語	伊勢物語	古今和歌集	土左日記	後撰和歌集	蜻蛉日記	枕草子	源氏物語	紫式部日記	更級日記	大鏡	方丈記	徒然草	平家物語
和語	6478	1202	1586	1991	926	1916	3279	4415	9953	2104	1770	3259	896	2909	4042
	99.6	91.7	93.7	99.8	94.1	99.6	91.1	84.1	87.1	85.3	90.8	67.6	78.1	68.6	47.4
漢語	20	88	89	2	44	6	236	641	1008	277	146	1330	231	1191	4216
	0.3	6.7	5.3	0.1	4.5	0.3	6.6	12.1	8.8	11.2	7.5	27.6	20.1	28.1	49.4
混種語	7	21	17	1	14	1	83	191	462	87	34	230	21	142	278
	0.1	1.6	1.0	0.1	1.4	0.1	2.3	3.6	4.0	3.5	1.7	4.8	1.8	3.3	3.3
計	6505	1311	1692	1994	984	1923	3598	5247	11423	2468	1950	4819	1148	4242	8536

上段は語数，下段はその割合（％）．

（清少納言）で二桁にのり，歴史物語の『大鏡』ではついに27.6%にも達してしまう．中世仏教の色彩のある『方丈記』（鴨長明），『徒然草』（吉田兼好）などに至っては，漢語の増加が容易に想像することができるだろう．そして和漢混淆文の『平家物語』になると，一気に漢語が半分以上に増えてしまうのである．

このように，和語と漢語の量的推移が変わってきているから，日本語において和語と異なる漢語・外来語がいかに受け入れられてきたか，また和語自身はどう変化を遂げたかについて三者三様の変遷を別々に眺めていくことにしよう．

4.2 和語の成長と意味発達

(1) 和語の数

初めて記録に登場した日本語は3世紀の中国の史書『魏志』倭人伝であって，「卑狗(ひこ)」「卑弥呼(ひみこ)」「耶馬台(やまと)」など，官名や人名や地名を表す日本語を30語ほど漢字に当てて記しているのが知られる．

上代の日本語を知るには現存の資料は『古事記』『日本書紀』『万葉集』『風土記』など漢字・漢文で書かれているものばかりであって，そのなかからいかにして純粋の和語を見出すかは難しい．そこで，韻文としての『万葉集』は歌としてのリズムを有するため音節数が決まっており，「和語」として読まなければならないことをふまえると，そのリズムにしたがって，万葉仮名および訓で表記された「和語」を抽出することができる．その結果，上代の日本語にはどれぐらいの和語があるかというと，表4.2のように『万葉集』においては6478語であることが知られる．これを，たとえば表4.3のような現代雑誌90種調査（1956）で和語は11134語であることを比べると，今日では，ほぼ倍に増えたことになる．

では和語はいったいどのように増えてきたかを考えてみよう．

表4.3 現代雑誌90種調査（1956）

語種	異なり語数		述べ語数	
	語数	%	語数	%
和語	11134	36.7	221875	53.9
漢語	14407	47.5	170033	41.3
外来語	2964	9.8	12034	2.9
混種語	1826	6.0	8030	1.9
合計	30331	100.0	411972	100.0

(2) 単音節語から複音節語へ

　純粋な和語のうち，上代では単音節の語が目立つ存在であった．阪倉（1993）によれば，付表9をみてわかるように，上代語では総計148の単音節語があったが，現代語ではその三分の一に当たる48語しか残っていない．

　なぜ単音節語から複音節語へと移行したかを考えると，ひとつに，上代の音節数の減少による同音回避の原理が働いていると考えられる．本来，甲乙二類に分けられる発音が混同されるにしたがって同音語が増え，語形を区別するためにいろいろと音節をつけるなどしていくようになった．その結果，現代では化石のような存在となった単音節のことば「足立あ」「千枝え」「吾妻あ」などが残っていることになる．

　具体的に，その複音節へ移行する方法は以下の五種類が挙げられる．
①接頭語をつける．
　　か→し̇か　と→あ̇と　ち→み̇ち　ね→み̇ね　ま→ひ̇ま　と→か̇ど
②接尾語をつける
　　あ→あし̇　は→はし̇　か→かみ̇　ゆ→ゆみ̇　ひ→ひる̇　え→えだ̇
③説明的要素を語の後に添える
　　う→うさ̇ぎ̇　と→とび̇ら̇　せ→せな̇か̇　か→かを̇り̇　き→きば̇
　　ね→ねず̇み̇　ゐ→ゐの̇し̇し̇
④説明的要素を修飾的に語の前に添える
　　え→い̇り̇え　き→ひ̇つ̇ぎ　こ→か̇ひ̇こ　ひ→と̇も̇しび　ゐ→お̇ほ̇ゐ
⑤語形を拡張する
　　ち→ちち　ま→うま　め→うめ

こうした複音節化による変化は，従来の曖昧さに代わる，より明確な語としての表現を実現すると同時に，また，語としての自立性（アイデンティティ）を確立しようとするものであったといえよう．

(3) 漢文訓読に伴う和語の拡張

　漢文の伝来とともに，その学習も始まる．最初は直接原音のまま漢文を学習し，後に漢文を訓読するようになった．奈良時代後期から平安時代初期にかけて，『懐風藻』『凌雲集』（小野岑守・菅原清公ら（編），弘仁5年〈814〉）など漢詩文の栄えた，いわゆる「国風暗黒時代」といわれる時期に，大量の漢文を吸収するにつ

れて，日本語もそれによっておおいに触発され，語彙の面でも，さまざまな方法で漢語を直接借用するようになった．

その漢語を単に音読するだけでなく，日本語に訳すことが和語の充実にもつながったとみられる．たとえば，

　　夢のあひは苦しかりけり覚(おどろ)きて搔き探れども手にも触れねば

(『万葉集』741)

上記は中国小説『遊仙窟』の表現（右の漢文）を訳したものである．ほかに『万葉集』にみえる「白雲(しらくも)」「青雲(あおくも)」などの歌語も，漢語の訓読みによって生まれた「和語」であって，漢籍の語や故事を借りて，「現世→この世，来世→来む世，濁酒→濁れる酒，無価宝珠→価なき宝」などのように漢語を音読のままで使わずに，漢字を訓読することによって和語として読む意識が働き，和歌の世界に翻訳語として登場することも多かった．また，『和漢朗詠集』（藤原公任（撰），寛仁2年〈1018〉ごろ）には，白楽天の詩を和歌風に訳して，

驚覚レ攪之、忽然空レ手

　　落花語はず空しく樹を辞す　流水心無うして自ら池に入る
　　（落花不語空辞樹　流水無心自入池）

のように収録している．このように，和歌に漢語の表現を導入したり，漢詩を和訳したりする作業を通して和語表現の新たな産出に至った．江戸時代に編集された『拠字造語抄(きょじぞうごしょう)』（文政5年〈1822〉）はまさしく，平安時代以降の和歌にみえる，こうした翻訳例を集めたものである[2]．当時よく読まれる昭明太子（編）『文選』の訓読文が『万葉集』や『源氏物語』などの和文脈にも採用されているのもその流れによるものであろう（小島，1962）．

いわゆる「文選読み」とは「片時」を「ヘンジのかたとき」のように漢語「片時」を最初に音読し，次にそれを日本語の意味で補いながら訓読するという読み方である．すなわち一種の漢和対訳ともいえるものであり，その和訓で漢語を理解し，やがて音読みの漢語も独立して使われるようになっていく．どちらかといえば漢語を受容する一種の手段として理解されていったというほうがよかろう．たとえば，『千字文(せんじもん)』の冒頭の「天地玄黄」の四文字を「てんちのあめつちはげんこうとくろくきなり」のように，漢字音の「てんち」と和語訳の「あめつち」を対比させ，「げんこう」を「くろく，き」と訳した．同じこと（概念）を表すのに

---

[2]　たとえば，「白波」を「しらなみ」，「龍門」を「たつのかど」のように和歌に詠んでいる．

和漢二通りの言い方が並べられているのである.

　さらに文法的にも，漢文との接触によっていわゆる漢文的な表現も現れるようになる．特に副詞的表現においては逐語的に訓読されることから，陳述副詞という一群が増えることになった．たとえば，本来「正しく」という意味しか有しない「まさに」は，漢文にある「当」「将」「方」「正」などの訓となることによって，その漢文的意味を巻き込んでさまざまな表現が成立し，

　　　　まさに　　{　べし（當）　　むとす（将）　　なり（方）
　　　　　　　　　　[形容詞]（正）

のように，語法が増えた．『源氏物語』夕顔の「「まさに長き夜」とうち誦じて臥し給へり」の例は白居易の『白氏文集』十九の「八月九日正長夜」の訓読語をそのまま用いたものと指摘されている．山田孝雄の『漢文の訓読によりて伝へられたる語法』（昭和10年〈1935〉初版）にはそうした例を多く収録していて，大雑把にみれば，いわゆる副詞，助動詞的なものが中心であることがわかる．たとえば，「あたはず」「あに」「いへども」「いまだ」「いはんや」「かつて」「けだし」「ごとし」「しかり」「すでに」「すなはち」「もしくは」「あへて」「はたして」「ゆゑん」などの類は漢文の表現を対訳することで成立し，硬い文語文の基幹をなしていった．このような漢文訓読を通して成立した用語には，和文脈に使用される用語と対立するものもあった．

　　かねて／あらかじめ，　すべて／ことごとく，　しばし／しばらく，
　　はやく／すでに，　まだ／いまだ，　え〜ず／〜ことあたはず

　純粋な女流文学には上記の／線の右の語がみられないというように，使用語彙が文体によって異なることもあった（築島，1963）．

　中世では漢語が多く使われる一方，慈円は『愚管抄』で，漢語が当時の人にとって理解しにくい語であることを説いている．

　　ハタト・ムズト・キト・シヤクト・キヨトナド云事ノミヲホクカキテ侍ル事は、和語ノ本体ニテハコレガ侍ベキトヲボユルナリ。訓ノヨミナレド、心ヲサシツメテ字尺ニアラハシタル事ハ、猶心ノヒロガヌナリ。真名ノ文字ニハスグレヌコトバノムゲニタゞ事ナルヨウナルコトバコソ、日本国ノコトバノ本体ナルベケレ。ソノユヘハ、物ヲイヒツヅクルニ心ノヲホクコモリテ時ノ景気ヲアラハスコトハ、カヤウノコトバノサハサハトシテスル事ニテ侍ル也
　　　　　　　　　　　　　　　　　　　　　　　　　　　（『愚管抄』巻七）

ここでは，日本語の表現，および理解にあたっては和語が漢語よりまさることを述べ，漢語のとかく多用されやすい時勢への批判が示されている（松村，1972）.

もちろん，漢語を和語で訓むことによって，結果的に同じ漢字列に訓読みと音読みが同時に共存することもありうる．たとえば，「入会（にゅうかい・いりあい），上手（じょうず・うわて），出来（しゅったい・でき），努力（どりょく・ゆめ），不審（ふしん・いぶかし）」などである．

近世以降，町人文化の発達により，豊かな文体にも支えられ，和語は最盛期を迎えた．その際にも近世中国語を吸収し，漢語から和語へのコースをたどる語も多くあった[3]．

(4) 漢字表記による意味の細分化

漢字に対する和訓は，個々の漢字が表す意味にすでに存在していた日本語を当てたものであり，一種の中日対訳と考えてもよい．ただ，訓は漢字の読み方を示すだけでなく，日本語の表記にも用いられた点は漢字音とは違う性格をみせている．

漢字と訓を反映する初期の辞書は，漢字の意味理解と研究を中心につくられたものである．平安時代初期（9世紀初頭），中国の字書，顧野王（編）『玉篇』の影響を受けて空海は漢字に漢文の注を施した『篆隷万象名義』という字書を編纂したが，和訓がみられない点からみれば，まだ漢和対訳の辞書とはいえない．9世紀末から10世紀初頭（平安時代初期）になって，漢字に和訓を万葉仮名で付すという形で展開されたものに，昌住（編）『新撰字鏡』（昌泰元年〈898〉，図4.2）があり，今日の漢和辞典の嚆矢といえる．

『新撰字鏡』には，二字熟語の記載も多くみられる．3700条ほどある和訓は辞書内部で非常に偏った分布を示していて，掲出字に和訓を有する割合は，巻十二の「臨時雑要字」が78%，「連字」が45%に続いて，巻七の「草木」が35%となっている（大槻，2002）．たとえば，

　　黄精　安万奈又云恵弥（あまな また云ふ えみ）
　　獨活　宇度又云乃太良（うど また云ふ のだら）

---

3) たとえば，天明2（1782）年の岡崎元軌『中夏俗語藪』に「難道、ナント」とあり，清の『肉蒲団』には「難道這女子已被人破了瓜去不成。」の「難道」に「ナント」と振ってあり，意味もそれで通ずる．

図 4.2　新撰字鏡

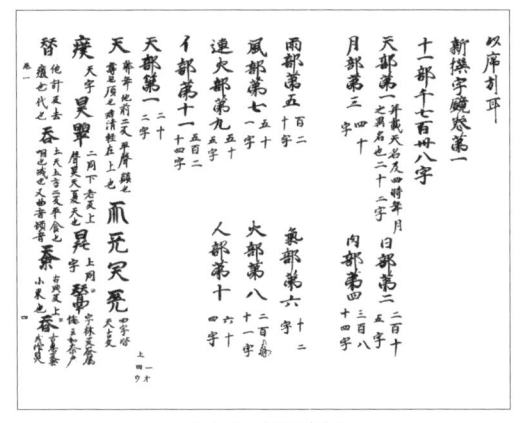

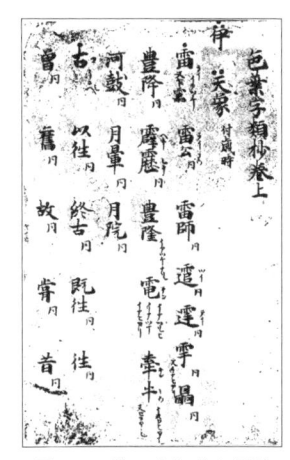

図 4.3　前田本色葉字類抄

のように，中国からの「本草」語に和訓を与えるケースも多くみられる．一方，平安時代中期，源順によって編纂された『和名類聚抄』(わみょうるいじゅしょう)（10世紀前半）は漢籍から漢語を選び出し，漢字・漢語に相応する和訓をいちいち当てるものとしてまとまった辞書である．

　外来文化の漢文を学習し，訓読するとき，文脈によって同じ漢字が異なる意味として現れることも多い．和語の「ツノ」「カド」「スミ」が同じ漢字「角」に当てられるというような一字多訓の現象は院政時代（12世紀前半）につくられた漢和字典『類聚名義抄』(るいじゅみょうぎしょう)に色濃く反映されている．それは基本的に仏典音義にある漢字を字形や部首によって分類したもので，漢字のもつ多義を和訓によって書き分けることが意識されている．たとえば，

　　量　ハカル　ソナフ　カス　タケミ　ハカラフ　タカシ　サタム
　　　　又平　禾リヤウ

のように，「量」には七つの和訓が付けられているのである．

　それらと逆に，和語にどういう漢字を当てるべきかという方向でつくられたのは橘忠兼（撰）『色葉字類抄』(いろはじるいしょう)（12世紀半ば，図4.3）である．まず「天象，地儀，植物，動物，人倫」などの意味分類をし，それからイロハ順でことばを配列したもので，同じ和訓のもとに常用順に漢字を並べた辞書として，今日の国語辞書の祖形をなしているともいえよう．

　　量　リヤウ・ハカル知多少　推、秤、商-量、惴、測、圖、計、(中略)
　　　　已上量也

上記のように,「ハカル」の訓の下に「量」をもって第一字とし,計52字を並べて,最後も「已上量也」でしめくくっている.

そして,先に挙げた「まさに」という語には,

　　方将正當仍雅理的應祇均滑綆匡修敏

の16字が並べられている.ここでは和語と漢字が一対一の対訳関係をなしているのではなく,一つの和語によって異なる漢字の類義的意味を一括しようとしているとも考えられる.今日の「うつす(移,遷,写,映)」などのように,同じ和訓に対して,類義の漢字を並べた一訓多字の現象も,和語の動詞の表す範囲がおおまかで具体性に欠けていることを物語っていて,訓と漢字の結合の緩やかさは,類義漢字の間で相互に結合して造語しやすい下地をつくっているのである.

こうした漢字と和訓との対訳には,古代の人々の並大抵ではない苦労があった.その結果,和語は漢字・漢語との対比において自身のイメージをはっきりさせてきたといえる.室町時代以降には漢字に和訓をつける辞書の流れを受けて漢和字典『倭玉篇(わぎょくへん)』(15世紀初頭の成立)が編まれ,室町・江戸時代を通じて流行し,明治時代の漢和辞典へと繋がっていった.その一方,中世から近世にかけてつくられたイロハ別・部門別の『下学集(かがくしゅう)』(嘉吉4年〈1444〉)や『古本節用集』の類が和語に束ねられた漢字(一訓多字)の辞書として充実したものとなり,とくに室町中期の『温故知新書』(大伴泰広,文明16年〈1484〉)は初めて五十音順に語を配列したものとして特筆すべきものである.その後,近世節用集の絢爛期を迎え,各分野別の節用集やいろは集の世界へと繋がっていく.そのなかで『和漢音釈書言字考節用集』(元禄11年〈1698〉序,享保2年〈1717〉刊)は収録語数と注釈の量において群を抜いており,後世に影響を及ぼしている.しかし,全体として漢字・漢語の読みを示すものにとどまるものが多く,和語による語釈の充実は,江戸時代後期の『俚言集覧(りげんしゅうらん)』(太田全斎),『和訓栞(わくんのしおり)』(谷川士清(編),安永6~明治20年〈1777~1887〉),『雅言集覧(がげんしゅうらん)』(石川雅望,文政9・嘉永2年〈1826・1849〉)を待たなければならなかった.

総じていえば,漢字と和訓の対応関係がしだいに収斂されていき,一字多訓も一訓多字も減り続けていった.そのため,中国の概念に対してどうしても和語の対訳が考えられない場合は,漢語のまま読みともども受け入れざるをえなかった.

4.3 漢語の受容と応用

(1) 漢語受容の時代的特徴

およそ2000年前，中国大陸との接触によって，日本人は，漢字を知るようになった．「恐らく漢字輸入の当初においては，字音はそのまま日本語のなかの一語として独立の存在を主張しえなかったであろう．その故にこそ，漢字の三要素として形音義が鼎立せざるをえなかったのである．しかし今日の日本語の状況からみると，字音は，既に漢字の形から離れても固有語（或いは訓）と同様に，語として熟してしまっている．この点は，漢字漢語の問題について考える場合極めて重要な歴史的変化としなければならない」と，山田 (1954) は指摘している．

たしかに，和訓が外来文化との照合における自国語（和語）の再確認だとすれば，字音はそのままでは対応しきれない概念や物を直接伝えている，ともいえる．すなわち，漢字の一つ一つに対応すべき字音または訓は，単純にその字の音形式を表すものにとどまらず，個別的，具体的な語または語の部分に意味を表す単位として機能している

4.1節で挙げた図4.1と表4.2をもう一度確認すると，漢語が日本語に入ってきた大筋の流れがわかる．奈良時代の『万葉集』（8世紀後半成立）では，ほぼ和語だけが用いられていたが，時代が下るにしたがって，徐々に和語の比率が減ってきたことに比例して，漢語は増えてきた．平安時代において，たとえば『源氏物語』（11世紀初め成立）では，全体のほぼ一割の使用であったが，中世末（『日葡辞書』，慶長8〜9年〈1603〜1604〉）では二割以上を占めるようになり，さらに近代に至っては大きな飛躍をみせている．

この全体の流れにある漢字・漢語の読み方は日本に伝わった時代や地域によって，古音，呉音，漢音，唐音（宋音），近代音に分けられている（表4.4）．

表4.4　呉音・漢音・唐音

語例／漢字音	行	京	経	請	外	明	頭
呉音	ギョウ 行列	キョウ 京都	キョウ 経文	ジョウ 勧請	ゲ 外科	ミョウ 明日	ズ 頭痛
漢音	コウ 孝行	ケイ 京阪	ケイ 経済	セイ 請求	ガイ 外国	メイ 明朗	トウ 先頭
唐音	アン 行脚	キン 南京	キン 看経	シン 普請	ウイ 外郎	ミン 明朝	ジュウ 饅頭

古音は5世紀以前に，渡来人によって伝えられたもので，最古層の字音といえる．その分，発音も日本語と見分けのつかないものもある．「梅(ウメ)，銭(ゼニ)，馬(ウマ)」などが中国の古音からきたといわれても，にわかに信じられない向きもあろうが，音韻上では中国音に属するものであることは動かしがたい事実である．このように，字音語が完全に日本語に溶け込んでいて，一見漢語と判別できない場合がある．これらは現代日本語では訓として理解されていて，和語の部類に入れられているものも少なからず存在する．

呉音は長江（揚子江）下流の呉地域の発音であり，6世紀から7世紀にかけて朝鮮半島を経て日本に伝わった．「法師，力士，布施，経文」など，仏教関係の語彙に多いのが特徴で，また「京都，素性，無理，家来」のような庶民の生活語彙にも多くみられる．

一方，漢音は隋・唐時代（7世紀から10世紀はじめにかけて）の中国北方の洛陽，長安の発音である．遣隋使・遣唐使たちの帰国とともに伝わってきたもので，漢文を読む際の正音とされた．「能力，経済，京阪」の類で，漢字音のなかで最もよく使われている読みである．『古事記』の万葉仮名は呉音が用いられているのに対して，『日本書紀』の万葉仮名は漢音が用いられているのが特徴であり，両者の文体上の性格をも反映している．

唐音（宋音ともいう）は，中世・近世にわたって禅宗関係の僧侶や，日中貿易の商人などによってもたらされたもので，「布団(トン)，饅頭(ジュウ)，外郎(ウイ)，行脚(アン)，普請(シン)，椅子(ス)」などの日常用語のなかに残っている．

近代音は近世以降の中国音をそのまま受け入れたもので，たとえば「マージャン，シャンハイ，シューマイ，チャーハン，チャーシュー」などがある．それらは，現代中国の発音に近く，長崎にきた中国商人が伝えたものである．

字音の種類の違いから，おのずとその漢語の入ってくる時代や地域を読み取ることは可能である．しかし，呉音と漢音がほとんどの漢字に対応して用いられ，一対をなしているのに対して，ほかの字音は量のうえで非常に少なくアンバランスであることに気がつくだろう．そして，時代が下っても，唐宋音や近代音をもってその時代における漢語の使用状況を必ずしも代表するとはかぎらないのである．むしろ呉音・漢音・唐宋音で読まれたものは漢語として日本語に定着している点からみると，近代音によるものは規則性の乏しい，臨時的，個別的な発音である外来語とするのが一般的である．もっとも，字音も変化しており，「消耗(モウ)」「比

較」など，より日本的な要素を鮮明に示す慣用音へと発展している場合もある．

(2) 漢語の日本的変化
a. 形態的変化
漢字・漢語は日本に伝わってから形態的に意味的に大きく様変わりしている．

品詞的にみると，体言としての名詞はもちろんのこと，活用語尾をつけて動詞，形容詞，形容動詞となることも多い．

  動詞：装束く　料理る　力む　退治る
  サ変動詞：期する　信じる
  形容詞：仰々しい　鬱陶しい　四角い　辛労い
  形容動詞：堂々たる　確固たる
  副詞：忽然　特別　折角　無論　全然　漠然と　非常に

など，ほとんどすべての品詞にわたっている．

しかし，漢語の使用に伴って，漢字表記の意識が薄れて意味の把握が難しくなる場合が出てくる．鎌倉時代の『名語記』(経尊，文永5・建治元年〈1268・1275〉)にそうした語に漢字を当てて説明する例が多くみられるのもその現れであろう．たとえば，

 ・カマカマシ如何、カマハ降魔ノ義歟　　　　　　　　　　(『名語記』十帖)
 ・所々ノ縁起メカシキ物ヲ ルキト ナヅク如何、答ルキハ 流記トカケリ、
　　　　　　　　　　　　　　　　　　　　　　　　　　　　　　(同・三帖)
 ・モノノヤブルルヲ ハエト イヘル如何、答、破壊ハ 畳字也　　(同・三帖)

のように，まだ字音語（畳字）がかなり意識されていることを物語っている．

逆にいうと，いわゆる「湯桶読み・重箱読み」の語も多くは漢語の読みが変化したものであり，漢語の「手本」「身分」はそれぞれ「しゅほん→てほん」「しんぶん→みぶん」と変えられたと考えられる．今日の「私立」を「わたくしりつ」と読むのと同じ現象であろう．

b. 意味的な変容
日本語に入ってきた漢語のほとんどが，程度の差こそあれなんらかの意味変化を遂げている．たとえば，本来〈酒をくむ〉という意味の「斟酌」は日本では先方の心情をよく汲み取る意となり，さらに相手に気を使って何かに取りかかると，つい遠慮がちになることから，〈辞退〉の意味へと発展する．

斟酌ト云ヲ日本ニ辞退トスル方ニ心得ハイハレヌ也。斟酌ハハカライ行フ心
　ナリ　　　　　　　　　　　　　　　　　　　　　　　　（『左伝聡塵』巻十二）
　　相手ノ気持ヲ斟酌トクミハカル　　　　　　　　　　　（『臨済録抄』巻二）

のように，中世の抄物では早くもこの語における和漢の違いが意識されている．つまり，日本では〈辞退〉の意味に使われているが，本家の中国では〈ハカライ〉の意として使われている．同じことは，方言などを集めた近世初期の『かたこと』（安原貞室，慶安3年〈1650〉）にもみえる．

　　斟酌といふこと葉は。物をくみはかるこころにて侍るを。今は辞退すること
　　にのみ云るは誤とぞ

ここでは，日本的意味変化の〈辞退〉を誤りとし，漢文本来の意味への回帰を促している．このように，中世後期から江戸時代にかけて，この日本的変化を遂げた意味が確立され，強く意識されるようになったが，現代語では，むしろ漢語本来の意味に回帰して使われることも多い．

　もう一例，「勉強」は漢籍においてもともと〈力を尽くしてつとめる，精を出す〉意味であった．それが宋以降になって，〈強いる，無理にする〉意味になってしまったが，日本にも同じマイナスの意味で使われている例がある．これは漢文の意味の反映とみて取ることができる．

　　勉強此の二字なりがたき事をしひてしとげ
　　るを云ふなり　　　　　　　　（『安斉随筆』十四）

これに対して，日本では〈〜に励むこと〉を意味する例が多い．

　　百姓皆ヨク天時ニ順ヒテ農業ヲ勉強スル
　　　　　　　　（佐藤信渕筆記『培養秘録』巻一）
　　国家ニ主タル者ハ殊更ニ農事ヲ勉強シテ下
　　民ノ衣食ヲ饒カニスルヲ道トス　（同上）

後者の例では「勉強」に「ツトメ」とふっており，また，「人民ノ農業ヲ勤メテ」といった例も同書にみえるから，江戸時代の文化年間〈1804〜1818〉ごろ，この意味での使用が主流をなしていたといえよう．したがって，

或安而行レ之、或利而行レ之、或勉強而行レ之、及其成功也。
　　　　　　　（『中庸』）

願少自勉強。
　　　　　（『漢書』儒林伝）

不レ得レ已而従レ之。勉強而赴レ戦。
「新田氏正記」文政十二年〈一八二九〉
（頼山陽『日本外史』六

勉強して櫨を揺しのたれば不覚睡りたり
（松浦　清（静山）随筆『甲子夜話』二）

今の学者豈一層勉強せざる可んや

(『新聞雑誌』十七号，明治4年〈1871〉10月)

のように,〈～を学ぶ〉の意味はやはりこの系統から受け継がれてきたものとみることができる．

このような日本語のなかに徐々に起きた意味変化は受容に伴うもので，他方，中国語自身の口語化は唐以降に始まり，漢字の意味変化などもその時期から起きている．その意味変化は部分的にしか日本に伝わらなかったので,『唐音和解』(享保元年〈1716〉)では,「早→朝，晩→暮，辣→辛，書→文，去→行，好→善」のように，中国語で口語化した一字語に対して，矢印の後の日本語（中国語の視点からみて文語）で対訳をしている．つまり，同じ漢字漢語でも意味にかなりの差が現れ，共通した意味の枠組みが崩れていったのである．

(3) 和製漢語の形成

漢語が長く用いられるのに伴って，中世以降，もともと訓読みをした語の漢字表記を音読みにすることが生じた．

　　かへりごと→返事（ヘンジ）　　ものさわがし→物騒（ブッソウ）
　　おほね→大根（ダイコン）　　　ではる→出張（シュッチョウ）

上記のような漢字表記の「訓読みから音読みへ」という読みの変化を経た和製漢語は実質的に和語そのもので，単に漢字表記に音読みという形式的な装いを被せただけである．

この方法でつくられたものには，古くから「をこ→尾籠（ビロウ）」のような漢字の当て方を通して意味が変化する例もあれば,「おしはかる→推量，ひきゐる→引率，許しをめんずる→免許」のように和語を当てた漢字を抽出した例もある．そして量的には減ったものの，今日まで延々とその方法による造語が続いている．「腹が立つ→立腹，式を挙げる→挙式，札を改める→改札」のように，漢文の語順に沿うような構造でつくられたものも多いが，逆に「心を配る→心配，酒に乱れる→酒乱」のように目的語が先にくる日本的な構造をしているものもある．

音読みの増加と発達によって「同音による書き換え」もさかんに行われ，漢語本来の意味から脱して，別の意味に変わったことで，同音によって書き換えられた新しい漢字語が誕生し，結果的には従来の漢語と異なる新たな形態創出となった．たとえば，本来仏典にある「強盛（キョウセイ）」の意味〈強くて繁盛であるさま〉から,

「情強(じょうごわ)」にも影響されて同音語「強情」が新たに現れてくる．同じ例は「蚊虻（蚊と虻）→文盲，名誉→面妖」にもみられ，後者の漢字語は日本独自の表現となる．そして「文盲」のように「文にクライ」というように和語的にも解釈され，今日の意味定着に結びついたものもある．

　漢字制限という第二次世界大戦後の文字政策によって，同音による表記の書き換えも大幅に進められてきた．「衣裳→衣装，嗜好→志向，銓衡→選考，杜絶→途絶」のように，書き換えによって新しい形の和製漢語となったものも多い．

　近代において洋学も蘭学に代わって英学が隆盛となり，英語を中心に大量の漢語の訳語が登場している．その和製漢語を次節でみることにするが，生産的な和製漢語の形成パターンによるものがある．「国営」「人工」のような主述構造や「直行」「楽勝」のような連用修飾による語構成の多くは中国語では文の単位として扱うのに対して，日本語では語の単位として扱うところから由来している．同じ漢字の組み合わせでも大きな意味の隔たりをもたらし，いわゆる和製漢語として成立しやすい文法的基盤の一つがここにあることを浮き彫りにしている．さらに派生による造語法の一つとして，「〜化，性，式，的」のような接辞によるものが和製漢語の量産に拍車をかけているのである．

　明治時代の代表的な国語辞書ではすでに和製漢語を類別する意識があったようで，『言海』（大槻文彦（編），明治22〜24年〈1889〜1891〉）や『日本大辞書』（山田美妙(やまだびみょう)，明治25〜26年〈1892〜1893〉）ではそれぞれ音読みの漢字表記語を「和漢通用字」「和ノ通用字」，「漢語」「字音語」と二通りにわけていることから，後者は和製漢語と意識されていたと考えられる[4]．

　和製漢語の形成基盤を探っていくと，4.2節(4)項で述べたように，和訓の発達によるところが大きいことがわかる．その和訓は漢文訓読などを通して，次から次へと漢字の意味を吸収し，一訓多字という表記上の多様性を有するようになる．こうした漢字と和訓との意味的非均衡性が和製漢語形成の素地となっているとみられる．すなわち最初から数少ない和訓をもって量的に圧倒的に多い漢字の意味に対応しようとするところに無理が生じているわけである．

　もちろん，和製漢語の形成に不可欠な要素は音読みである．それはまるで接着剤のようなもので，どんなに異なる構造でも一つのまとまりとしてくっつけるこ

---

4)　資料16に載せた『言海』の版図ではコで囲まれた「舶来」「博覧会」が「和ノ通用字」とされている．

とができる．たとえば，「理不尽」のように文（リックサズ）から語（リフジン）へ一語として確立させ，長い音節の句や語をすべて名詞に換える文法的メリットがある．このように，文中における応用を簡便化させ，表現上の便宜をもたらすことが和製漢語形成の誘因となっているのであろう．

(4) 近代新漢語の成立

幕末・明治以降は，文明開化の波に乗って欧米の文物や知識が大量に移入されるようになった．それに伴って，とりわけ漢語の急激な増加の時代でもあった．図 4.1 で示したように，『和英語林集成』（慶応 3 年〈1867〉）から『新訳和英辞典』（明治 42 年〈1909〉）に至る 40 年間の漢語の占める割合の増加率（13.5%）は，『源氏物語』から『和英語林集成』に至る 800 年間の漢語増加率（14.8%）にほぼ匹敵していて，その急増ぶりが浮き彫りになっている．この傾向はさらに続き，昭和 31（1956）年の大規模な語彙調査（新聞三紙と雑誌 90 種）によって，漢語の占める割合が 47.5% であることが示され，2000 年の小学館『新選国語辞典』の調査では 49.3% にも達していることがわかる．

その漢語の急増にはいわゆる新漢語が寄与しているといえよう．たとえば，

①中国語から直接借りる．「電気，電報，地球，銀行，化学，直径，風琴」

②中国古典語を用いて外来概念に当てる．「革命，文化，観念，福祉，文明」

③日本人の独自の漢字意識で外来概念に当てる．「哲学，喜劇，郵便，美学」

のように，三種類に分けられる．①のように，中国語で書かれた近代知識にかかわる漢訳洋書や中国で出版された英華字典から直接取り入れたものもあれば，②のように，中国古典に使われていたことばの意味を変えて転用するものもある．さらに③のように，純粋に和製漢語としてつくられたものも多い．次に，中国からの直接借用と日本独自の創出に分けてみてみよう．

a. 漢訳洋書と英華字典から漢語を借用

中国で出版された 19 世紀の漢訳洋書と英華字典は訳語の宝庫である．それは英語との対訳や新語としての完成度をみるには格好の資料でもあり，明治 10 年代以前の新漢語は漢訳洋書と英華字典を受け入れ経路としている．英語などが直接読めなくても，漢文の素養の高い日本人は宣教師の手によって漢文で書かれた漢訳洋書を通して西洋を知り，それに出ている新概念を表す漢語語彙をそのまま日本語に取り入れたのである．

たとえば，カトリック系の宣教師の著書から，「地球，幾何，対数，顕微鏡」など天文・地理・算数の関係語彙を受け入れ，はやくも日本語で使われていることがわかる．プロテスタント系の『博物新編』『万国公法』『格物入門』や，清朝廷により文久2 (1862) 年に設立された同文館などの外国書翻訳機構で出された『三

表4.5 『地学浅釈』に所有の語彙（掲載順）

地球	凝結	所在	地質	地理	生物	種類	気候	推移	成長
探索者	半径	天文家	位置	分別	火山石	水底	腐乱	沈積	
海底	平地	地面	海辺	推測	洪水	陸地	熱気	曲折	地震
火山灰	深海	重力	流質	圧力	確証	消化	変化	石質	地学
時代	必須	砂石	平行	化学法	気味	炭酸	極細	石膏	硫酸
潮流	斜度	相反	海流	積雪	波浪紋	行列	直角	流動	海中

表4.6 主な英華字典と訳語例

英華字典名	訳語例
①モリソン　馬礼遜 (R. Morrison, 1822)： A Dictionary of the Chinese language, part Ⅲ	digest 消化，exchange 交換，judge 審判，law 法律，level 水準，medicine 医学，natural 自然的，necessarily 必要，news 新聞，organ 風琴，practice 演習，radius 半径線，spirit 精神，unit 単位，men 人類，life 生命，plaintiff 原告，materials 材料，arithmetic 数学，method 方法，conduct 行為，language 言語
②ウィリアムス　衛三畏 (W. Williams, 1844)： An English and Chinese Vocabulary in Court Dialect	cabinet 内閣，elect 選挙，newspaper 新聞紙，diamond 金剛石，record 記録，記事，yard 碼，grammar 文法，consul 領事
③メドハースト　麦都思 (W. H. Medhurst, 1847-1848)： English and Chinese Dictionary	diameter 直径，essence 本質，knowledge 知識，machine 機器，manage 幹事，matter 物質，lane 平面，platina 白金，accident 偶然，educate 教養，association 交際，Lord 天主，revelation 黙示，sympathy 同情，fiction 小説，essence 本質
④ロブシャイド　羅存徳 (W. Lobscheid, 1866-69)： English and Chinese Dictionary, with Punti and Mandarin Pronunciation	protein 蛋白質，positive pole 陽極，adjutant 副官，bank 銀行，beer 麦酒，imagination 幻想，想像，carbonic 炭酸，negative pole 陰極，insurance 保険，literature 文学，passion 受難，principia 原理，privilege 特権，propaganda 宣伝，rule 法則，writer 作者，love 恋愛，reader 読者
⑤ドーリットル　盧公明 (J. Doolittle, 1872)： Vocabulary and Handbook of the Chinese Language	電報，電池，光線，民主之国，分子，地質論，物理，動力，光学，国会，函数，微分学，代数曲線

角数理』『化学鑑原』『地学浅釈』などがよく知られていて，いずれも日本にも伝わり，和刻されている．この加点による和刻のほかに，和解や訳解のように，翻訳の形で出され，より読みやすい文体となっているものもある．たとえば，

・地球ノ体円^{マル}クシテ橙ノ如^{ダイダイ}ク、南北ニ極アリテ、東西ニ極ナシ、北極ハ上ニ向ヒ、南極ハ下ニ向フ、毎日自ラ転コト一週東ヨリ左ヘ旋^{マワル}ル、日ニ向フトキハ光^{アカル}ク、日ニ背^{ソム}クトキハ黒^{クラ}シ、是ヲ昼夜トナス

（大森秀三『博物新編訳解』明治3年〈1870〉）

・自主ノ権国外ニ行ハルルニ至ツテハ、必ズ他国ヨリコノ国ヲ認ムルヲマツテ、ソノ主権始メテ能ク完全ナリトス。

（重野安繹（訳）『和訳万国公法』明治3年〈1870〉）

この時期の漢訳洋書から，「電気」（『博物新編』）「権利」（『万国公法』）が入ってきたことが知られ，『格物入門』の目次に「工業，火力，鉄道，通信，電力，電報」の語が見出しに出ていることもわかる．

さらに，『地学浅釈』（明治4年〈1871〉）巻一にある語彙を拾ってみると，表4.5のようなものがある．「沈積，石質，斜度，波浪紋」のような地学用語だけでなく，「時代，深海，推移，流動」のような一般用語もかなり入っていることがわかる．

一方，日本近代語に関係の深い英華字典からも，表4.6のように直接訳語を取り入れていた．

特に，ロブシャイド（Lobscheid）の『英華字典』（慶応元〜明治元年〈1866〜1869〉）は19世紀の最大規模のもので，日本では二度にわたる翻刻も行われた．明治時代の英和辞典の訳語補充に利用され，「銀行，保険，恋愛」などの新語がこうして日本語に伝播されたのである．井上哲次郎が編集した『訂増英華字典』（明治16年〈1883〉，図4.4）はこの辞書の翻刻版であり，20世紀の初頭までに何度も版を重ね，そうした漢語訳語の普及に寄与した．

図4.4　訂増英華字典

b. 日本独自の新語創出

日本人独自の翻訳は『解体新書』（杉田玄白，安永3年〈1774〉，図4.5）に始まる．その翻訳には，日本人の創意工夫による新語が多く，たとえば「解剖，盲腸，軟骨，十二指腸，神経」など，オランダ語を通した西洋概念への対応のために，漢語が新たに日本人によってつくりだされた．さらに，森岡健二の指摘のように，「元素，水素，酸素」など外国語の構成要素ごとに漢字で直訳する場合もみられる．たとえば，嘉永2（1849）年の『砲術語選』（上田仲敏（輯），山田重春（校），伊藤清民（序），菊三屋蔵板）を調べると，次のように，

  ワルムテストフ→温素　シュールストフ→酸素　リグトストフ→光素
  スチッキストフ→窒素　ワートルストフ→水素　コールストフ→炭素

基本的には「ストフ＝素」をベースに概念の逐字訳をもって漢字を当てていることがわかる（森岡，1991）．

訳語を考案しているうちに，旧来の漢語を用いて新概念に当てることもしばしば行われ，「経済，社会，文化，宗教，革命，観念，福祉」などが復活するに至って，これら中国の古典語を用いて外来概念に当てた語は，漢籍に出典を求めることもでき，なおかつ近代訳語としての意味も働いている．これらの語に，新旧の意味的な格差が第三者（外来概念）によって確認でき，日本語で先にその新しい意味で用いられていることが確認できるならば，訳語の創意工夫の一種とみなすことも可能であろう．

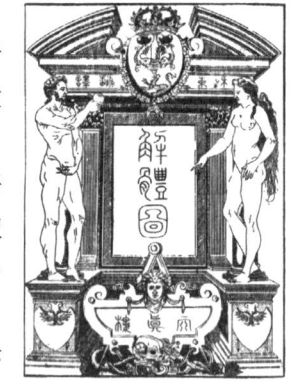

図4.5　解体新書

こうした訳語の急激な登場を受け入れるために，外国語辞書が明治初期から『改正増補和訳英辞書』（明治2年〈1869〉），『和英語林集成』再版（明治5年〈1872〉），『附音挿図英和字彙』（明治6年〈1873〉）をはじめ大量に刊行され，これが訳語の定着と普及に貢献した．特に『和英語林集成』三版（明治19年〈1886〉）では和英の部に1万語以上の増加が行われた．これらの語の大多数が漢語であるという（松村，1974）．そのほか，人文科学用語を中心とした『哲学字彙』（井上哲次郎ら（編），明治14年〈1881〉）が刊行され，外国語に対する訳語が多く集められた．「抽象，範疇，感性」などのように，近代に入ってから外国語の概念に対応するためにつくられたものが多かった．

さらに大正時代以降には,「周波, 体系, 暖色, 脚光, 時効, 洗脳, 公害, 台本, 弾圧, 発禁, 印税, 協賛, 団地, 留年, 座談会, 赤外線, 主題歌, 適齢期, 有機体, 過渡期, 既得権, 紫外線, 変質者」など, 日本で独自に漢字を当てて組み合わせた漢字熟語が多く使われるようになった.

4.4　外来語の使用と増加

(1) 外来語受容の三段階

外来語が日本に入る過程は大きく三段階に分けられる. まず第一は, 16世紀半ばからポルトガルやスペインの宣教師が日本に上陸し, 九州・四国などでキリスト教を布教しはじめたことに起因する. 多くの日本人信者を獲得し, キリスト教が広がるとともに, 食品や衣料に関する外来語が伝わっていった.

　　パン　ジバン（襦袢）　カッパ（合羽）　ボタン　ビロード　ラシャ（羅紗）
　　カルタ（歌留多）　タバコ（煙草）　シャボン

上記のように, 読みが西洋語であっても漢字表記が求められた場合もある.「ジバン」を漢字の「襦袢」と書き, さらにそれを音読みして「ジュバン」となった例がある. この種の外来語の漢字表記はその後も続いた.

しかし, この時期は徳川幕府の禁教政策によって長くは続かなかったが, 日本語における外国人の研究として重要な業績を残した. 中世語を反映する『日葡辞書』（慶長8年〈1603〉）はその典型的なもので, 雅語, 俗語など3万余語の読み方をローマ字で明示することによって, 清濁や開合など音声上の現象を明らかにしている点で評価される. さらに日本語の意味解釈の面でも信頼でき, どちらかというと, 近代辞書の様相を呈しているといえよう.『日葡辞書』を受けてつくられた『羅葡日対訳辞書』（文禄4年〈1595〉）もある. さらにロドリゲス（J. Rodriguez）の『日本大文典』（慶長9～13年〈1604～1608〉）は, 西洋の枠組みで記述された初めての文法書であって, 日本語の発音や方言などについても詳細に描写している.

第二の段階は, 鎖国後はオランダと中国とだけ通商が許されていたため, おのずとその両国のことばが入ってきたことを背景とする. 特に, 享保5（1720）年に江戸幕府の出した「禁書令緩和」をもって西洋への関心は徐々に高まっていった. それに伴って, オランダ語の学習は西洋知識を吸収するための重要手段とな

り，同時に幕府も制度上において蘭通事の地位を確立していった．その成果として，前述したように安永2（1774）年にオランダ語から訳された『解体新書』（図4.5）は日本翻訳史上に画期的な意義をもつだけでなく，近代西洋概念との照合においても漢文をもって対訳し，漢字訳語を創出することにおいてよい手本を示したものである．この段階はいわゆる翻訳の時代でもあり，オランダ語との対訳辞書『訳鍵(やっけん)』（文化7年〈1810〉），『和蘭字彙』（安政2〜5年〈1855〜1858〉）が蘭学に取り組む日本人の手によってつくられたことは意義深い．そして日本人の積極的な学習は医学をはじめ，物理，化学，天文，地理，絵画など幅広くわたっていき，医学の分野や，機械，器具などの名称にオランダ語を用いるようになった．たとえば，メス，カンフル，アルカリ，アルコール，ゴム，ポンプ，ガス，ブリキ，ラッパなどが挙げられる．

　第三の段階は幕末・明治期の英学の台頭に伴って，フランス語，ドイツ語も広がりをみせた19世紀以降である．長崎の通事たちは文化5（1808）年2月にフランス語を学習し，翌年2月にまたロシア語と英語の学習を開始した．ちなみに，本木正栄が文化8（1811）年に編集した『諳(あん)厄(ぐ)利(り)亞(あ)興(こう)学(がく)小(しょう)筌(せん)』と文化11（1814）年に編集した『諳厄利亞語林大成』は日本人の編集した最初の英語文法入門書である．そして，フランス語，英語，オランダ語の三語に日本語をもって対訳する村上英俊の『三語便覧』（嘉永7年〈1854〉序刊）が，日本初の本格的英和辞典『英和対訳袖(しゅう)珍(ちん)辞書』（文久元年〈1862〉），日本初の仏和辞典『仏語明要』（村上（編），元治元年〈1864〉）に先駆けて刊行されたことも意義深い．外国で刊行された『日仏辞書』（文久元〜慶応4年〈1862〜1868〉）は，同時代の日本人に注目されることはあまりなかったが，幕末になってヘボンの『和英語林集成』（慶応3年〈1867〉）はそれらをも参照して，見出し語の日本語をローマ字表記し，意味解釈も英語による対訳で施し，のちの和英辞典の嚆矢となった．

(2) 外国語から外来語へ

　外来語が日本語に入るステップには二つある．最初の段階は原語の外国語として紹介され，使われるが，その使用範囲は日本人のなかのごく限られた集団であり，しかも限られた時期にしか通用しない．次の段階では，しだいに日本語になじみ，多くの人に使われだしてここで初めて外来語として扱われるようになるのである．たとえば，ドイツ語を学習した経験のある加藤弘之は明治2（1869）年

の『真政大意』（資料15参照）にヨーロッパの思潮を紹介するときに，「コミュニスメ」をもって「共産主義」，「ソシアリスメ」をもって「社会主義」を表そうとしたが，それはまだ外国語のレベルでの使用で，今日の外来語としての「コミュニズム」「ソシャルリズム」は形態も異なる．

　近代の先駆者たちは外国文化との接触において，外国語をカタカナで記し，そして日本に普及させて外来語として定着させていった．森鷗外の文学作品には，まだ外国語の段階にあるカタカナ語が多く使われている．たとえば，明治23（1890）年の「舞姫」に，

　　「ゲーロック」といふ二列ばたんの服を　　「ブルヨートジン」といふ病

と，引用形式を使っていて，明らかに「ゲーロック」「ブルヨートジン」を外国語として説明している．そして，

　　今宵は夜毎にここに集ひ来る骨牌（カルタ）仲間も「ホテル」に宿りて、舟に残れるは余一人のみなれば。

にも括弧入りの「ホテル」が使われている．明治40（1907）年の『辞林』になってようやく見出し語として登録されたところをみると，森鷗外の使用時点ではまだ外国語として使われていたとみられる．

　外来語にはそれぞれの原語によって意味的な偏りをみせているものもある．それはもちろん日本の洋学発展史とかかわっている．たとえば，江戸時代末期にフランス式軍隊のシステムを導入したので，「ズボン（jupon），ゲートル（guetres），マント（manteau）」が使われた．また，ドイツ語は特に学術用語として医学・哲学方面に多く使われていた．たとえば，「ガーゼ（Gaze），カルテ（Karte），イデオロギー（Ideologie），テーゼ（These）」などが知られている．

　江戸時代の長崎に中国から伝わってきた器具，物産などを漢字音として読まずに当時の中国語として読んだ語は外来語として取り扱われている．

　　ワンタン（雲呑）　ギョウザ（餃子）　クーリー（苦力）　クーニャン（姑娘）
　　メイファズ（没法子）

現代では，料理の名前や食品などの物産名が多くそのまま外来語として取り入れられている．

　　チンゲンサイ（青梗菜）　マーボートウフ（麻婆豆腐）　ウーロンチャ（烏龍茶）

などである．

(3) 外来語の意味的補完

　日本語の語彙構成は元来別々の和語・漢語・外来語からなり，そのこと自体，すでに歴史的な変遷の結果を表わしていて，同一概念の三種三様のいい方を存在させる素地となっている．たとえば「宿・旅館・ホテル」のように，一つの概念において和漢の対応が先にあり，外来語が入ってきても，様式・形態からうまくその意味分野を住み分けることができる．そうすると，それを束ねた類概念を表すものがないまま，個別なものを表す概念がどんどん細分化されていく．「呉音・漢音・唐音」のように時代とともに蓄積された日本漢字音はそれぞれの領分が許されるのと同じように，同一概念における「和・漢・洋」の類義も少しずつ意味領域を調整しつつ存続していく．そのことを最近顕著に表しているのは漢語と外来語との対応である．これまで「葡萄酒・ワイン」のように，名詞を中心に進出してきた外来語は形容動詞にも及んでいて，「優雅・エレガント」「否定的・ネガティブ」「活動的・アクティブ」のように漢語と類義関係をなすものが増え，しかもその勢いは時には漢語の存在をも脅かしている．

　今後も外来語がさらに増えることが十分予想されるので，それによって語種分布の比率が変わるとすれば，類義語や同音語などの問題も新たな局面を迎えることになろう．たとえば，外来語の大量移入によって既成語との間に，同音衝突が生じていることもしばしばある．

　　　センス・扇子　　　ソーセージ・双生児　　　トラウマ・虎馬

これらはアクセントや漢字表記によって区別されるが，

　　　トラック（truck 貨物輸送車／track 陸上競走路）

　　　ナイト（night 夜間／knight 騎士）　　ライト（light 照明／right 右側）

　　　バレー（volley 排球／ballet 舞踊劇／valley 谷）

　　　バス（bass 低音域／bus 乗合自動車／bath 浴室）

のように，外来語どうしの同音語はますます深刻な問題になりつつある．

　外国語・外来概念に対しては，前述したように，本来は日本語に翻訳することで対応していた．その努力で多くの漢語の訳語を生み出したことが知られている．どうしても対応できないものを音訳のカタカナ語をもって表しているが，なかには，それが漢字で表記されることもしばしばあった．

　　　瓦斯　　倶楽部　　淋巴　　浪漫　　混凝土
　　　ガス　　クラブ　　リンパ　ロマン　コンクリート

こうした漢字表記語も中国に伝わり，中国語としても使われている．たとえば，

昭和3（1928）年の『三省堂英和大辞典』に，
    Television　電視〔電送装置ニ依リ遠距離物体ノ望見〕，てれゔじょん．
    Volleyball　排球〔高イ網ノ各側ニヰル一団ノ戯手ガ互ニ地ニ落サナイヤウニ球ヲ飛バシ合フ遊戯〕．

というように，日本では新概念に対する漢語による意訳が初めて試みられたが，のちにカタカナ語の「テレビ」「バレーボール」による音訳語が使用されるようになった．そのため，漢字語は忘れ去られていって，20世紀以降「電視」「排球」が逆に中国語に取り入れられるようになった．それは英和辞書が中国の英華辞書への橋渡しを果たした結果でもあろう．

第5章 文法史

5.1 用言と活用

(1) 係り結びとその崩壊

係助詞が特定の活用形と呼応する「係り結び」は平安時代に整ったものとなるが，連体形の結びとなるものについては倒置法によると考えられる．

　　　降りたる［連体形］雪ぞ/か　→　雪ぞ/か　降りたる［連体形］

「こそ」については，奈良時代以前において，已然形が強くいい切るという働きをも有していたため，「此其(こそ)」という強意と呼応する形で成立したものかとみられる[1]．

平安時代には「ぞ・なむ・や・か」が連体形で，「こそ」が已然形で結ぶという法則が完成するが，その一方で，係助詞がなくても連体形で終止する場合もあった．

　　　春はあけぼの、やうやうしろくなりゆく山ぎはすこしあかりて、むらさきだちたる雲のほそくたなびきたる。　　　（清少納言『枕草子』春はあけぼの）

詠嘆など，強調する気持ちをこめて連体形で文を終止する用法を「連体止め」というが，これは体言と同じ働きをする用法（これを準体法という）に基づくも

---

[1]　奈良時代以前において，已然形は「ば」を伴わずに確定条件を表す用法が認められる．
天伝ふ入り日さしぬれ［入日刺奴礼］ますらをと思へる我もしきたへの衣の袖は通りて濡れぬ（『万葉集』135）〈（天伝ふ）夕日がさしてきたので，立派な男子だと思っている私も（しきたへの）衣の袖は涙でびっしょりと濡れてしまった．〉
　ただし，この起源には「夕日がさしてきた．立派な……」のように，強くいい切る已然形の機能があり，結果的に後ろの文に順接もしくは逆接で続いたとも解釈される．また，奈良時代以前では，「こそ」の結びは形容詞においては連体形で結ばれていた（「終止形＋も」もみられる）．
　　　己(おの)が妻(つま)こそ常(とこ)めづらしき〔常目頬次吉〕（『万葉集』3981）

ので，いわゆる体言止めと同じものである．

このような「連体形の終止法」が多用されるに伴って，連体形特有の強調の意味がしだいに薄れ，11世紀中ごろ（平安時代後期）になると連体形でふつうに文を終止させる用法が現れるようになった．連体形が終止形の機能を兼ねる現象は鎌倉時代を通じてさらに一般化し，やがて古代語の終止形は消滅するに至った．

この段階で，動詞ではラ行変格活用がラ行四段活用と等しくなって消滅し，また形容詞もク活用とシク活用の差がなくなり，活用が一本化した．こうして，連体形で文を結ぶことが特有の表現価値をもたなくなったことから，「係り結び」も崩壊するに至った[2]．

(2) 二段活用の一段化

連体形が終止形をも兼ねるようになると，終止連体形の活用語尾に「る」を，已然形の活用語尾に「れ」をもつことで，ほかの活用形と区別されることともなる．このため，活用語尾の母音をi,uもしくはu,eの二段に交代させるのではなく母音を一段に固定的に運用し，未然連用形にそれぞれ「る」「れ」を添加することで活用形の識別が維持されていった（表5.1）．

表5.1　二段活用の一段化

	未然形	連用形	終止形	連体形	已然形	命令形
上二段	-i	-i	-u	-uru	-ure	-i (yo)
↓			（未然連用形に同化）↓		↓（＝母音を変化させない）	
上一段	-i	-i	-iru	＝ -iru	-ire	-i (yo)

（下二段の下一段化は「i」を「e」に読み替える）

二段活用の一段化は12世紀（院政時代〜鎌倉初期）以降徐々に広まっていき，「過ぐ（過ぐる）」が「過ぎる」，「寝ぬ（寝ぬる）」が「いねる」などという語形で用いられた．この現象は中世を通して進行し，江戸時代中期ごろに完了した結果，上二段活用ならびに下二段活用は消滅して，それぞれ上一段活用，下一段活用に合流した．

(3) 動詞活用とその種類

動詞の活用が現代語へと変遷する過程をみる前に，古典語における活用を確認

---
[2] ただし，「こそ」の結びは多少の混乱があるものの，室町時代までは已然形で結ばれた．

表 5.2 動詞の活用とその種類

	四段	上二段	下二段	上一段	下一段	カ変	サ変	ナ変	ラ変
未然形	-a	-i	-e	-i	-e	ko	se	na	ra
連用形	-i	-i	-e	-i	-e	ki	si	ni	ri
終止形	-u	-u	-u	-iru	-eru	ku	su	nu	ri
連体形	-u	-uru	-uru	-iru	-eru	kuru	suru	nuru	ru
已然形	-e	-ure	-ure	-ire	-ere	kure	sure	nure	re
命令形	-e	-i(yo)	-e(yo)	-i(yo)	-e(yo)	ko(yo)	se(yo)	ne	re
形 式	V4	V2R	V2R	V1R	V1R	V3R	V3R	V4R	V4

しておこう（表 5.2）．

「形式」の欄の V は「母音交代型」，数字は母音が五十音図において交代する段数，R は「ルレ添加型」（連体形・已然形などの語末に添えられる）を表す．このように整理すると，古典語における動詞活用の形式は「V4（四段・ラ変），V4R（ナ変），V3R（カ変・サ変），V2R（上下二段），V1R（上下一段）」の五種類ということになる．

ただし，下一段活用は平安時代以降生じたもので，その所属語の「蹴る」は奈良時代以前にはワ行下二段活用「蹴う」であった．その連用形 kuwe が kwe → ke に変化し，一音節無語幹の「見る」などの上一段活用に類推されて下一段活用となった．その後，「蹴る」は江戸時代後期に四段活用となる．

12 世紀（院政時代〜鎌倉初期）以降，しだいに，ラ変は四段に，上二段・下二段はそれぞれ上一段・下一段となったが，ナ行変格活用については「死ぬ」は室町時代に四段に，「去ぬ」は江戸時代中期に四段に転じた例がみえる．明治時代にも「死ぬ」がナ変である例があるが，総じていえばナ変は江戸時代に四段になったといえよう．

四段活用では，未然形に接続する助動詞「む」が付いた場合，たとえば「書く」を例にすると，「書かむ」が「書かう」，さらには室町時代から江戸時代にかけて「書コー」（[kako:]）に音変化したために，未然形の活用語尾に新たにオ段の音節を設定し，五段活用と呼ぶようになった．この結果，現代語での動詞活用は五種類，活用の形式では三種類ということになる．

　　V5（五段）　　V3R（カ変・サ変）　　V1R（上一段・下一段）

動詞が活用の種類を変えることは，前記のように「蹴る」にみえたが，そのほ

かにも少なくない．奈良時代以前では，「生く」「帯ぶ」などは四段活用であり，「隠る」「忘る」も下二段のほか四段にも活用した．「恐る」はもともと上二段であったようだが，四段・下二段の活用となった．四段「おはす」はもともと四段と下二段の二種類があったが，しだいにサ変にまとめられたとみられている．「恨む」ももと上二段であったが，江戸時代に四段に変わった．また，江戸時代になると，一字漢語サ変動詞が五段活用（訳する→訳す）や上一段活用（案ずる→案じる）となるものがあり，後期江戸語以降しだいに増加した[3]．

(4) 形容詞の活用

形容詞の語幹は動詞に比べて独立性が強く，それだけで単独で用いられることがある．「いで，あなまさなや．」（『枕草子』うへにさぶらふ御猫は）[4]，「あな，おそろしや．」（紫式部『源氏物語』桐壺）のような文末の感動表現，「あな，めでたの人や．」（『源氏物語』早蕨），「あな，をかしの御髪や．」（『源氏物語』若紫）のような「の」に続く用法のほか，「うすゆき」〈薄雪〉「ながながし夜」〈非常に長い夜〉のように直接に名詞を修飾する用法などがある．それぞれク活用とシク活用の例を示したが，シク活用では「し」までを含めた部分が語幹である[5]．すなわち，形容詞の活用は表5.3のように一種類ということになる．

表5.3 形容詞の活用

語幹	未然形	連用形	終止形	連体形	已然形	命令形
なが	（け）	く	し*	き	けれ	
をかし	から	かり		かる		かれ

*語幹末尾が「し」である場合，終止形活用語尾は付かない．

ク活用とシク活用は終止形に違いがあるだけであったので，連体形が終止形を兼ねて古典語の終止形を消滅させた結果，この両者の別はまったくなくなった．このうち，カリ活用と呼ばれる補助活用は連用形語尾「く」にラ変動詞「あり」

---

3) 室町時代にも「証す事」のような五段活用かとみられる例があり，また下一段活用になるのは語幹末尾が撥音（「案じる」など）もしくは引き音（「通じる」など）である場合のほか，江戸語では促音（「察しる」など）にもみられた．
4) 以下の諸例はそれぞれ，〈あら，よくないこと〉〈ああ，恐ろしいこと〉〈ああ，立派な人であることよ〉〈ああ，かわいい髪だこと〉の意．
5) 接尾語「さ」や「げ」が付いてそれぞれ名詞，形容動詞になる場合，「長さ」「悲しさ」「憎げ」「恐ろしげ」などとなるのも，語幹の一用法である．

が接して，kuari→kari となったもので，本来の活用だけでは助動詞の類に付きにくいという不便さがこれによって解消された．

　活用形でみると，上代には「無(な)けむ」のように助動詞「む」が付く場合に未然形活用語尾に「け」があり，また，接続助詞「ば」も活用語尾「け」に接続した．

　　恋しけば来ませ我が背子　　　　　　　　　　　　（『万葉集』3455)[6]
　　道の遠けば間使(まつかひ)もやるよしもなみ　　　　　　　　（『万葉集』3969)

ただし，仮定条件・確定条件のいずれとも解釈できることから，未然形とともに已然形にも活用語尾「け」が設定される．その一方で，「我が片恋の繁ければかも」(『万葉集』3929)[7]のように已然形活用語尾に「けれ」も存在するというように，奈良時代には形容詞の活用は未整備であった．そのため，係助詞「こそ」の結びは奈良時代以前では連体形（もしくは「終止形＋も」）であった．

　奈良時代以前に発達していた用法に，語幹に接尾語「み」を伴って原因理由を表す「ミ語法」があった．

　　潟(かた)を無(な)み芦辺(あしへ)を指して鶴(たづ)鳴き渡る　　　　　　　　（『万葉集』919)[8]

体言との間に間投助詞「を」をはさむことが多く，平安時代以降は和歌にのみ用いられた．

(5) 形容動詞の活用

　形容動詞は奈良時代にもナリ活用がみられたが，その数は少なく，平安時代に入ってから多く用いられた．ナリ活用は「静かに」のように本来副詞であったものが連用修飾法として連用形となり，この連用形語尾「に」にラ変動詞「あり」が接して niari→nari となったものである．ラ変型活用は形容詞のカリ活用と同じく補助活用というべきものに相当する．このナリは断定の助動詞「なり」と同質のもので，その活用語尾の変遷も同じ過程を経ている．鎌倉時代には連体形の活用語尾末尾「る」が脱落するようになり，連体形（終止形でもある）活用語尾は「な」となった．

---

6) 以下それぞれ，〈恋しかったら，おいでください，あなた〉〈道が遠いので，使者をやる手だてもないから，…〉の意．
7) 〈私の片思いが絶え間がないからでしょうか〉の意．
8) 〈干潟がないので，芦のある辺りを目指して鶴が鳴きながら空を渡っている〉の意．

延政門院幼なくおはしましける時、院へ参る人に御ことづてとて申させ給ひ
ける御歌、
　　ふたつもじ牛の角もじすぐなもじゆがみもじとぞ君はおぼゆる[9]
こひしく思ひ参らせ給ふとなり。　　　　　（吉田兼好『徒然草』第六二段）
　さらに，室町時代には連用形に接続助詞「て」が接して nite → de と音変化し
た活用語尾「で」が新たに生じ，これに「ある」（もとはラ変動詞「あり」）が接
した「にてある」→「である」も用いられた．これが前記のように活用語尾末尾
「る」を脱落させた「であ」となり，dea → dya と音変化して「ぢゃ」が生じ，さ
らに dya → da という変化を経て「だ」が現れた．敬語では「にてござる」「でお
ぢゃる」なども用いられた．未然形語尾「なら」は接続助詞「ば」を伴って仮定
条件を表したことから，これが新たに「仮定形」となり，未然形には dearu-
u → daro: という変化による「だろ」，連用形には deari-ta → deatta という変化を
経た「だっ」が江戸時代に用いられるようになった．
　一方，タリ活用は平安時代になって現れた．漢文訓読によって発達したもので，
語幹は漢語をとり，「堂々と」というような副詞にラ変動詞「あり」が接して
toari → tari となったものである（ラ変型活用は補助活用に相当する）．漢文訓読
文のほか，和漢混交文に多く用いられたが，和文系の文章にはみえない．しかし，
室町時代以降タリ活用は衰退し，連用形「と」と連体形「たる」が用いられるだ
けとなった．これを現代語ではそれぞれ副詞，連体詞として扱っている．

(6) 活用形の用法

　活用形の用法が歴史的に変化したものを挙げることにする．
　古典語の動詞では，接続助詞「ば」が未然形に付くと仮定条件を，已然形に付
くと確定条件を表したが，室町時代後期ごろになると，この両者が混同されるよ
うになった．
　　これを口惜しう思わせられば（vomouaxerareba）、出て勝負を決しさせられ
　　い　　　　（『天草版伊曽保物語』蠅と獅子王のこと，文禄2年〈1593〉）
　この背景には，室町時代に原因・理由を表す接続助詞として「さかい」（現代
でも関西方言に残る）が用いられるようになり，「によって」「ほどに」などととも

---

9)　「二つ文字」は「こ」，「牛の角文字」は「ひ」，「直（すぐ）な文字」はまっすぐな文字の意
　　で「し」，「ゆがみ文字」は「く」をさす．

に確定条件を表す主たる形式となった．そのため，本来確定条件を表した「已然形＋ば」は「未然形＋ば」とともに仮定条件を表すようになり[10]，江戸時代中期ごろには仮定条件は未然形によるものが衰退し，代わって已然形によるものがこれを担うようになった．この活用形は今日「仮定形」と呼ばれる．

　形容詞では，確定条件は「已然形＋ば」で表すのに対して，仮定条件は連用形に係助詞「は」を添えて表現した．

　　恋しくは来ても見よかしちはやぶる神のいさむる道ならなくに

（『伊勢物語』71)[11]

これが江戸時代に「恋しくば」というように，「くば」と理解されることもあったが，元来は清音ハ（後にはワ）と発音されたものである．江戸時代中期以降は，動詞と同じく「已然形＋ば」が仮定条件を表すようになった．

　連体形には，前述したように体言と同じ働きをする準体法があった（ただし，奈良時代にはこの用法は少ない）．

　　ただ，波の白きのみぞ見ゆる．　　　　　（紀貫之『土左日記』)[12]

室町時代以降は，その連体形に形式名詞「の」（準体助詞とする説もある）が接続して，体言と同じ働きをするようになる（形式名詞「こと」が接続することもある）．これは，連体形が終止形を兼ねるようになって，連体止めの表現価値を消失し，それによって準体法もしだいに後退したため，連体修飾法としての連体形に「の」を添える形式によって新たに体言と同じ働きをさせたものとみられる．このほか活用語を体言化する用法には，古く「ク語法」があった．

　　妹背の山を見らくしよしも　　　　　　　（『万葉集』1247)[13]
　　短き命も惜しけくもなし　　　　　　　　（『万葉集』3744）

「見らく」「惜しけく」は〈見ること〉〈惜しいこと〉の意で，それぞれの連体形「みる」「をしき」に体言化の接尾語「あく」が接してmiruaku→miraku，wosikiaku→wosikekuと変化したものとみられる（例外的に，助動詞「し」の連体形にはクが接して「言ひしく」となる）．奈良時代ではかなり自由に用いられた

10）「若（モシ）セバキ地ニ居レバ，近ク炎上アル時，ソノ災ヲ逃ル、事ナシ」（鴨長明『方丈記』）のように，仮定の副詞「もし」が確定条件とともに用いられているように，もともと恒常条件では仮定と確定の表現が混同されやすいという傾向もみられるようである．
11）初二句は〈恋しかったら，来て見てください〉の意．
12）〈ただ，波の白いのだけが見える〉の意．
13）以下それぞれ，〈妹背の山を見るのはよいことだ〉〈短い命でも惜しいとは思わない〉の意．

が，平安時代になると和歌のほか，漢文訓読にわずかに用いられるだけとなった．「おそらく（「恐るらく」の転）」「おもわく（思惑）」「おいらく（「老ゆらく」の転）」などの語にその痕跡がみられる．

(7) 音　便

ある活用語尾が特定の環境において別の音に変化する現象を音便というが，9世紀（平安時代初期）になると，まずイ音便・ウ音便が生じ，次いで撥音便・促音便が生じた．撥音便には唇内撥音便（m音便）と舌内撥音便（n音便）があり，後者は平安時代には表記されなかった．

動詞では四段・ナ変・ラ変に限ってみられ，連用形では「て・たり」などに，連体形では助動詞「なり」「べし」「めり」などに続く場合に起こった（形容詞カリ活用・形容動詞はラ変動詞に同じ）．

表5.4　音便

動詞連用形末尾の音	音便の種類	例
き・ぎ・し	イ音便	鳴いて・次いで・指いて
ひ	ウ音便	給うて
び・み*1	撥音便（平安時代 m）	喜むで・読むで
に・り*2	撥音便（平安時代 n）	死(ん)じ子・あ(ん)なり
ち・ひ*3・り	促音便	放つて・失つて・切つて・あつて
動詞連体形末尾の音	音便の種類	例
る（ラ変のみ）	撥音便（平安時代 n）	あ(ん)べし・な(ん)めり
形容詞連用・連体形語尾の音	音便の種類	例
く〔連用形語尾〕	ウ音便	広う・恐ろしうて
き〔連体形語尾〕	イ音便	若い(心地)・苦しい(こと)

*1　鎌倉時代を中心に「び・み」も「呼うで・読うで」のようにウ音便になる．
*2　後続の音節がナ・ヌ・シ・セ・ソの場合に撥音便となる．
*3　「ひ」は平安時代では「失うて」となる．

音便の発生は，発音をしやすくするため，母音もしくは子音が脱落や転化をしたことによるとみられるが，その発生のメカニズムについては十分には解明されていない．音便形はしだいに勢力を増し，江戸時代中期ごろにはふつうの言い方となった（表5.4）．

(8) 可能動詞の発生

〈書くことができる〉という意を表す「書ける」の類を可能動詞というが，その発生は 16 世紀（室町時代後期）である．これは四段活用動詞の下二段活用化による派生であるが，そもそも四段と下二段は動詞の意味・用法において密接な関係があり，たとえば自動詞と他動詞という対立をなす．

　　四段（他動詞）⇔下二段（自動詞）切る・割る・裂く・砕く・解く・脱ぐ
　　四段（自動詞）⇔下二段（他動詞）あく・向く・沈む・痛む・並ぶ・立つ

また，「てる」は四段が〈(日が) 照る〉の意に対して，下二段は〈はにかむ〉の意，というように意味を区別させる場合もあれば，「知る」の下二段活用（「人に知れる」の類）はすでに奈良・平安時代に受身・使役の意でも用いられていた．四段動詞の下二段活用は，室町時代末には受身（「売れる」〔品物が売れる〕・「練れる」〔練れた人〕）・使役（「含める」〔因果を含める〕）・自発（「取れる」〔熱がとれる〕）の意で用いられた例が確認でき，このようなヴォイス[14]の転換にかかわる四段の下二段化が可能の意をも派生させたとみられる．ただ，江戸時代では四段活用の未然形に助動詞「れる」が付いた言い方も多く用いられており，広く行われるようになるのは明治以降である．

5.2 体　　言

(1) 体　言

体言のうち，名詞は文法的機能において歴史的に変化がない．ただ，語彙的にはサ変動詞「す」を付けてサ変動詞（「遊びす・ご覧ず」），形容詞（「執念し」）などを構成した．

代名詞には指示代名詞と人称代名詞とがある．まず，指示代名詞はすでに上代において「こ・そ・か・いづ」という体系が表 5.5 のように成立していた．ただし，遠称の「か」はあまり用いられず，「そ」が多くその領域を担っていたとみられる．

平安時代になると，中称では「し」が消滅し，「そなた」が加わり，遠称には「あ・あれ・あち・あなた」が用いられるようになった．また，不定称では「いづへ」が衰え，「いづく」から転じた「いづこ」，またそれから転じた「いどこ」が

14）動作の主体・対象などをどのような文の成分でいい表すかにかかわる文法形式．

5.2 体言

表5.5 指示代名詞の種類

	近称	中称	遠称	不定称
一般的	こ	そ・し	か	
事物	これ	それ	かれ	いづれ・なに
場所	ここ	そこ		いづく・いづら・いづへ
方角	こち・こなた	そち	をち・かなた	いづち

用いられた．鎌倉時代以降，遠称は「か」「かれ」が衰退して「あ」「あれ」が優勢になり，「あそこ」も加わった．不定称では院政時代から「いどこ」の語頭のイを脱した「どこ」が用いられるようになり，ド系の「どれ」「どち」「どなた」も生じた．そして，室町時代以降「こちら」「そちら」「あちら」「どちら」も用いられるに至り，コソアド体系が整うこととなった．

人称代名詞では，三人称は指示代名詞で代用するのが一般的である．また，敬卑や親愛の意をこめた言い方があるのも特徴的で，そのため歴史的には極めて複雑である．ただ，基本的には，奈良時代にすでに表5.6のような「わ（あ）・な・か・た」という体系が整っていた．

表5.6 人称代名詞の種類

一人称（自称）	二人称（対称）	三人称（他称）	不定称
あ・あれ・わ・われ	な・なれ	か・かれ	た・たれ

一人称のアは単数的孤立的，ワは複数的集団的というような意味上の違いがあった．このほか上代では，一人称には「わけ」，謙称の「やつかれ」があり，二人称（「な」は対等以下の人に用いる）には敬意を込めた「いまし」「みまし」（「きみ」は女性から男性を呼ぶ場合に用いられる），卑称の「おれ」なども用いられた．平安時代になると，一人称では「あ」「あれ」がしだいに消滅し，「まろ」は主として男性に（院政時代以降は女性にも），「小生」は多く書簡文の謙称に用いられ，二人称では「な」「なれ」に代わって「なむぢ」が，そして「おまへ・おこと・おもと」，男性が用いる「貴殿・御辺(ごへん)」なども用いられた．

そして，鎌倉時代以降はさらに複雑化していくが，一人称には謙称が用いられる傾向が強く，また二人称には敬称・卑称が発達したといえる．江戸時代までの一人称の主な語を表5.7に示す（男女両用，主として男性，女性の別を示す）．

表 5.7 一人称の変遷

	鎌倉時代	室町時代	江戸時代
両用	わたくし・おれ	わたくし・おれ	おれ[15]・おら・てまえ
男性	それがし	それがし・みども・拙者	おいら・ぼく・それがし
女性			わたし・わし

二人称では鎌倉時代に「そなた」,室町時代には「おぬし・貴公・貴様」なども加わった.そして,室町時代末期以降は待遇の高い順に次のような言い方が用いられた[16].

　　室町時代末期　　こなた＞そなた＞そち
　　前期上方語　　　おまえ＞こなた＞そなた＞そち＞おのれ
　　後期江戸語　　　あなた＞おまえさん＞おまえ＞おめへ＞てめへ

三人称では明治に入って翻訳を通じて「彼女(かのじょ)」が用いられるようになった[17].

　　俗にいふお転婆なれども、彼女(かのじょ)は活発だ、などといって

　　　　　　　　　(坪内逍遙『当世書生気質』二,明治 18 〜 19 年〈1885 〜 1886〉)

(2) 副用言

接続詞　連体詞と同様,ほかの品詞から転じたものばかりで,たとえば,

　萩の花尾花葛花(くずばな)なでしこが花をみなへしまた藤袴(ふぢばかま)朝顔が花

　　　　　　　　　　　　　　　　　　　　　　(『万葉集』1538)

この「また」は〈再び〉の意の副詞から転用じたものである.副詞[18]は述語の意味概念(注釈副詞は叙述内容全体)を限定修飾するのに対して,接続詞は前文の内容を後文の内容に接続させる機能をもつだけで,そこには概念の意味限定がな

---

15) 江戸時代後期になると女性が用いることはなく,男性語となった.
16) 「きみ」は「僕」とともに江戸時代に武士が対等の者に対して用いた口語であったが,明治に入って書生ことばとなって現代語に至る.
17) 明治初めには男女ともに「彼」を用いていたが,男性には「彼男(かのおとこ)」,女性には「彼女(かのおんな)」という言い方も生まれ,その「女」を音読して「かのじょ」が成立した.
18) 様態副詞・程度副詞・陳述副詞は上代からみえ,擬態語も古くから多用されている.また,「あさましう、犬なども、かかる心あるものなりけり」(『枕草子』うへにさぶらふ御猫は)〈あきれたことに,犬のようなものでも人間のような感情をもっているのだった〉のような,いわゆる評価の副詞(注釈の副詞)に相当する用法も古典語に数多くみられる.

いものとなっている．接続詞は，和歌などの韻文ではあまり用いられず，もっぱら散文に用いられて発達した．漢文訓読語から一般化したもの（下記の◎）が多く，出自からみると次のようである．

①副詞からの転成（また◎，さらに◎，かつ◎）
　　ただし◎←ただ＋し　　しかし◎←「然(しか)＋し＋ながら」の下略
　　もしくは◎←もし＋く（副詞語尾）＋は
　　そして←さうして（「さう」は「さ」の延言）
②指示代名詞＋助詞（指示代名詞からの転成に「それ◎」がある）
　　そこで←そこ＋で　　それから←それ＋から　　それとも←それ＋とも
　　で・では・でも←「それで」「それでは」「それでも」の上略
③動詞＋助詞（動詞からの転成に「および◎」がある）
　　しかれば←然(しか)＋有(あ)れ＋ば　　ならびに◎←並び＋に(なら)
　　あるいは◎←有(あ)る＋い＋は　　すると←する＋と
④助動詞＋助詞
　　けれども←「まいけれども」の上略　　だから←だ＋から　　だが←だ＋が
⑤名詞＋助詞（名詞からの転成に「すなはち◎」がある）
　　ところで←ところ＋で

5.3 助詞

(1)「の」と「が」

「雀の子を犬君(いぬき)が逃がしつる．」（『源氏物語』若紫）[19]　の「が」は準体句における主格を表すもので，本来は「逃がしつる」の体言を修飾する連体助詞に由来する．ここでの「犬君が」の「が」は軽卑の対象とする待遇を示したもので，「の」が敬意を表す対象となるものに付く場合とは用法上区別されている（この用法は江戸時代まで存続する）．「が」は上接する語に主点を置き強示するという性格によって，婉曲表現が敬意になるのとは逆に，あからさまにすることで軽卑の意となったものである．ただし，「の」はいい切りの文の主格を表すことがあり，平安時代にすでにみえ，江戸時代にもかなり使われていた．

---

[19]〈雀の子を犬君が逃がしてしまった〉の意．

ことならば言の葉さへも消えななむ見れば涙のたぎまさりけり
　　　　　　　　　　　（紀貫之ら（撰）『古今和歌集』854，延喜5年〈905〉）[20]
　なんだ気のきかねへ．
　　　　　　　　（式亭三馬『浮世風呂』二・下，文化6〜10年〈1809〜1813〉）
連体止めにおいて主格を表す「の」が多いことが，その類推でこのような語法を許容したのであろう．しかし，述語に対する主語の明示という論理的な役割では，上接する語に主点を置く「が」のほうがふさわしく，院政時代には連体接続の主格用法が生じている．

　　　年十二三ばかり有る若き女の、薄色の衣一重、濃き袴着たるが、扇を指し隠して、片手に高坏を取りて出で来たり．　　　（『今昔物語集』二二・7）[21]
　　　又の日、つとめて、若狭阿闍梨覚縁といふ人、歌よみなるが来たり．
　　　　　　　　　　　　　　　　　　　　　　　　　　　（『宇治拾遺物語』三・10）

連体接続の主格用法は接続助詞としての用法を生み出した．院政時代以後，主格を表す働きが弱まり，下につづけるという接続の働きが強くなった結果，単純な接続を意味するようになり，前に受ける内容と後につづく内容とに矛盾があるような場合には，逆接の確定条件の意ともなった．

　　　めでたく書きて候ひけるが、難少々候ふ　　　　　　（『古今著聞集』一一）
　また，対象語格の用法も院政時代にみられるようになる．

　　　其が極めて見まほしく思ひ給へ候ひしかば　　（『今昔物語集』三一・6）[22]

そして，15世紀（室町時代中期）には名詞に接続する主格の用法が出現するに至る．

　　　司馬遷之史記が千古之法になったそ．
　　　　　　　　　（桃源瑞山『史記抄』十一・老子伯夷列伝，文明9年〈1477〉）
　　　竹の網戸をほとほとと打ち叩く音がした．
　　　　　　　　　　　　　　（天草本『平家物語』二・1，文禄2年〈1593〉）[23]

---

20)　〈噂であったならば，その言葉までも消えてしまってほしい．見ると，涙が滝のように流れ出てくることだ〉の意．
21)　以下それぞれ〈年が十二，三ほどの若い女で，薄色の衣を一重，濃い袴を着ているのが，扇をかざして顔を隠し，片手には高坏を持って出て来た〉〈翌日の早朝に，若狭阿闍梨覚縁という歌人がやって来た〉
22)　〈それが非常に見たいと存じましたので〉の意．
23)　原文はローマ字．以下同じ．

すなわち，終止連体形の成立によって,「犬君が逃がしつる」の連体止めにおける主格を表す用法が「犬君が逃がした」という主格助詞の完成を必然的に促したのである．

　「さいなまるるこそ，いと心づきなけれ。」(『源氏物語』若紫)[24)]の「さいなまるる」は準体句として体言的に用いられていたのが,〈責められるのは〉と訳すように「連体形＋の［形式名詞］」という形式に変化した．このような「の」の用法は「今のあるじも前のも手取り交はして」(『土左日記』)[25)]などにみえる，文脈上で聞き手が予想できる名詞を省略した「の」の用法に由来するもので,「〜のもの・こと」の意から形式名詞の用法が室町時代に派生した．

　　　それがしが好いてよむのは，盛衰記を好いて読む。　　　（『狂言記』文蔵）

　このように，述語を体言化する場合に，連体形に「の」が付くようになるのは，連体形が終止形をも兼ねるようになり，準体句としての用法が曖昧になったため，本来の準体句としての用法を終止形と区別して,「の」を介することで，差異化したものと解される．ちなみに「連体形＋の」という新たな連体句が文末に位置して，詠嘆をこめて確認する「の」の終助詞用法をも派生させた．

　　　さてさて長々しいことを退屈もなう，お語りあったの。
　　　　　　　　　　　　　　　　　　　　　　　（『天草版平家物語』四・28）

　これが現代語の「どうしたの」「それでいいのさ」などとなるのである．

(2) 格助詞

　「を」は間投助詞に由来するもので，平安時代までに格助詞として確立された．「に」は上代にすでに確立されて今日に至るが,「梅に鶯」のような列挙の用法も平安時代から現れる．これに接続助詞「て」が付いた「にて」は平安時代中期から「で」となり，場所・手段などの意で広く用いられるようになった．その原因理由を表す意からは，江戸時代には「お暇が出たで去にまする」(紀海音『心中二つ腹帯』三，享保7年〈1722〉)のような接続助詞を派生させた．「へ」は名詞「辺」に由来する語で，遠くへ移動する場合の到着点を表したが，上代ではいまだ名詞的であって，平安時代に助詞化した．そして，その中期以降には「宮もこな

---

24)　「例の，心なしの，かかるわざをして，さいなまるるこそ，いと心づきなけれ。」〈いつものようにうっかり者がこのようなことをして責められるのは，まったく困ったことだ〉の一節．
25)　〈現在の国司も前任の国司も手を取り合って〉の意．

たへ入らせ給ひぬ」(『枕草子』)[26]のような方向の意をも表すようになり，15世紀(室町時代中期)には目標の意を表す助詞が地方によって違ったことを示す「京に筑紫へ坂東さ」(三条西実隆『実隆公記』明応5年〈1496〉正月9日)という諺も流布した．

「から」も名詞「から（柄）」に由来する語で，〈…のままに〉〈…に沿って〉の意で用いられたが，平安時代になるとその経由点の意から起点の意が派生した．しかし，起点の意には「より」[27]が用いられていたことから，以後俗語として命脈を保ち，室町時代後期以降再び口語において多用されるようになった．このため，「より」は比較の意に用法が限定されることとなった．

「と」は「とにもかくにも」などの副詞「と」に由来する語で，今日まで広く用いられている．「して」はサ変動詞「す」の連用形に接続助詞「て」がついたもので，手段・方法の意で用いられ，平安時代には漢文訓読調で「をして（…しむ）」のような形で用いられた．今日では「皆して反対する」「態度からして横柄だ」「またしても」のような一部の表現にのみ固定的に用いられている．

(3) 接続助詞

単純接続の「て」は助動詞「つ」の連用形に由来し，広く用いられてきた．「長くして」などにみられる「して」は，平安時代ではほかに「ずして」「にして」「として」などの形で漢文訓読調で用いられるのに対して，和文では「長くて」「ずて（普通は「で」）」「で」「とて」などの形で用いられた．

「ば」は未然形に接続して順接の仮定条件を表し，已然形に接続して順接の確定条件を表したが，室町時代以降，しだいにこの両者が混同されるようになった．そして，室町時代に順接の確定条件に「さかい（に）」が生じ，「によって」「ほどに」などとともに上方語で多用されるようになったことから，江戸時代の中ごろには已然形接続が仮定条件を表すことが一般化した．この「ば」は江戸時代には「聞けば」を「聞きゃ」とも発音されることが多くなり，「たれば→たりゃ」を経て「誰かと思ったら君か」のような確定条件を表す「たら」ともなった．一方，「たら」は「たらば」の「ば」を，「なら」も「ならば」の「ば」を脱して仮定条

---

26) 〈宮もこちらにお入りになった〉の意．言語主体の近くへの移動を表す用法．
27) 上代には「ゆ・ゆり・よ」の形でも用いられた．

件を表す用法が16世紀ごろから多く用いられるようになった[28]．

「とも」は上代からみえるのに対して，「と」は平安時代になって生じた．いずれも逆接の仮定条件を表したが，江戸時代以降は「ても」に取って代わられ，また「と」は格助詞「と」から派生して，室町時代末期に「一晩寝ると直る」のような順接条件を表す用法が生じた．逆接の確定条件を表す「ど」「ども」は平安時代になると，「ども」は漢文訓読調に用いられるのに対して，「ど」は和文に多用された．しかし，その「ど」も室町時代末期には口語では勢力を失い，江戸時代以降「ても」に取って代わられた．「ても」の「も」はもと係助詞であって，「も」も単独で逆接を表し，鎌倉時代以降さかんに用いられたが，江戸時代以降「ても」に吸収されていった．また，「ものの」は平安時代に一時期用いられた後は衰退したが，江戸時代以降再び逆接の意で用いられるようになった．「ものゆゑ」は上代から，そして「ものから」は平安時代に逆接として多用されたが，いずれも鎌倉時代以降は「ゆゑ」「から」の影響によってしだいに順接の意を表すようになった．

逆接を表す「けれども」は，室町時代末期に助動詞「まい（まじい）」に接続助詞「ども」が付いた「まい（まじい）けれども」から終止形接続の「けれども」が分出されたとみられる．そして，明治には「けれど」の形でも用いられるようになった．同じく室町時代後期には「ところが」「ところで」が確定条件（順接にも逆接にも）に用いられるようになり，「ところが」は江戸語で，「ところで」は明治以降に逆接の確定条件を表すようになった．「のに」も江戸時代の元禄ごろから現れ，江戸時代後期には多用されるようになる．そして，名詞に付く場合は「だのに」から，明治以降はしだいに「なのに」となった．「に」は単純接続として古くから用いられ，このうち逆接条件の用法は江戸時代でも多用されたが，しだいに「のに」に取って代わられた．

原因・理由の意では，「からに」は〈軽い原因から重い結果が生じる意．…それだけの理由で〉として上代に用いられたが，平安時代には順接の原因・理由を表すようになり，江戸時代には「から」の形でも用いられるようになった．しかし，その前期では格助詞とみられる例も多く，接続助詞としての「から」は江戸語で確立された．『浮世風呂』（二・上）に上方者（かみがた）と江戸者とが口論して，上方者が「あのまア，『から』とはなんじやヱ」といったのに対して，江戸者が「『から』だか

---

[28] 「なら」を「なれば→なりゃ」の転とする説もある．

ら『から』さ．故
ゆゑ
といふことよ．そしてまた上方の『さかい』とはなんだへ」と
いい返す場面がある．江戸語における原因・理由を表す表現では「から」の使用
が多く，江戸時代中期に生じた「ので」はまだ少ない．

　　ちふとは「といふ」といふ詞
ことば
を詰めたので、古い詞だから、頼もしいとお云
　　だよ　　　　　　　　　　　　　　　　　　　　　（『浮世風呂』二・上）

　上記の両者を比べると，「ので」は上下を軽く接続しているのに対して，「から」
には因果関係を強く示す意が認められる．この「ので」は形式名詞「の」に格助
詞「で」が付いたもので[29]，同じく形式名詞「もの」に付いた「もので」も江戸時
代中期に生じた（「破れた器を合せてみるようなもので、役に立ちませぬ」（『隣語大
方』三））．

　否定の接続では，上代では「ずして」「ずて」があったが，平安時代には「ずし
て」は主として漢文訓読調に，「ずて」は和歌に用いられるだけで，仮名作品では
「で」が用いられた．これは「ず」の古い連用形「に」に「て」が付いた「にて」
の転かとみられる．この「で」は室町時代には「学問をせいではかなうまい事ぢ
ゃけると思たものぞ」（公孫弘卜式児寛『漢書列伝竺桃抄』第二八）のように「い
で」となり，江戸時代には「ないで」の形が用いられるようになった．

　同時動作の意では，古くは「つつ」が圧倒的で，鎌倉時代以降「つつ」がしだ
いに衰え，江戸時代には「ながら」が一般的になる．並列を表す用法では平安時
代に「……ぬ，……ぬ」，鎌倉時代には「……つ，……つ」が用いられるようにな
ったが，室町時代には同じ完了の助動詞による「…たり，…たり」が用いられる
ようになった．また，江戸時代には「娘はそれぞれにかたづくし，もう孫も五六
人ある」（『浮世風呂』前・下）のような「し」も出現した．

(4) 副助詞

　「だに」「すら」「さへ」は上代ではそれぞれ，期待される最低限の物事を示す意
〈せめて…だけでも〉，程度の甚だしい（または，軽い）物事を取り上げてほかを
類推させる意〈…さえ〉，同類の事実を添加する意〈そのうえ…までも〉を表した
が，平安時代には「だに」は「すら」の意でも用いられるようになり，「すら」は
衰退した．しかし，「だに」の最低限度の意は鎌倉時代に，また類推の意も室町時
代に「さへ」に取って代わられた．こうして，「さへ」は前記三つの意を併せもつ

[29] 形式名詞「の」に助動詞「だ」の連用形が付いたものとする説もある．

こととなったが，江戸時代になると，その本義である添加の意は「まで（も）」に取って代わられた．この「まで」は時間的・空間的な限界点の意が本義で，「わが宿は道もなきまで荒れにけり」（『古今和歌集』770）のような，限界となる事態の程度の意でも今日まで用いられている．

「ばかり」は上代ではもっぱら程度・範囲〈…ぐらい，…ほど〉の意であったが，平安時代には限定〈…だけ〉の意を生じた．この限定の意は「のみ」が担っていたが，しだいにそれを圧倒した．鎌倉時代には程度・範囲の意は「ほど」が担うようになり，江戸時代には「ぐらい」も加わった．限定の意では江戸時代以後「だけ」「きり」，そして〈…しか…ない〉のように用いる「しか」が生じた．ただし，「だけ」「きり」が明瞭にそれのみと限るのに対して，「ばかり」は〈おおよそ…だけ〉という原義を残している．

「など」は平安時代に，体言に付いた「何と」がnanito→nandoと変化した語で，ほかにも類例のあるなかから取り立てる例示の意として成立した．この例示の意では，「こんなものでもいいですか」のような「でも」が江戸時代に生じた．

強調の意を表す「し」は，平安時代には順接条件句における「…し…ば」というような固定的な用法に限られるようになり，しだいに衰退した．鎌倉・室町時代には「ばし」が強調の意で用いられたが，会話における俗語的なものとみられる．

　　人ニ頸バシ切ラレウトテ不覚ノ人哉

　　　　　（延慶本『平家物語』二末・文学熊野那智ノ滝ニ被打事)[30]

室町時代には不定の意の「やら」（「やあらむ→やらむ」の転）が，江戸時代以降には例示の「なんか」，対比的強調の「どころか」，引用の「なんて」などが生じた．

(5) 係助詞

「は」「も」ともに主題として提示する意を表すが，「は」は排他的である一方，「も」は類例を暗示する働きをし，その基本義は今日まで変わりはない．「は」は形容詞連用形，打消しの「ず」に付いて仮定条件を表す用法が江戸時代初期まで用いられた．

述語が特定の活用形で結ばれるものには，連体形で結ぶ「か」「や」「ぞ」「な

---

30) 〈敵に頸を切られるだろうという不名誉な人であることだ〉の意．

む」(上代では「なも」),已然形で結ぶ「こそ」があった.前者は連体形の終止形化に伴ってその表現価値を失い,「か」は鎌倉時代以降文末で疑問を表す終助詞,また,不定の意(「来るとか言ったが」の類),選択の意(「今日か明日かには戻るだろう」の類)の副助詞となった.「ぞ」は「なんぞ」など一部の語に副助詞として用いられるだけとなった.「こそ」も鎌倉時代以降しだいに結びが混乱したが,今日でも取り立てて強調する意(「これこそ重要だ」「見た目こそ悪いが」「君だからこそ言うのだ」の類)として用いられている.主題として取り立てる用法には江戸時代以降「って」なども用いられるようになった.

(6) 終助詞

自己の願望の意では,「しか」は上代から「てしか」(「て」は助動詞「つ」連用形)の形で用いられることが多く,平安時代には「にしか」(「に」は助動詞「ぬ」連用形)も用いられるようになった.しかし,平安時代に現れた「ばや」が多用されて「しか」はしだいに衰退したが,その「ばや」も江戸時代以降は衰退した.体言などに付く「もがな」は上代の「もがも」に代わって平安時代に生じたが,鎌倉時代以降しだいに口語では衰退した.他者への希望の意では「なも」から転じた「なむ」が平安時代に用いられたが,末期には衰退した[31].

禁止は上代において「な…そ」「な…そね」「な…」「…な」という形で表現されていたが,平安時代には「な…」「な…そね」が消滅し,「な…そ」が優勢になった.院政時代ごろには「な」を伴わず「…そ」だけで禁止を表すようになったが,江戸時代にはこれも衰退した.鎌倉時代以降「…な」の勢力が大きくなり,今日に至る.

「かし」は強く念を押す意で,平安時代に用いられ,鎌倉時代以降は命令形に付く用法に限られるようになった.聞き手に強く働きかける意では室町時代に「ぞ」が,江戸時代には「ぜ」(ゾエ→ゼエ)が用いられるようになり,しだいに男性語化していった.

感動・詠嘆の意では上代の「かも」から転じた「かな」が平安時代から室町時代まで広く用いられた.また,係助詞の文末用法とみられる「か」「は」「も」のうち,「は」は鎌倉時代以降口語で多く用いられ,「わ」とも書かれて明治以降は

---

31) 願望・希望の意は「てほしい」「てもらいたい」などの表現に取って代わられた.なお,この意の上代特有のものに「な」「に」「ね」「こそ」があった.

女性が用いる言い方となった（「それは不運だから仕様(しやう)がないワ」，二葉亭四迷『浮雲』一・6，明治 20～22 年〈1887～1889〉）．このほか，江戸時代以降には間投助詞「な」から転じた「のう」（ナ→ナウ→ノウ），「しかしうまい事はうまいテ」（『浮世風呂』前・下）の「て」も生じた．「て」は明治以降，女性語として，上昇調のイントネーションを伴って質問・反語の意（「けふも何かあって」，森鷗外『田楽豆腐』明治 45 年〈1912〉），「てよ」の形で意見や判断を伝える意（「道理で仁礼さんにお逢ひしましてよ」，横光利一『家族会議』昭和 6 年〈1931〉）などにも用いられるようになった．

江戸時代以降，いうまでもないという気持ちを表す「とも」（「とってやろうとも」の類），江戸語では「聞きな」というような命令の意の「な」が生じた．この時期に生じた，疑いの気持ちを表す意「かしらぬ（ん）」は明治には「かしら」となった．

(7) 間投助詞

詠嘆や強調指示などの意を表すものに古典語では「を」「や」「よ」があった．「を」は鎌倉時代以降口語では衰退したが，「や」は広く用いられ，後世には俳句の切れ字となる一方，「それでいいや」のような終助詞的用法は現代でも用いられる．なお，「あれやこれや」というような並立の用法も 10 世紀ごろ（平安時代中期）に生じた．「よ」は聞き手に働きかける気持ちをこめた語で，今日でも文中での「そしてよ，あいつがよ…」，文末での「来ましたよ」などにみられるほか，女性語として「可愛くってよ」「食べてよ」など「てよ」の形でも用いられている．呼びかけの意ではこれら「や」「よ」のほか，江戸時代には「え」も用いられた．上代特有の語には「わ」のほか，東国方言の「ゑ」，東国や九州で用いられた「ろ」があり，「ろ」は後世「見ろ・上げろ」などの命令形語尾ともなった．

江戸時代には，初期に「いやさ，この書置きがなければ」（『好色伝授』歌舞伎・上）のような，打ち解けた会話において話し手自身への確認の気持ちを表す「さ」が，後期には「いずれサ、他人の飯をたべねばネ、他の想像(おもいやり)がございませんのさ」（『浮世風呂』二・上）のような聞き手に対する働きかけの気持ちを表す「ね」が生じた．

5.4 助　動　詞

(1) 態（ヴォイス）の助動詞

　「る・らる」は上代で用いられた「ゆ・らゆ」に代わって平安時代以降一般化した．本来の用法は自発であり，自発の〈自然にそうなる〉の意から，〈そのことが生じる〉→〈そのことができる〉の可能の意となった．また，〈他者の行為が，動作の受け手において自然に実現する〉という意から，受身の表現ともなった．そして，上位の人の行為を直接に述べず，婉曲に〈自然に実現する〉というところから，平安時代には尊敬の意も生じた．可能の意は古く否定表現を伴って用いられたが，12世紀（院政時代～鎌倉初期）になると，「魚ヒトツトラレタリケルモノ」（『法華百座聞書抄』）のように肯定でも用いられるようになった．また，人間以外の無生物が主語となる，いわゆる非情の受身は「箏(さう)の琴かき鳴らされたる，横笛(よこぶえ)のふきすまされたるは」（菅原孝標女『更級日記』）というように古くからみえるが，抽象的な概念が主語となるのは明治時代以降の欧米語の影響といわれている．また，迷惑の受身も「春は霞にたなびかれ」（『古今和歌集』1003）[32]のように古くからみられる．鎌倉時代以降は二段活用の一段化に伴って「れる・られる」の形で用いられるようになった．

　使役では，上代では「しむ」が用いられるだけで，尊敬には四段活用の助動詞「す」（未然形接続）があった．「しむ」は平安時代には主として漢文訓読調に用いられ，変体漢文や仮名文では尊敬の意も生じたが，鎌倉時代以降口語では勢力を失った．「す・さす」（下二段活用）は平安時代の和文で使役・尊敬の意で用いられた．使役は〈話し手がその事態を実現させる〉という表現であるから，上位の人の行為を直接に述べず，婉曲に〈その人の行為が実現する〉というところから，尊敬の意が生じたとみられる．「声高にものも言はせず」（『土左日記』）[33]のような許容・放任の表現も古くからみえる一方，中世には武家詞として「四郎左衛門も内甲(うちかぶと)を射させて引き退く」（『保元物語』中）のように，「敵にさせてやる」の意で，他人からそうされたのではなく，その事態にした主体は話し手であるというような表現にも用いられた．鎌倉時代以降は「せる」「させる」となり，また，明

---

32)　気持ちが晴れ晴れしないことの比喩表現．
33)　〈大声で話したりしないようにさせる〉の意．

治時代以降には欧米語の影響によって非情の物を主語とした使役態もみられるようになった．

(2) 時制（テンス）や完了・存続の助動詞

過去の助動詞としては「き」と「けり」があった．「けり」は過去の事実を今の時点で発見したり把握したりする意が基本義で，そのため伝説や物語などの語りのなかで用いられることが多かったが，鎌倉時代以降しだいに口語では用いられなくなった．その後，東国方言に終助詞「け」として残存し，現代東京語の「…たっけ」「…だっけ」という用法に至る．これに対して，「き」は時制としての過去を表すが，連体形が終止形を兼ねる中世以降はその「し」が「浮きし脂」（『古事記』中）〈浮いている脂〉のように，もともと変化の結果の状態を表すものであったことから，その用法が「たり（たる・た）」に吸収され，しだいに衰退した．

完了には「ぬ・つ・たり・り」があった．「ぬ」は主として自動詞に付き，変化した結果，新しい状態が発生した意を表し，「つ」は主として他動詞に付き，動作・作用が完了した意を表した．しかし，12世紀（院政時代〜鎌倉初期）以降「ぬ」はそれまで付かなかったナ変活用の「死ぬ」（「死にぬ」）（『今昔物語集』二・29）に接続するようになるなど用法が変質し，また「つ」も鎌倉時代以降口語では用いられなくなって，これら完了の用法は「たり（たる・た）」に譲ることとなった．「たり」は接続助詞「て」に「あり」が付いて変化した語で，動詞全般に付いて動作・状態の存続，動作・作用の完了の意を表した．他方，「り」は四段動詞およびサ変動詞連用形に「あり」が付いて変化した語で[34]，その接続する動詞の範囲が狭く，また意味も「たり」と同じであったため，11世紀（平安時代後期）以降しだいに「たり」に吸収されてしまった．こうして，過去・完了の意は「たり」が担うようになり，12世紀には「たり」の連体形「たる」の語尾が脱落した「た」も用いられるようになった（「た」は東国方言でいち早くさかんに用いられた）．その後，15世紀（室町時代中期）になると，「ている」が動作・作用の存続・完了の意を担うようになり，「てある」とともにアスペクトを新たに担うようになった．

---

[34] 上代特殊仮名遣いの観点からは「り」の接続は動詞の命令形相当となる．

(3) 推量の助動詞

　根拠のある推量を表す「らし」は11世紀（平安時代後期）には歌語として単なる推量の意で用いられるようになり，しだいに勢力を失った．「まし」は事実に反する事態の推量を表したが，鎌倉時代以降は推量・意志を表す「む」とほぼ同じように用いられるようになり，しだいに姿を消していった．終止形接続の「なり」は聴覚による判断を表す，いわゆる伝聞推量の助動詞であったが，鎌倉時代以降口語ではしだいに用いられなくなった．「めり」は視覚による判断を表す助動詞として，平安時代には一時期さかんに用いられたが，その後しだいに勢力を失った．「べし」は適当，確信をもった推量，可能などの意を表し，漢文訓読調の文章でも広く用いられた．12世紀以降は意志の意で用いられることが多く，現代でも「べきだ」「べきだった」などの形でも用いられる．ちなみに，江戸時代以降，適当の意に「がいい」「ほうがいい」，推量の意に「にちがいない」「かもしれない」「はずだ」，当然の意に「ねばならない」などの複合した言い方も生じた．

　「む」は推量の表現に広く用いられた語で，平安時代には「ん」とも書かれた．これが鼻母音化し，さらに12世紀（院政時代〜鎌倉初期）ごろからは「う」の形で用いられるようになり，鼻音を欠いて室町時代には一般化した．この「う」は中世末期には未然形語尾がア段音である場合には，[oː]（当初は開音）となって引き音で，ア段音以外の場合にはたとえば「見う」は[mjoː]，「上げう」は[agjoː]（当初は合音）というように拗長音で発音された．後者では動詞語幹が不安定であったため，しだいに[mijoː][agejoː]というように未然形に「よう」が付くという形式に変化した．「よう」は東国方言で生じ，近世江戸語で定着した．その近世江戸語では推量に「だろう」が用いられ，「う（よう）」はもっぱら意志を表すようになった．「むず」は「む」の俗語的表現として平安時代に用いられ，鎌倉時代以降「うず」となってさかんに用いられたが，近世になると急激に衰えた．「らむ」は現在推量を表し，平安時代には「らん」とも書かれた．鎌倉時代には「らう」の形が生じ，室町時代以降は完了の「つ」と熟合した「つらう」（「つらん」）などの形で過去推量に用いられたが，しだいに衰退した．

　推量・比況の意を表す「やうなり」は平安時代に生じ，「やうな」を経て，近世江戸語で「ようだ」となった．ちなみに，比況の「ごとし」は上代からあるが，平安時代以降は漢文訓読調にのみ用いられるようになった．

　「らしい」は室町時代に生じた接尾語（「男らしい」）から，江戸時代に推量の助

動詞として用いられるようになった．「そうだ」は様態推量の意で室町時代に「さうな」の形で用いられはじめ，伝聞推量の意は近世に生じた．「みたいだ」は明治中期以降の成立で，「みたようだ」[35]から生じた．

過去推量「けむ」は「けん」を経て鎌倉時代「けう」となったが，口語では前記の「つらう」にとって代わられた．

否定推量の「じ」は鎌倉時代以降，口語では用いられなくなった．「まじ」は不適当や否定的な意志・推量などを表すが，上代の「ましじ」から変化して平安時代に生じた．これが「まじい」（連体形「まじき」のイ音便）を経て室町時代には「まい」となった．

(4) 断定・否定・願望の助動詞

断定の助動詞では，「なり」（「にあり」の転）は上代では名詞に付くだけであったが，平安時代には連体形にも接続し，広く用いられた．鎌倉時代以降，その連用形「に」に接続助詞「て」が付いた「にて」の転「で」が，さらに「ある」と接続した「である」も生じた．この「である」は近世では講義や説教などに用いられるやや固い語であったが，後期になると蘭学などで翻訳文に用いられ，明治中期以降口語文で勢力を増していった．「である」は室町時代に語尾の「る」を脱した「であ」から dea → dya と変化して「ぢゃ」となり，さらに中央語では dya → ya となって西日本方言に「や」を残す一方，東国方言では dya → da と変化し，「だ」が近世江戸語で広く用いられ，今日に至る．もう一つの断定の「たり」（「とあり」の転）は平安時代に漢文訓読調で用いられたが，その後衰退した．

否定の助動詞「ず」は中央語で用いられ，その連体形「ぬ」が終止形となり，さらに「ん」となった（この「ん」は西日本方言に残る）．一方，上代の東国方言では助動詞「なふ」が用いられており，その連体形「なへ」が naye → nai のように変化し，室町時代末期には「ない」（ただし，「ない」以外に活用がない）となり，近世江戸語で今日のような形容詞型活用をするようになった．

願望の助動詞では，平安時代までは「まほし」が用いられていたが，院政時代に「たし」が生じて口語で勢力を増し，連体形「たき」のイ音便「たい」となった．

---

35)「売薬屋の銅人形見たやうに」（『浮世風呂』三・下）．

5.5 現代語への過程

現代語，とりわけ東京語の成立について，否定・過去・推量という文法的カテゴリー，および丁寧語をめぐる形成過程を論じることで，その一端を記す．

(1) 否定の表現

19世紀の江戸語において，否定の助動詞「ない」が形容詞「ない」の影響で「なかろ（う）」「なかっ（た）」と活用されるようになった．

　　　　四五日おれが来なかったから、うるさくなくってよかったらう．
　　　　　　　　　　　　（曲山人『仮名文章 娘 節用』天保2〜5年〈1831〜1834〉）

『安愚楽鍋』（仮名垣魯文，明治4〜5年〈1871〜1872〉）では，武士に「ぬ（ん）」，町人の男性に「ねえ」，女性に「ない」が多く用いられているように，明治初期には江戸の町人階層で「ない」が一般的となっていた．こうして，否定の助動詞「ぬ（ん）」はしだいに勢力を失い，「ません（ぬ）」以外には用いられなくなった．

　過去否定は，室町時代に「なんだ」という言い方が生じ，江戸語でも当初それが用いられていたが，江戸時代末期には「なんだ」と「なかった」が並用されていた．『安愚楽鍋』では，武士に「なんだ」，町人に「なかった」が用いられているが，「なんだ」は明治22（1889）年前後を境に衰退した．

(2)「ます」と「です」

「ます」は「まゐらす」[36]の転で江戸時代前期に生じたが，明治初期以降広く用いられて，その否定形も「ませぬ」から転じた「ません」が一般的となった．「です」は「でございます」から転じたもので，活用形は「です」一型だけであったが，江戸時代末期には未然形「でせ（う）」・連用形「でし（た）」も生じた[37]．もとは「だ」と「でござり（い）ます」の対立であったものが，より簡略な敬意を表す「です」が人々に広く受け入れられたために，その過去形には「だった」「で

---

[36] 「まうす」の影響もあるかとする説もある．
[37] 江戸時代化政期（享和4〜文政13年〈1804〜1830〉）ごろまでは幇間・医者・男だてなどの特定の男性が用い，江戸時代末期には武士・町人にも用いられるようになった．

ござり（い）ました」に「でした」が新たに加わった．そして，明治20年代には言文一致運動と相まって勢力を増し，この時期「動詞＋です」も少なからずみられた．

　其処までは道程一里半余り、二里近くあるです。
　　　　　　　　　　　（嵯峨の屋御室『野末の菊』明治22年〈1889〉）

　オホヽヽと答たです。
　　　　（饗庭篁村『むら竹』八巻・小町娘，明治22～23年〈1889～1890〉）

その過去形には「たです」という言い方も現れたが，「ます」「ました」の慣用を退けるには至らなかった．

「ません」という否定の丁寧体は明治後期には一般的になるが，それまでの過程には，次のような「ませんです」「ましない（ましねえ）」「ないです」などの言い方もあった[38]．

　私些ともあの人を恐れてはをりませんです。
　　　　　　　　　　　　（尾崎紅葉『金色夜叉』明治30～35年〈1897～1902〉）

　述べきれましねへ。
　　　　　　　　（三遊亭円朝『怪談牡丹灯籠』速記本，明治17年〈1884〉）

　旅順がとても取れないですな。（田山花袋『田舎教師』明治42年〈1909〉）

(3) 過去否定の丁寧体

「ませなんだ」は上方語にみえるもので，これが江戸語でも用いられた．

　まだ正月の礼にさへ参りませなんだ。
　　　　　　　　　　　（近松門左衛門『傾城阿波の鳴門』元禄8年〈1695〉）

江戸時代末期には町人層では「ましなんだ」と転じた形がふつうに用いられたが，それも明治に入るとほとんどみえなくなる．それは，「なんだ」が「なかった」に取って代わられたため，「ませなんだ」という言い方を避けるようになったからであった．これに取って代わったのが「ません」を体言として承け「だった」が接続した「ませんだった」で，幕末期に生じた．

　貴君に驚かされるとは少しも気がつきませんだったよ。
　　　　　　　　　　　（『春色連理梅』五・上，嘉永5～安政5年〈1852～1858〉）

38）　ほかにも「決して他の下剤を用ゐるに及ばぬです」（『日本小児教養論』），「解らんです」（尾崎紅葉『金色夜叉』）などがあった．

しかし,「ませんだった」は「ます」という丁寧体に対して普通体の「だ」が付くという矛盾した形式であったために,新たに丁寧体「です」の過去形「でした」が付いた「ませんでした」が成立するに至った.

　　イイエ、ツイぞ今までこんな事はありませんでした。

（『花暦封じ文（はなごよみふうじぶみ）』三・15, 慶応2年〈1866〉）

「ませんでした」は明治20（1887）年ごろには広く用いられるようになったが,過去否定の丁寧体にはこのほかさまざまな言い方がみられた.

　　アレまア、張さんで被在（はり）つたのをお見それ申してサ済まないでしたねへ。
（滝亭鯉丈・為永春水『滑稽和合人』角書, 文政6〜天保15年〈1823〜1844〉）

　　何さんだとも、名はまだ申し上げんでした。
（若松賎子「我が宿の花」『女学雑誌』325号, 明治25年〈1892〉）

　　まだ御吹聴をいたしませんかったが、（『秘登利古刀（ひとりごと）』天保10年〈1839〉か）

(4) 推量の表現

「だろう」は江戸語において「であろう」から成立した.

　　弐百五十取らすに行ねへな。琴公も行くだらうの。
（『美地之蠣殻（みちのかきがら）』自序, 安永8年〈1779〉）

その丁寧体「ますだろう」は人情本にきわめて多くみえ,江戸時代末期から明治初期にかけてはかなり用いられた.

　　てうどにしにあたりますだらふ。
（為永春水『春色梅児誉美（しゅんしょくうめごよみ）』天保3〜4年〈1832〜1833〉）

しかし,丁寧体に普通体が付くという矛盾があったため消滅してしまった.また,「動詞＋ましょう」も用いられることがあったが,「う」がもっぱら意志を表すことから,この形式も意志形となって,推量では用いられなくなった.これらに代わって用いられたのが「動詞＋でしょう」で,明治20（1887）年ごろから広く用いられるようになった.

　　飼馬町か中橋あたりから往でせう
（朧月亭有人『春色恋廻染分解（しゅんしょくこいのそめわけ）』三・下, 万延元〜慶応元年〈1860〜1865〉）

過去推量では,「たろう」「ましたろう」が幕末から明治前期に用いられていた.

　　サクバンイツタロウ
（ブラウン（S. R. Brown）『日本語会話』文久3年〈1863〉）

5.5 現代語への過程

　　ハイ アノヒトハ イマジブン タチマシタロウ
　　　　　　　　（ガラタマ（Gratama）『英蘭会話訳語』明治元年〈1868〉）

しかし,「ただろう」「たでしょう」がこれに取って代わり,明治20（1887）年以降一般化した.

　　マンザラ泥棒だとも思はなかっただらふよ.
　　　　　　　　（「海舟先生高談」『女学雑誌』500号,明治32年〈1899〉）
　　おやお前さんお帰りか,今日はどんなに暑かつたでせう.
　　　　　　　　　（樋口一葉『にごりえ』明治28年〈1895〉）[39]

ところで,現在形否定の推量の丁寧体は明治前期には「ませぬ（ん）だろう」「ませんでしょう」が用いられていた.

　　カシカタハ イチモンモ トレマセヌ ダロウ　　　　（『英蘭会話訳語』）
　　然なれば算術なんどは無論上手の達人でなくチャーいきませんでせう.
　　　　　　（巌本善治「梅香女史の伝」『女学雑誌』4号,明治18年〈1885〉）

これが明治20年代以降,しだいに「ないでしょう」に取って代わられた.

　　ホントニ服部さんのやうに勉強しては,体がつづかないでせうネ.
　　　　　　　　　　　（三宅花圃『藪の鶯』,明治21年〈1888〉）

その普通体では江戸時代から「まい」が用いられてきたが,明治初期には江戸の町人層で「ないだろう（ねえだろう）」も用いられるようになった.

　　酒を見かけちやアにげられねへだらう.　　（『安愚楽鍋』諸工人の侠言）

(5) 変化の背景

明治時代前期における言語の混乱が収束していく方向性には,次の二つの原則が指摘できる. 一つは,連語における丁寧さを語末に位置させること（略号「丁寧」），もう一つは文法的カテゴリーを分析的にいい表すこと（略号「分析」）である.

〔過去否定〕　　　　　なんだ→（分析）→なかった
〔過去否定の丁寧体〕　ませなんだ→（分析）→ませんだった→（丁寧）→ませんでした
〔推量の丁寧体〕　　　ますだろう→（丁寧）→でしょう
〔過去推量〕　　　　　たろう→（分析）→ただろう

---

39)「たでしょう」はもと遊里で多用されたものかといわれている.

〔過去推量の丁寧体〕　ましたろう→（分析・丁寧）→たでしょう
〔否定推量〕　　　　　まい→（分析）→ないだろう
〔否定推量の丁寧体〕　ませぬ（ん）だろう→（丁寧）→ないでしょう

　この二つの原則は，ことばを分析的に表現することで明晰化を図ろうとする欲求であり，コミュニケーションのうえで相手に対して丁寧にいいきろうとする心理であると考えられる．言語の変化がその体系になじむ合理性によって貫かれていることが確認される．

第6章　待遇表現史

6.1　待遇表現のあらまし

(1) 待遇表現の分類

　待遇表現とは，話題の人物や聞き手に対する，話し手の敬意・親愛・侮蔑の感情などを，場面・状況に応じてことばや身振りなどに表す表現全般をいう．言語表現に限っても，いわゆる敬語（敬意表現）のほか，「貴様」「ぬかす・ほざく（＝言う）」「笑いやがる」のような軽卑表現，「俺様」「許してつかわす」「うそを申せ」のような尊大表現などがある．本章は，狭義の敬語を中心に概説することにする．

　敬語は，「尊敬語」「謙譲語」「丁寧語」の三種に分けるのが一般的であり，尊敬語と謙譲語は，話題の人物（話し手・聞き手が含まれることもある）の上下関係を示す素材敬語，丁寧語は，話し手の聞き手に対する配慮を示す対者敬語であるとされる．しかし，実際にはこれに当てはまらない事例もあり，2007年の文化審議会の答申では，従来の三分類に代え，五分類の採用が提案されている．「明日京都に参ります」「田中と申します」などは，三分類では謙譲語とされるが，対者敬語としての性格が強い．そこで，従来の謙譲語を，素材敬語である謙譲語Ⅰと，対者敬語である丁重語（謙譲語Ⅱ）に分けることになる．また，「お菓子」「お料理する」などは，話題の人物の上下関係を表すわけでもなく，聞き手に対する配慮を示すわけでもない．話し手の品位保持のために働く敬語ということで美化語とされる．

　しかし，文献資料に現れる，実際の敬語の用例を分類することは，それほど簡単ではない．丁寧語の多くは，謙譲語（丁重語）・尊敬語から転用されたものであり，たとえば，「侍り」は丁寧語と丁重語の両用法の区別が難しい．美化語「お

～」も来源は尊敬語「おほむ」であるが，古典語の「おほむ」にも美化語用法と解されるものがある．また，「まゐる」のように謙譲語から尊敬語に転用された語もある．各分類の敬語は，決して画然と分かれるものではなく，用法のうえで連続性をもっているのである．

(2) 敬語の歴史的変化
a. 敬語の変化の要因
　敬語は，音韻・文法などのほかの言語要素に比べて，歴史的な変化の起こりやすいものである．敬意を含む言語表現は，くり返し使われるうちに敬意が減じていく（敬意逓減の法則）．現在では敬意が皆無となっている「お前」「貴様」が，古くは尊敬語であったことは，よく知られている．そして，「お前」などが，当初の役割を果たさなくなった穴を埋めるために，別の形式が，新たに使用されるようになる．また，補助動詞や助動詞は発音が緩みやすいので，「まゐらす（る）＞まらする＞まする＞ます」のように，語形が磨り減っていくことがある．語形の短縮とともに減じた敬意を補うために，別の敬語要素で補強したりもする（敬意の度合いは，おおむね敬語形式の長さに比例して受け取られる）．このような歴史的な変化のあり方は，音韻史・文法史の場合とは大きく異なるものである．
　また，敬語は社会の変化の影響も受けやすい．第二次世界大戦後は，家庭内で両親・祖父母に対して敬語を用いることは一般的ではなくなった．それとともに，敬語の習得も，家庭ではなく学校や会社で，言語形成期の終盤以降に行われるようになった．

b. 敬意表現の形成
　尊敬表現・謙譲表現・丁寧表現のいずれにおいても，一般の動詞の連用形に補助動詞を下接させる形式がある．そして，尊敬語の「たまふ」「たぶ」「おはします」，謙譲語の「きこゆ」「まうす」「たてまつる」，丁寧語の「はべり」「さぶらふ」などの敬語補助動詞は，いずれも敬語の本動詞に由来する．このような具体的動作と敬意とを組み合わせる分析的表現は，きわめて高い生産性をもつことになる．中世以降も，新しく創出される述部の敬意表現は，「つかまつる」「おぢゃる（お出ある）」「おりゃる（お入りある）」などの既存形式を転用して組み合わせるシンプルなものが多い．

c. 絶対敬語から相対敬語へ

現代日本語の敬語は，相対敬語であるといわれる．たとえば，企業において，社内では「社長が～とおっしゃっている」と社長の動作について尊敬語を用いても，社外の取引先に対しては，「社長は～と申しております」のように謙譲語（＋丁寧語）を用いるのが一般的である．一方，古代の敬語は，話題の人物が敬意を払うべき対象であれば，話し手との関係や場面によらず，尊敬語・謙譲語を用いる絶対敬語的性格が強かったとされる．特に，天皇や神は，自身の動作に尊敬語を用いたり，自身に対する動作に謙譲語を用いたりする，いわゆる自敬表現を使用することがあった．自敬表現の用例のなかには，直接話法と間接話法が混淆したもの，伝言者の言い換え，と説明できるものもあるが，鎌倉時代の天皇自筆の日記類には自敬表現が頻出する（西田，1972）というので，古代語においては，正規の表現であったと考えるべきであろう．

以下，尊敬語・謙譲語・丁寧語について概説する（各時代の代表的な語・表現のリストは付表13参照）．

6.2 尊 敬 語

尊敬語は素材敬語の一種で，話題における動作の主語にあたるものを上位者として扱う敬語である．為手尊敬ともいう．

(1) 最高敬語と自敬表現

天皇や皇族に対しては，通常の尊敬語よりも敬意の度合いが高い表現が用いられることがあった．「せたまふ・させたまふ・しめたまふ」「御覧ぜさす」「のたまはす」のように，尊敬表現を重複させたものが，一つの典型である．ただし，尊敬表現の敬意は時代とともに減じやすいこともあり，天皇などに限定的に使用される尊敬語と通常の尊敬語とを，常に画然と区別できるわけではない．

また古代語では，天皇や神などが，自分自身の動作に尊敬語を用いることがあった．ただし，古代語においても，天皇や神が常にこの自敬表現を用いるわけではない．現代語では，このような表現は，冗談や時代劇・漫画におけるある種のキャラクターに用いられる程度で，尊大表現に分類される．

食す国の遠の御朝廷に汝等らがかく退去なば平けく吾は遊ばむ手抱きて我は御在む天皇朕うづの御手もち掻き撫でそねぎ賜ふ打ち撫でそねぎ賜ふ還り来む日に相飲まむ酒そこの豊御酒は　　　　　　（『万葉集』973）

（後白河法皇）「いかさまにも、今夜うしなはれなんずとおぼしめすぞ。御行水をめさばやとおぼしめすは、いかゞせんずる」　　（覚一本『平家物語』）

(2) 尊敬語と受身・使役表現

古代語では，尊敬語と受身表現が組み合わされることがふつうにある（これにさらに謙譲語が下接することもあった）．現代語では，「「早く帰れ」と先生におっしゃられた」のような言い回しは不自然である．

　人数にもおぼされざらむ者ゆゑ、我は、いみじき物おもひをや添へん

（『源氏物語』明石）

　びんなき事、聞こし召しつけられじ　　　　　　　　　　（澪標）

　つれなくのみもてなして、ごらんぜられたてまつり給ふめりし

（夕顔）

同様に，「客にケーキを召し上がらせた」のような，尊敬語と使役表現の組み合わせも，現代語では不自然なものとなっている．

　その人と聞こえもなくて、かう（源氏ニ）思し歎かすばかりなりけむ宿世のたかさ　　　　　　　　　　　　　　　　　　　　（『源氏物語』桐壺）

　「つれなきは苦しきものを」と、（匂宮ニ）一ふしを思し知らせまほしくて、心解けずなりぬ　　　　　　　　　　　　　　　　　　　　　（総角）

(3) 所有者敬語

現代語でも，「ワンちゃんが入院なさったそうですね」「あなたの作品が賞をお取りになりました」のように，敬意を払うべき人物の体の一部や所有物に対して敬意表現を用いることがある．過去の日本語でも同様であるが，その適用可能な範囲には時代差がある．

　しのぶれど、涙ほろほろと、こぼれ給ひぬ　　　（『源氏物語』賢木）

　　cf. みな人、涙落とし給ふ　　　　　　　　　　　　　　（桐壺）

(4) 皮肉としての尊敬語

軽卑表現のなかで，あえて尊敬語を用いることがあるのは，古代語も現代語も同様である．

　おもしろき事の給ふくそたちかな　　　　　　　　　　　（『宇津保物語』）

6.3　謙　譲　語

謙譲語は素材敬語の一種で，話題における動作の受け手や対象を上位者として扱う敬語である．受手尊敬ともいう．

(1) 最高敬語と自敬表現

「奏す（＝天皇・院に申し上げる）」「啓す（＝皇太后・皇后・皇太子などに申し上げる）」は，特定の受け手について用いられるので，絶対敬語的性質をもっているといえる．「申す」「聞こゆ」などよりは敬意が高いので，最高敬語である謙譲語ということになる．

自敬表現の一種に，自らに対する動作を，話し手が謙譲語で表現するというものがある．ただし，神や天皇が常に自敬表現を用いたわけではないのは，尊敬語の場合と同様である．現代語におけるこの種の表現は，尊大表現に分類される．

　己が家々、己が門々、祖の名失はず勤め仕へ奉れ

　　　　　　　　　　　　　　　　（『続日本紀』宣命・16詔，西暦757年）

　宮なのめならず御感あって「われしなば、此笛をば御棺にいれよ」とぞ仰せける。「やがて御ともに候へ」と仰せければ、…　　（覚一本『平家物語』）

(2) 謙譲語と受身表現

現代語では，「先生に叱られ申し上げた〜お叱られした」のような，受身の謙譲表現は，まず使用されない．「先生がお叱りになった〜叱ってくださった」のように，上位者を主体にした表現を用いるのが一般的である．しかし，古代語では，「れ奉る」「られ奉る」などの形で，ふつうに用いられた．

　わが心の、あまりけしからぬすさびに、かく恨みられたてまつるぞかし

　　　　　　　　　　　　　　　　　　　　　　　　（『源氏物語』紅葉賀）

　心カラ物ヲ惜ムデ、其達ニ此ク被責申シテ　　　　　　（『今昔物語集』）

其の後、この女、宇治殿に思はれ参らせて　　　　　（『宇治拾遺物語』）

(3) 二方面敬語

　古代語においては，動作の為手と受手の双方に同時に敬意を表現するために，謙譲語と尊敬語を重ねる形式が，広く使用された．現代語において，為手と受手に同時に敬意を示す形式は存在しない．

　　年ごろ馴れむつびきこえたまひつるを、見たてまつり置く悲しびをなむ、
　　返々のたまひける　　　　　　　　　　　　　（『源氏物語』桐壺）

(4) 丁重語化

　古代語においても，三分類で謙譲語に分類される語のなかに，対者敬語としての性質をもつものがある．上代には謙譲の本動詞・補助動詞であった下二段活用「たまふ」は，平安時代には，補助動詞として，もっぱら対話や消息文における話し手自身の動作「思ふ」「見る」「聞く」に接続し，話題内の敬意の対象が明確ではないことが多い．したがって，丁重語化していると考えられる．丁寧語の補助動詞「はべり」「さぶらふ」も，謙譲語の本動詞を起源とするものであり，丁重語の段階を経て，話し手側以外の動作にも用いられるようになり，丁寧語へと変化したものと推測される．

(5) 尊敬語化

　「まゐる」は，「差し上げる・奉仕する」意の謙譲語であるが，奉仕者の動作を，奉仕を受ける側の動作として表現したことから尊敬語用法が発生し，さらに中世になると，尊敬の補助動詞としても用いられた．同様の経緯で謙譲語から尊敬語用法を派生した語には，「まゐらす」「たてまつる」などがある．

6.4　丁　寧　語

　丁寧語は対者敬語の一種で，話し手の聞き手に対する配慮を示す．聞手尊敬ともいう．

　上代には，丁寧語が存在しなかった．平安時代の丁寧語の本動詞・補助動詞「はべり」「さぶらふ」は，いずれも謙譲語から転用されたものである．同様に，中世

6.4 丁寧語

の丁寧語「つかまつる」「まらする」も謙譲語から派生したものである．一方，同じく丁寧語の「ござる」「おぢゃる」「おりゃる」などは，尊敬語から転用されたものであった．

　さくらのはなのちり<u>侍ける</u>をみてよみける

　　　　　　　　　　　　　　（紀貫之ら（撰）『古今和歌集』延喜5年〈905〉）

　姫宮のおまへの物は、れいのやうにては、にくげに<u>さぶらはむ</u>

　　　　　　　　　　　　　　　　　　　　　　　　（清少納言『枕草子』）

　昔にも末代にも、このやうな人わ稀なことで<u>ござる</u>

　　　　　　　　　　　　　　　　　　　　　　　　（天草版『平家物語』）

　身どもは都辺土の者で<u>おぢゃる</u>　　　　　（虎明本狂言「宗論」）

　それは猿で<u>おりゃる</u>か　　　　　　　　　（虎明本狂言「靭猿」）

　平安時代には，尊敬語と丁寧語を同時に用いることはなかったが，中世以降，尊敬表現「御～あり」の丁寧語形「御～さぶらふ」が発達するなど，丁寧表現の使用領域が広がっていき，尊敬＋丁寧の表現は，形式的にも多様なものができた．現代語では，敬意表現自体が，聞き手への配慮を中心的な役割とするようになってきている．

第7章　文　体　史

　文法史，文字史，音韻史などと比べて，文体史の概説は特有の難しさがある．それは，日本語学の分野で「文体」の定義が必ずしも一定しておらず，共通の認識に至っていないということがあり，これをどのように捉えるかによって記述の仕方も変わってくるからである．
　この方面の優れた研究書のいくつかは，次のピエール・ギロー（Pierre Guiraud）の定義を「最大公約数的な定義」と認め，ここから議論を出発させている．

　　文体とは，話し主あるいは書き主の性質と意図によって決定される表現手段
　　の選択から生じた陳述の様相である．

　この定義で重視したいのは，ある同じ内容を表現する際に，いくつかの手段があって（＝ギローは「文体的異形」という），その一つを選択したときに，ほかの表現手段とは異なる特徴が現れるという点である．
　たとえば，〈花が咲く〉という内容を，「花咲」と漢字列によっても表現できるし，「はなさく」と平仮名で綴ったり，「ハナサク」と片仮名で書いたりすることもできる．さらには，「花咲く」と漢字に平仮名を交えてもよいだろう．どの文字（＝表現手段）で表現しても，〈花が咲く〉という内容には変わりがない．このような場合に，それぞれ，漢文，平仮名文，片仮名文，そして，漢字平仮名交じり文というように呼ばれる文章が成り立つ．
　ただし，従来の文体史の記述の仕方では，この文字・表記の観点だけで描くことは一般的ではなく，これらを「表記体」といって，文体を構成する一要素とみなしている（第3章参照）．つまり，文体史は，特定の観点のみから記述するのではなく，その時代の文章の特徴が端的に浮かび上がる観点を重視して記述するのである．したがって，文法，音韻，語彙などのさまざまな観点から文章を観察し，

これらの諸特徴を統合する形で文体を捉え，これを時代の流れのなかで位置づけることによって文体史を記述することになる．

文体史は，文章を対象としてその特徴を時代ごとに記述するので，時代が下って文章ジャンルが多種多様になるにしたがって，その記述は煩瑣をきわめるであろう．この章では，日本語の文体史を概観するうえで，重要なものに限って解説することにする．

7.1 漢 文 体

平安時代になって仮名が誕生するまでは，漢字のみを用いて文章を書いていた．これらの漢字文を表記体とする文体には，「漢文体」「変体漢文体」「宣命体」「万葉仮名文」があるが，「宣命体」と「万葉仮名文」は第3章3.2節でやや詳しく紹介したので，ここでは，「漢文体」および「変体漢文体」について述べる．

(1) 漢文体（和化漢文体）

奈良時代までの正式な公文書は，みな漢文体で書かれ，中国語として読むことができるように書かれた文章である．正統な歴史書や法制の書，また漢詩文など中国に範のある文章はこれに倣って日本人も漢文で記した．これは，当時の日本人にとっては，中国語が書きことばとしての模範であり，古典中国語である漢文を学習し，これによって文章を書きつづったのである．しかし，母国語でないゆえに，当時の日本人が書いた漢文体にも，しばしば日本語的な要素が混入したり，漢文には通常用いない言い回しや，漢語の本来の意味ではなく日本側で変化させて用いる場合の言い方があった．これを「和習」（「和臭」とも）という．

中国式の純粋の漢文を「純漢文」あるいは「正格漢文」というのに対して，こういった「和習」が混入している漢文を「和化漢文」といって区別することがある[1]．しかし，従来の「純漢文」とされた文章には何らかの「和習」が混在しており，ほぼ「和化漢文」といい改めても誤りではない．

正統な歴史書である『日本書紀』（舎人親王（撰），養老4年〈720〉）でさえ，この「和習」が混在しているとされ，さらに，古代朝鮮半島で書かれた漢文（「俗漢

---

1) 「和化漢文」の定義には，ここでいうような，「純漢文」の作成を志向しつつも「和習」が混入している文体の意と，次の「変体漢文体」と同じ意で用いる場合とがある (3.1節 (4))．

文」また「韓化漢文」とも）の影響もみえるという．

　要するに，中国に範があり，これを志向する文体を漢文体（和化漢文体）というのであって，奈良時代には，『日本書紀』のほか，『懐風藻』や『経国集』（良岑 安世・菅原清公ら（編），天長 4 年〈827〉），『文華秀麗集』（藤原冬嗣・菅原清公ら（編），弘仁 9 年〈818〉），『凌雲新集』（小野岑守・菅原清公ら（編），弘仁 5 年〈814〉）をはじめとする漢詩文集，その他，金石文，詔勅や官符の公文書，『法華義疏』といった仏書があった．ついで平安時代にも史書では，『続日本紀』（延暦 16 年〈797〉），『類聚三代格』『令義解』（菅原清公ら（編），天長 10 年〈833〉）などがあり，『西宮記』（源高明（撰）），『江家次第』（大江匡房）といった有職故実の書もあった．また，漢詩文集には，『菅家文草』（菅原道真，昌泰 3 年〈900〉），『本朝文粋』（藤原明衡（編））『本朝続文粋』があり，中世以降も脈々と書き継がれるが，徐々に「和習」が増えるようになり，「変体漢文体」に接近していくことになった．

(2) 変体漢文体（記録体）

　中国人にも通じる漢文は，高度な語学力が必要とされただけでなく，日本語として記録したり，相互の意思伝達を果たす手段としては不便な点も多々あった．そこで日本語話者に正確に伝わる，より実用的な日本語文としての漢文体が，和化漢文から発達してくるようになる．

　変体漢文体が漢文体と異なる点は，おおよそ次のようである．

①語順が，しばしば日本語式になる．

②純漢文にない漢字の用法がある．

③敬語の補助動詞など，漢文を訓読する際に補読する語が漢字表記されている．

④和製漢語が用いられる．

　表記面だけでは中国漢文とは区別することの難しい変体漢文体は，このように，語法，語彙の点においてその特徴が明確になる．

　①に関しては，「訓漢字」あるいは「定訓」と呼ばれるような，中国漢文に比べて，一語の漢字表記は限定的であって一つの漢字が対応することが多いという特徴も見逃せない．変体漢文体の文章中の漢字は，あえてこれを採用し，中国漢文では，使役の助字に「使」「令」「遣」「教」などがあっても，変体漢文体では主に

「令」で書き表す．また，比況の助字に「如」「若」「類」「等」などがあっても，変体漢文体では「如」をもっぱら用いる．このように，中国漢文では表現手段のヴァリエーションが豊かであったものを限定的にすることによって，誤読を避けようとしたのである．

『古事記』は，序文以外，この変体漢文体で綴られた著名な文献である．『風土記』や『万葉集』の題詞や左注などもこれに類似の文体である．

こうして，実用性に優れた変体漢文体は，平安時代に入って，公文書，私文書，そして，『貞信公記』(藤原忠平)，『御堂関白記』(藤原道長)などの公家日記に広く用いられるようになり，隆盛をみる．このように，貴族の儀礼，行事の記録に用いられたことから，「記録体」と呼ばれることもある．このほか，平安時代の変体漢文体の文献としては『日本霊異記』『将門記』や高山寺本『古往来』などがある．また，鎌倉時代の『吾妻鏡』の文体にも用いられたことから，「東鑑体」とも呼ばれる．

右のような変体漢文体の文章は，以後，明治10年代に至るまでながらく書き継がれた．平安時代には仮名が誕生し，今日と同じように漢字仮名交じり文も誕生するが，この変体漢文体も廃れなかったのである．その理由は，中国文化の権威が保存されていたこともあろうが，表語文字である漢字列のみの文章のほうが情報蓄積能力に長け，記録実用上の利点が大きかったことにもよると考えられる．

> 入道源三品敗北之後、可レ被レ追討国々源氏之条、康信申状不レ可レ被レ処ニ浮言一之間、遮欲レ廻ニ平氏追討籌策一。
> (『吾妻鏡』治承四年六月二十四日)

7.2 和 文 体

「和文体」は，表記体としては，日本語をそのまま平仮名で書いた仮名文がこれに当たるが，その表記体ごとに，語法や語彙上の面でも共通する特徴があり，この観点を含めて「和文体」と称する．平安仮名文学作品の，『源氏物語』(紫式部)や『枕草子』(清少納言)などがその典型であって，一文が長く，朧化表現に富み，係り結びが発達し，助動詞が豊富であるほか，漢文訓読体と対立する，語法，語彙上の特徴が存する (7.3節参照)．

『古今和歌集』(紀貫之ら(撰)，延喜5年〈905〉)仮名序や『土左日記』(紀貫

之,承平5年〈935〉),『竹取物語』などの平安初期和文では,漢文訓読に用いる語も使用されるが,『源氏物語』を頂点として仮名文学が黄金時代を迎えると,博士の会話文などの特殊な場面を除いて漢文訓読に用いる語は用いられなくなり,平安後期物語の『夜の寝覚(よわのねざめ)』『狭衣物語(さごろも)』も漢文訓読の語法はほとんどみられない.

この和文は,鎌倉時代以降,言文二途に分かれ,書きことばのみの文体となると,『徒然草』(吉田兼好)などに「擬古文」として継承され,江戸時代中期以降,国学者などに採用された「雅文」へと繋がる.

7.3 漢文訓読体

漢文訓読体とは,漢文の文章を読解するために,原文に訓点を施して日本語に置き換えたものであり,漢文を読み下した日本語としての文章をさす.

漢文を訓読する手法は,奈良時代から存したとみられるが,平安時代にはさかんになり,今日発見されている訓点資料の数も膨大な量になる.

その訓点(ルビは片仮名,ヲコト点は平仮名で表示している)によって読み下してみると,

　　天-地を動カシ鬼-神を感ゼシムルには詩於近ギタルは莫(シ)

という訓読文ができる.たとえば,この傍線部「シムル」は使役を表す助動詞「シム」の連体形であるが,この語は通常和文にはみられない.和文に使役表現が出現しないのではなく,別の語がこの表現を担っていると考えられ,それは,

　　そこなる人に、みな滝の歌よます。　　　　(『伊勢物語』第八十七段)

のように,「す」(また「さす」)であると考えられる.

このように,同じ使役の意を表す表現でも,訓読文では「シム」を,和文では「す」を用いるのであって,語形選択から端的に両者の文体上の特徴が浮かび上がるのである.

さらに,例を挙げれば,程度の大きい意を表す場合に,漢文訓読の世界では,

動　天-地を感(カシ)ゼシムルには鬼-神を莫(ヨリスギタル)於近詩 (書陵部本『群書治要』建長点)

彼の佛滅（し）タマヒシヨリ已来、甚(ハナハダ)大久（し）ク遠し
(立本寺本『法華経』寛治点)

と「ハナハダ」を用いるところを，和文では，

まいて雁などのつらねたるが、いとちいさくみゆるはいとをかし
(『枕草子』春はあけぼの)

のように，「いと」が使われる．また，不可能を表すのは，訓読文では，

汝、命を敬ムこと能(ツツシ)不(アタハ)
(高山寺本『史記』殷本紀建暦点)

とように「…（コト）アタハズ」であるが，和文は，

おしはかるに、それさへいとはづかしくて、えおとづれやらず
(『紫式部日記』)

と「え…ず」の表現を採る．

　この漢文訓読体は，寺の僧侶や儒者の手によって次代へと継承される．室町時代以降朱子新注学の伝承によって，漢籍の訓読に変化が生じた（『桂庵和尚(けいあんおしょう)家法倭点(かほうわてん)』）．江戸時代には，これを承けながら，前期には，林羅山の道春点，山崎闇斎の闇斎点があり，後期には後藤芝山の後藤点が普及し，これを承けた佐藤一斎の一斎点へと至る．後期に入って，直訳的な訓読法が主流になり，明治になって，明治45（1912）年に「漢文教授に関する調査報告」がまとめられ，これが現在の漢文の教科書の読み方の基準になっている．

　古代以来江戸時代まで受け継がれた漢文訓読の語法は，明治時代の欧文翻訳にも応用され，さらには現代日本語の文章語へと繋がっていく．

　平安時代の，仮名文学にみえる「いと」や「かたみに」「とく」などは，今日は使わず，〈古語〉として意識されているが，これと同義の漢文訓読語，「ハナハダ」や「タガヒニ」「スミヤカニ」は，文章語の固い言い回しであるが，現代でも通用するものである．

7.4　和漢混淆(交)文

　「和漢混淆(交)文」は，『平家物語』や『方丈記』（鴨長明）などの文章を指すことばであるが，一般には次のような説明がなされている．

　　表記は漢字仮名混じりであり，漢字や漢語を多用し，漢文独自の修辞法である対句表現や倒置法を取り入れ，和語を漢文訓読風に改めて用いている．こ

のような文体を和漢混交文という．

(東京書籍『古典Ⅱ』平成8年〈1996〉)

　しかし，この説明ですっきり理解できるかというと必ずしもそうではない．なぜなら，平安時代の和文体の文章にも，漢語が用いられることはあるし，対句的な表現もみえないわけではないからである．

　平安時代の後半期には，仮名文学作品の和文体と，訓点によって読み下した漢文訓読文体とは語彙・語法のうえで顕著な対立をみせ，両者の文体が確立してくる．和文語を用いる文章には，通常訓読語はみえず，逆に訓読語を用いる訓点資料に和文語は無条件には出現しないのである．

　この，和文語と漢文訓読語が一文章中に混在することをもって，和漢混淆文ということができるのであり，それは，早くに最古の片仮名交じり文として著名な9世紀（平安時代初期）の『東大寺諷誦文稿』にその現象が現れている．

　しかし，一般には，平安時代後期（11世紀）すなわち，両文体が確立して以降の文章にこういった混在現象が確認される場合に，和漢混淆文と呼んでいる．

　12世紀（院政時代）の代表的な説話集『今昔物語集』は，和文語と漢文訓読語の双方が用いられている．しかし，それは，満遍なく混在しているのではなく，巻二十を境として前半に訓読語が，後半に和文語が偏って出現している．これは，仏教説話を集めた前半が漢訳仏典の類，世俗説話を集めた後半が仮名文学の類を出典としているために，その元の文体の影響を承けた結果であると解釈されている．その意味では，和漢混淆文というよりは，和漢折衷文と呼んだほうが適当である．

　本格的な和漢混淆文としては，『平家物語』がまず挙げられるだろう．確かに同じ巻に，和文語と漢文訓読語が交えて用いられ，さらに，和漢混淆文型といった特殊な語法もみえる．ただし，『平家物語』の文体要素は，これのみで説明し尽くすことはできず，これに，変体漢文体の用語（記録語），俗語，日本漢詩文の用語，古語などさまざまな位相語を取り込んだ貪欲な文体である．

　このように，「和漢混淆文」の定義や成り立ちには，未解決の問題が山積していて，今後の研究を待つところが大きい．

7.5 言文一致体

　平安時代末期から，日本語の文章は書きことば（「文」＝文語）が固定化し，話しことば（「言」＝口語）との隔たりが徐々に大きくなり，江戸時代には相当かけはなれたものとなった．「言文一致」とは，このような書きことばと話しことばの隔たった距離を縮めようとするものであり，その運動を「言文一運動」，これによって成立した文体を「言文一致体」と呼ぶ．

　明治初期の書きことばには，江戸時代の文体をそのまま受け継いで，漢文体，漢文直訳体，和文体（雅文体），候文体，欧文直訳体などが行われていた．これらの書きことばは，当時の話しことばとの隔たりが大きいものであり，これを埋める運動が起こった．その濫觴は，前島密の「漢字御廃止之議」（慶応 2 年〈1866〉）で「国文を定め」て「ゴザル」や「ツカマツル」を用いることを主張するところにも窺えるが，神田孝平の「平生談話ノ言葉ヲ以テ文章ヲ作レバ即チ言文一致ナリ」（明治 17 年〈1884〉）の説などを承けつつ，言文一致の文体を模索しながら，明治 20 年代に小説が続々と書かれるようになる．

　　寛保三年の四月十一日、まだ東京を江戸を申しました頃、湯島天神の社にて聖徳太子の御祭礼を執行まして、その時大層参詣の人が出て群集雑踏を極めました。　　（三遊亭円朝『怪談牡丹燈籠』落語，明治 17 年〈1884〉）

これは，『円朝講談速記本』の最初のもので，坪内逍遙はこのすぐれた話術を賞賛しており，二葉亭四迷の言文一致もこの文体の影響を受けている．

　近代小説の言文一致体は，その文末から，二葉亭四迷の「だ」調，山田美妙の「です」調，嵯峨の屋御室の「であります」調，尾崎紅葉の「である」調などが試みられた．

　　自分は座して、四顧して、そして耳を傾けてゐた。木の葉が頭上で幽かに戦いだが、その音を聞たばかりでも季節は知られた。

　　　　　　　（ツルゲーネフ（I. S. Turgenev）（著）　二葉亭四迷（訳）
　　　　　　　　　　　　　　　　　　　　　『あひゞき』明治 21 年〈1888〉）

西山を䫇(ふく)む二十三夜の残月、今些し前まで降続いた五月雨に洗はれた顔の清さ、まだ化粧は止めずに雲の布巾を携へて折々ハみづから拭つて居ます。夜半、それが此時の「美」の原素で、山里、それがこの処の「美」の源です。
(山田美妙『蝴蝶』明治 22 年〈1889〉)

思ふに此娘は、恰(あた)も野末の菊の開きもせず、散りもせず、幹の枯れると共に涸(しを)れる如く命(めい)を終るのでありませう？野末の菊、其が此娘の生涯でありませう。
(嵯峨の屋御室(おむろ)『野末の菊』明治 22 年〈1889〉)

如何にも其躯(むくろ)は葬られて、其形は滅したに疑ひは無いが、彼の胸の内には、その可愛い可愛い妻の類子は顕然(まざまざ)と生きてゐるのである。
(尾崎紅葉『多情多恨』明治 29 年〈1896〉)

　明治 30 年代には，高浜虚子が写生文に言文一致体を採ることを説き，新聞記事や手紙文にもこの文体で書くことが主張された．

　この言文一致体の流れを汲む口語体は，明治 36・37（1903・1904）年の国定教科書に採用され，学校教育を通して普及した．ただし，すべてのジャンルに及んだわけではなく，官庁の公用文や法令文などは昭和 21（1946）年まで旧来の文語体で書かれた．

第8章 位相語史

　本来ことばを使っているのは人間であるから，その人間は身分や階級によって上下関係を意識したり，性別によって話の特徴が違ったり，さらにまた出身地によって話し方が異なったりしていた．そういう年齢・階級・性差・方言・職業などによって生じたことばの違いを位相という．そして，それぞれの階層の人々が使っている特有の語彙を「位相語」と呼び，その歴史的変遷も日本語史にとって重要な一部分である．本章はそのすべてにわたって記述するのではなく，いくつか典型的な位相だけにしぼってそれぞれの歴史的な言語事実を記すにとどめる．

8.1　地域のことばの位相

　どの国・地域でも，都となるところは政治文化の中心であるだけでなく，言語の規範をもなす．そういう意味で考えると，奈良時代以前から江戸時代後期まで，日本語の規範は関西を中心とした地域であって，それに対して地方語は東日本および中四国，九州のことばであった．このことは早くも7世紀の『万葉集』に反映されている．巻十四の東歌や巻二十の防人歌などは，都からみれば，地方となる東国方言を反映するものであった．

　　草枕旅の丸寝の紐絶えばあが手と都気呂これの針もし（持ち）

（『万葉集』4420）

　上記は，武蔵の国に住む防人の妻が旅立つ夫に贈ったもので，〈夜は寝具とてなくごろ寝の旅の途次，もしも着物の紐が切れるようなことがあったら，どうか私の手だと思って付けてください．この針をもって〉という愛情のこもった歌である．

　この第四句「都気呂(つけろ)」という動詞命令形は，大和の中央語では「つけよ」とな

ることから，都からみれば方言というように意識される．この東西における「ろ／よ」の対立は今日に至っても変わっていない．さらにその命令形の変種がほかの地方にも広がり，「見る」を例にとると，

　　　四国「見い」　　関西「見よ」　　／　　関東「見ろ」　　北海道「見れ」

という分布となり，やはり東西にはっきり分かれていて，それぞれの内部において変化のバラエティをみせている．

中世の日本語を記述した J. ロドリゲスの『日本大文典』（巻二）では，日本の方言を「都，中国，肥後，肥前，筑後，筑前・博多，下（九州），備前，関東又は坂東」の 8 項に分けて，それぞれのことばの特徴を述べている．そこで挙げられている東西の方言差については，たとえば，

・打消しは関西の「ぬ」の代わりに関東では「ない」を使う．
・形容詞は関西の「良う」「甘う」に対して，関東では「白く」「長く」
　のように「く」を使う．

と，記述されている．

この日本語の東西における対立は，こうした文法的事項に限らず，語彙の面においても顕著に違いが現れている．よく知られているように，関西の「あほ」に対して，関東は「ばか」を使う．「おなご」と「おんな」もそれぞれ両方の地域で使われている．そして物の名前に関しても，東西がそれぞれ異なるものがあり，図 8.1 に示す，「カタツムリ」は東日本の言い方で，関西では「デンデンムシ」となる．このデンデンムシを中心にしてさらに周辺へいくと，「ツブリ」「ナメクジ」といった言い方も出てくる．分布からみて，東北では基本的に関東の言い方に影響されていることがわかる．

中世末期，南蛮伝来の「トウモロコシ」は，新しいことばとして都から広がったのではなく，日本各地でそれぞれ異なる形態を示している．図 8.2 をみると，やはり伝来ルートに近い九州，日本海一帯に「トーキビ」が多く，関東では「トウモロコシ」「モロコシ」が主流であるが，関西では「ナンバン」「ナンバンキビ」の類が多い．一方の東北では「トーキビ」と「モロコシ」の両方の類を含む言い方が多いことがわかる．

本来，地域によってもたらされたことばの違いは，基本的に都である京都を中心に徐々に周辺へ広がっていくうちに引き起こされたさまざまな形態上の変化であるが，東西にあるそれぞれの表現形式が奈良時代にすでに差異を存するなら

8.1 地域のことばの位相

図 8.1 カタツムリとデンデンムシ（国立国語研究所『日本言語地図』より）

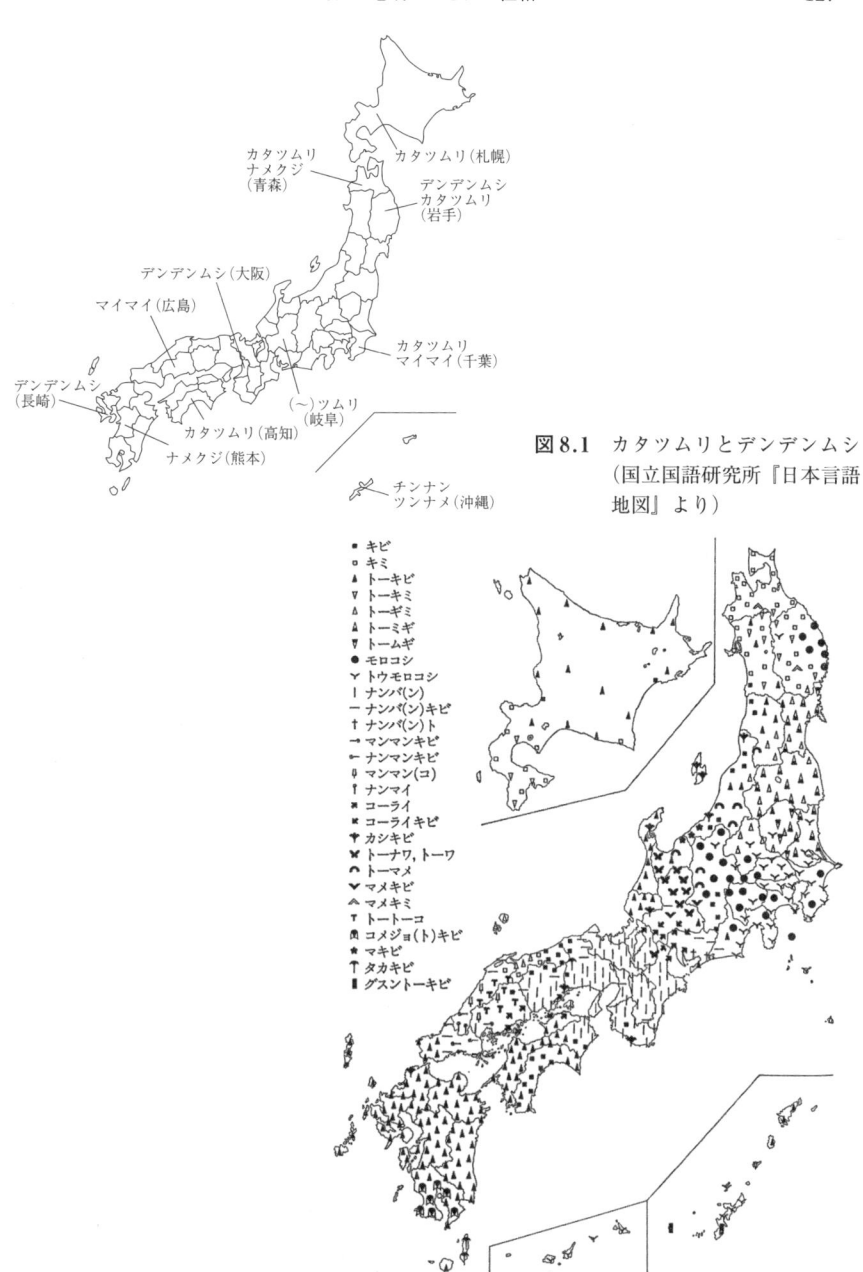

図 8.2 トウモロコシの呼称（国立国語研究所『日本言語地図』より）

ば，むしろ，西日本からの影響を受ける前に，東日本の古い言い方が残っている証拠とみることもできる．ひいては第4章の冒頭でふれたように，「接木」の両端を反映しているともいえよう．

8.2 謙譲と敬意の歴史的推移

ある尊敬語が尊敬語の役割を果たせなくなれば，その穴を埋めるためにほかの表現が現れてくる．日本語の人称代名詞の場合もその典型的な例であり，一人称は時代が下るにしたがって謙譲の方向へ傾斜するのに対して，二人称は逆に敬意が薄れては新しいものととってかわられることが多いのが一つの特徴である．

一人称として，上代の「われ」がそのまま使われてきて，いまも広い範囲で使用されている．これに対して，謙譲の意識を表したのは中国語由来の「僕」であった．それは字義から「しもべ」と訓むことができ，明らかに相手に対する謙譲の意味として使えるからであった．上代から日本で親しまれた唐の張鷟の小説『遊仙窟』(7世紀成立)の冒頭に辺境の地へ赴任する主人公の会話に第一人称として語られている箇所がある．

　　　僕従汧隴、奉使河源。嗟命運之迍邅、歎郷関之眇邈。

この『遊仙窟』の受容に伴い，「僕」が第一人称として意識されて「やつがれ」と訓まれたが，もとは「やつこあれ（奴我）」の複合語であった．中世以降，公文書に「僕」がみられるが，口語に使う「ぼく」の登場は幕末明治期を待たなければならなかった．「ぼく」は当初は謙譲の意が強かったが，いまでは謙譲の意が薄れて，同位者どうしにも使われている．

第二人称に関して，図8.3のように，その入れ替わりの激しいことは時代の変遷とともに確認することができる．

奈良時代において「君」はすでに女性から男性に対して用いられる語であり，近代まで「君」は敬意を含むことばとして使われてきた．しかし，近代以降では与謝野晶子の歌「君死にたまふことなかれ」（明治37年〈1904〉）のように敬意を表しているのではなく，単に弟への親しみを表しており，島崎藤村の「初恋」（『若菜集』，明治30年〈1897〉）にある「たのしき恋の盃を　君が情に酌みしかな」というのも若い男が女を呼ぶのに使っているだけで，敬意はすでに感じられない．そして現代では，逆に上位者から下位者への関係をはっきりわからせるような用

8.2 謙譲と敬意の歴史的推移

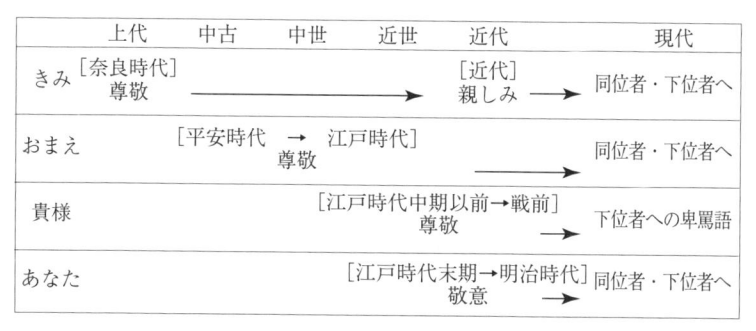

	上代	中古	中世	近世	近代	現代
きみ	[奈良時代]尊敬 →→→→→→→→→→→→				[近代]親しみ →	同位者・下位者へ
おまえ		[平安時代 → 江戸時代]尊敬 →→→→→→→				同位者・下位者へ
貴様				[江戸時代中期以前→戦前]尊敬 →→		下位者への卑罵語
あなた					[江戸時代末期→明治時代]敬意	同位者・下位者へ

図 8.3 第二人称の変遷

法になっていった．

「おまえ」は語構成「御＋前」からもわかるように，本来敬意を表すことばであり，平安時代の『源氏物語』（紫式部）ではお菊が上位者の袖萩に対して，

「おまへもずいぶんお達者で」

「おまえのおっしゃる通り得心して」

と，使っていたが，現代ではまったくその敬意を感じさせないばかりでなく，うちとけた相手に向かって用いるとともに，どこか相手を見下すときにも使われているようである．

同じ語構成のことばに「貴様」がある．江戸時代中期以前まで，やはり上位者に対して敬意を表していたが，江戸時代後期から敬意が薄れて同等またはそれ以下の者に対して用いられるようになった．たとえば，人情本『春色梅児誉美』三編十五齣（為永春水，天保4年〈1833〉）に，

　おれを旦那といふよりは、お蝶は貴さまの元主人、それをなんだか口ぎたなく、子どもとおもって軽しめたら、あんまり冥利がよくはあるめへ

とあるのは，同等の相手に対して使っている例である．しかし，現代では明らかに相手に喧嘩を売るような呼び方として使われるようになっている．

「あなた」は本来方向指示の代名詞として平安時代から使われていた．その用法は近代まで続いていて，上田敏がカアル・ブッセ（Carl H. Busse）の詩「山のあなた」を訳して（明治38年〈1905〉），

　山のあなたの空遠く　「幸」住むと人のいふ

と表現しているのがその用法である．平安時代から江戸時代までは第三人称は「あのかた」の意味に使われていて，二人称代名詞としての「あなた」は，江戸時代

末期から上位の相手に使われるようになった．現代ではその敬意が下がっていて，家庭では妻が夫を呼ぶところにかろうじてその痕跡が感じ取られる．日本語の教科書では「あなた」を第二人称の敬称とすることから，来日の留学生が先生を「あなた」と呼ぶことがあるのは，これを尊敬の意と捉えているからであろう．

近世においては，中国の白話小説の流行も手伝って，漢字表記「俺」「妾」などを利用して視覚的に謙譲意識を表す当て字として使われていた．後者は女性の第一人称として使われるのがふつうであった．明治37（1904）年の福田英子『妾の半生涯』は〈めかけ〉の意味ではなく，単に女性の謙譲語としての表記である．同じことは「貴兄」についてもいえる．これは男性どうしにおける相手への敬称として書きことばに使われる語であった．

8.3　男女のことばの差

奈良時代では男性優位の社会的位置がすでに確立されていたようで，前述した「君」の例，あるいは敬語の「います」の使用状況をみると，女性が男性に対して使うのが一般的で，その逆は少なかった．

そのなかで，日本語独特の女性専用のことば「女房詞（ことば）」が注目される．これは室町時代に宮中に奉仕する女房たちが使いはじめた特殊なことばをさす．その実態について，室町時代に書かれた『海人藻芥（あまのもくず）』（恵命院宣守，応永27年〈1420〉）に次のような一節がみえる．

> 内裏仙洞ニハ、一切ノ食物ニ異名ヲ付テ被召事也。一向不存知者、当座ニ迷惑スベキ者哉。飯ヲ供御、酒ハ九献、餅ハカチン、味噌ヲハムシ、塩ハシロモノ、豆腐ハカベ、索麺ハホソモノ、松茸ハマツ、鯉ハコモジ、（中略）近比将軍家ニモ、女房達皆異名ヲ申スト云々。

つまり，宮中では食物についてすべて一般とは異なる違う名称で呼ばれているのである．このような宮中の女官たちの職業的隠語が，のちに武家の奥方にも広がり，やがて江戸時代には町家の女性たちにも一般化していったのである．今日まで残っている語を拾ってみると，

しゃもじ（杓子），おこわ，おひや（水），おなか，きなこ[1]，おしたじ（醤油）のように，食事関係の語が多く，直接さすのを避けた婉曲な表現となっている．

---

1) 室町時代の『女房躾書』には「まめのこをばきなこともうす。いろのこ共云」とある．

今日，ことばに「お」をつけて「お箸，お酒，お茶」などというのもその名残である．

この中世以来の女性語「女房詞」に対して，男性専用の「武者詞(ことば)」があった．ただ，それは武士階級の言語全体をいうのではなく，武将が活躍していた戦場において特に使用した言葉遣いを指す．戦場での武士は縁起をかついで，味方を強く，敵を弱く表現した．たとえば，「帰る」行為を意味する「引く」を「開く」にいいかえたり，次のように「引返」「北（敗北）」などを書くことさえ避けたりしたのである．

　　　軍中書札禁字ハ迯　負　引返　随而　恐入　畏入　北　猶々右等の字用捨可有．
　　　　　　　　　　　　　　　　　　　　（高政明逵「軍旅書札集」文政元年〈1818〉）

『平家物語』にはすでにこのような表現が多くみられ，江戸時代に入ると戦いはなかったものの，武家ことばの伝承として多くの語彙集がつくられた．『武家節用集』（延宝9年〈1681〉）もそのなかの一つで，「弓，矢，太刀，甲冑，馬，鷹，犬」などの項目を立てて説明するほか，武者詞中心の古語をはじめ，日常的な口語も多く集めている．

このような武者詞は忌み詞の一種として捉えることもできよう．中世において戦いを意識したことによる影響も無視できないが，書記言語では，「二荒」を「日光」と改めるように，いわゆる好字による地名改名も同じ流れと考えられる．

男女の言い方の違いは古来，主に文体や文末表現などによくみられるが，漢文体と和文体の書き手が男女それぞれに担われてきたことも大きい．漢文という硬いイメージの文体をこなす男性にとっては漢語の使用は不可欠な教養の一部分であった．一方，女性に日常用語として漢語を避ける傾向がみられたことは，女性が漢語を口にし，筆にすることが奇異に思われる場面として『源氏物語』に次のように描かれている．

　　　月頃風(ふびょう)病(ごくねち)重きにたへかねて，極熱(ごくねち)の草薬(そうやく)を服(ふく)していとくさきによりなむえ対面(たいめん)給はらぬ
　　　　　　　　　　　　　　　　　　　　　　　　　　　　（『源氏物語』帚木(ははきぎ)）

これは，光源氏を囲んで，二，三人の貴公子たちが会して，女性経験談・女性論議をするとき，そのなかで一人が，ある日，懇意の女性（博士の娘）を訪ねたところが，物陰からこういわれたという．そして，女がそんなしゃべり方をするなんて，そんな馬鹿なことがあるかと皆が笑い飛ばしたという場面である．

したがって，女性はむやみに漢語を使うことをしないという当時の言語習慣

が，ここにかいまみえている．

8.4 雅俗の使い分け

　雅語(がご)と俗語は相対的な概念で，時代とともにその対立の内容が揺れている．上代からもすでにことばには雅俗の使い分けがあったようで，『万葉集』においては「鶴」が「タヅ」と詠まれるのは歌語としてのみであって，一方「ツル」は訓仮名として「相見鶴鴨」の「あひみつるかも」のように助動詞としてしか用いられていない．それぞれの例を以下にみよう．

　　若の浦に潮満ち来れば潟を無み葦辺をさして多頭(タヅ)鳴き渡る
　　　　　　　　　　　　　　　　　　　　　　　　　　　（『万葉集』919）
　　山辺の御井を見がてり神風の伊勢の処女と相見鶴鴨(つるかも)　（『万葉集』81）

　前者は実際の禽類として描かれるのに対して，後者は単なる読みを示すための「借字」である．この対立は文章語と口頭語のようなものであった．同じことは「蛙」の「カハヅ」と「カヘル」についてもいえる．有名な芭蕉の俳句，「古池や蛙飛び込む水の音」の「蛙」の読み方は前者であって，後者ではありえない．

　平安時代以降は歌語を雅語とし，普通語は俗語とする傾向がみられた．時代が下って，江戸時代には雅語の意識が強くなり，俗語は俚言(りげん)，鄙語(ひご)などを意味するようになった．辞書類でも平安時代の和文や中世の説話，漢籍の古訓を収録する『雅言集覧(がげんしゅうらん)』（石川雅望，文政9・嘉永2年〈1826・1849〉）が編集された．一方，それに刺激されて，『俚言集覧』（太田全斎）もつくられ，その「俚言郷語自ツカラ善謡アリ（略）里巷ノ常言トナルアリ今聞マヽニ編輯スル」という趣旨は，俗語を優先させようとするものであった．明治時代に入って，その増補を行う際に，中国の白話語彙をおおいに取り入れたのも，その考えの延長線にある．つまり，江戸の漢学者には漢籍の用語を雅とするのに対して，近世中国語から入ってきた口語や白話小説の語彙は俗語とみなす傾向があったのである．

　江戸時代にこうした雅俗の差を強く意識させたのはむろん豊かな文体に支えられて，町人文化が栄えたことの追認であろう．

　近代に至っても，明治初期の官撰の国語辞書『語彙』（明治4〜17年〈1871〜1884〉）は雅語を中心に編集されたが，なかには俗語も収録されていて，それに「俗」の印を付けて表している．その印はたとえば，次のような項目にみえる．

あくば　行ひあしき老女を云にて悪婆の音なり。転じては婦女を罵ていふ詞になれり。

　明治以降のいわゆる俗語文典は口語を中心とした記述であり，それまでの文語を中心とした文法に対抗して行われた．松下大三郎の『日本俗語文典』（明治34年〈1901〉，誠之堂書店）はまさしくその代表例である．

　こうした雅俗の表現は明治以降の言文一致運動を経て，徐々にその差が少なくなっていくが，それでも同じ意味のことばに「いざなう・さそう」「つどう・あつまる」のような雅俗の表現がみられるものもある．そして同じ漢語表現の「妊娠」と「懐妊」であっても，前者のほうは日常的な表現，後者のほうはより身分の高い人や正式な場面に使われるという微妙な違いがみられる．少なくとも話し手の女性が自分自身のことについて後者を用いることはない．

参考文献

第1章 総説

沖森卓也『日本語史』, おうふう, 1989.

沖森卓也（編）『資料 日本語史』, おうふう, 1991.

亀井 孝・大藤時彦・山田俊雄（編）『日本語の歴史』, 平凡社, 1963〜1966.

国語学会（編）『国語学大辞典』, 東京堂出版, 1980.

小松英雄『日本語はなぜ変化するか——母語としての日本語の歴史——』笠間書院, 1999.

土井忠生・森田 武『新訂 国語史要説』, 修文館出版, 1975.

日本国語大辞典第二版編集委員会・小学館国語辞典編集部（編）『日本国語大辞典 第二版』, 小学館, 2002.

飛田良文・遠藤好英・加藤正信・佐藤武義・蜂谷清人・前田富祺（編）『日本語学研究事典』, 明治書院, 2007.

第2章 音韻史

有坂秀世『上代音韻攷』, 三省堂, 1955.

金田一春彦「古代アクセントから近代アクセントへ」, 国語学, 第22集, 1955.（再録 金田一春彦『日本語音韻音調史の研究』, 吉川弘文館, 2001. 金田一春彦『金田一春彦著作集 第九巻』, 玉川大学出版部, 2005.）

築島 裕「浄弁本拾遺和歌集所載のアクセントに就いて」, 寺川喜四郎・金田一春彦・稲垣正幸（編）『国語アクセント論叢』, 法政大学出版局, 1951.

築島 裕『平安時代語新論』, 東京大学出版会, 1969.

築島 裕『平安時代の国語』, 東京堂出版, 1987.

肥爪周二「撥音史素描」, 訓点語と訓点資料, 第120輯, 2008.

丸山 徹「中世日本語のサ行子音——ロドリゲスの記述をめぐって——」, 国語学, 第124集, 1981.

森 博達『古代の音韻と日本書紀の成立』, 大修館書店, 1991.

山田幸宏「土佐方言サ行子音と上代サ行子音」, 国語学, 第133集, 1983.

第3章　文字史

沖森卓也『日本古代の文字と表記』，吉川弘文館，2009.

小松英雄『日本語書記史原論』，笠間書院，1998.

笹原宏之『国字の位相と展開』，三省堂，2007.

築島　裕『日本語の世界5　仮名』，中央公論社，1981.

築島　裕『平安時代訓点本論考』，汲古書院，1986.

平川　南ほか『文字表現の獲得』，吉川弘文館，2006.

ヘボン，J.C.（J.C. Hepburn）『和英語林集成』，講談社学術文庫，1980.

山本真吾「平仮名史に於ける斎宮跡出土仮名墨書土器の座標」，斎宮歴史博物館研究紀要，14号，2005.

第4章　語彙史

岡田希雄「鎌倉期の語源辞書名語記十帖に就いて」，国語国文，1935.

大槻　信「古辞書と和訓──新撰字鏡＜臨時雑用字＞──」，訓点語と訓点資料，第108輯，2002.

大野　晋『日本語の起源』，岩波書店，1957.

沖森卓也・木村義之・陳　力衛・山本真吾『図解日本語』，三省堂，2006.

国立国語研究所『語彙の教育と研究』，大蔵省印刷局，1986.

小島憲之『上代日本文学と中国文学　上』，塙書房，1962.

阪倉篤義『日本語表現の流れ』，岩波書店，1993.

陳　力衛『和製漢語の形成とその展開』，汲古書院，2001.

築島　裕『平安時代の漢文訓読語につきての研究』，東京大学出版会，1963.

ヘボン，J.C.（J.C. Hepburn）『和英語林集成』，講談社学術文庫，1980.

平川　南・沖森卓也・栄原永遠男・山中　章（編）『文字と古代日本』，吉川弘文館，2004.

松村　明『国語史概説』，秀英出版，1972.

松村　明「解説」，『和英語林集成　三版　復刻版』，講談社，1974.

宮島達夫「現代語いの形成」，国立国語研究所（編）『国立国語研究所論集』，秀英出版，1967.

宮島達夫（編）『古典対照語い表』，笠間書院，1971.

森岡健二『改訂近代語の成立　語彙編』，明治書院，1991.

安本美典『日本語の成立』，講談社現代新書，1978.

山田俊雄「いわゆる湯桶読・重箱読について」，成城文芸，第1号，1954.

第5章　文法史

石垣謙二『助詞の歴史的研究』，岩波書店，1955.

大野　晋『係り結びの研究』，岩波書店，1993.
金水　敏『日本語存在表現の歴史』，ひつじ書房，2006.
小林賢次『日本語条件表現史の研究』，ひつじ書房，1996.
田中章夫『近代日本語の文法と表現』，明治書院，2001.
松村　明『江戸語東京語の研究』，東京堂出版，1957.
原口　裕「『デス』の推移——活用語に接続する場合——」，静岡女子大学研究紀要，5号，1972.
山口明穂・秋本守英（編）『日本語文法大辞典』，明治書院，2001.
山口佳紀『古代日本語文法の成立の研究』，有精堂，1985.

第6章　待遇表現史
西田直敏「宸記に見える所謂「自敬表現」について——伏見天皇宸記・花園天皇宸記を中心に——」，国語国文研究，第50号，1972.

第7章　文体史
沖森卓也『日本古代の表記と文体』，吉川弘文館，2000.
国語学会（編）『国語学大辞典』，東京堂出版，1980.
鈴木直治『中国語研究・学習双書12　中国語と漢文』，光生館，1975.
築島　裕『平安時代の漢文訓読語につきての研究』，東京大学出版会，1963.
西田直敏『平家物語の文体論的研究』，明治書院，1978.
山口仲美『平安文学の文体の研究』，明治書院，1984.
山口佳紀『古代日本文体史論考』，有精堂出版，1993.

第8章　位相語史
沖森卓也（編）『図説日本の辞書』，おうふう，2008.
国語学会『改定国語の歴史』，刀江書院，1951.
徳川宗賢『日本の方言地図』，中公新書，1979.
真下三郎（編）『女性語辞典』，東京堂出版，1967.
馬瀬良雄「東西両方言の対立」，『岩波講座日本語11』，岩波書店，1977.

付　　表

1. 変遷の概要
2. 音韻の変遷
3. 音節の種類の変遷
4. アクセントの変遷
5. 文字表記の変遷
6. 平仮名字体表
7. 片仮名字体表
8. 漢字音対照表
9. 語彙の変遷
10. 文法の変遷と用言活用の変遷
11. 助動詞の変遷
12. 助詞の変遷
13. 待遇表現の変遷
14. 文体の変遷

1. 変遷の概要

	総　記	音　韻	文　字
奈良時代まで	**概観**　古代語がしだいに整備され，確立されていく． **特徴**　音節の種類が多く，語彙はほとんど固有語が用いられる． **地域**　主として近畿中央部の言語が知られる．東国方言は中央語とは少し異なる言語体系を有する．	・音節の種類が多い． ・音節の結合に制約がある． ・撥音・促音・拗音がない． ・ハ行子音はさらに古くは [p] であった．	・漢字が伝来し，江戸時代まで文字表記の主流となる． ・漢字の訓が生じる． ・漢字の表音文字的用法（万葉仮名）が広く用いられる．
平安時代	**概観**　古代語が完成する． **特徴**　散文の言語もよく知られ，特に音韻の面で前代との違いが大きい． **地域**　主として京都地方の貴族の言語が知られる． **位相**　和文語と漢文訓読語，男性・女性，僧侶，庶民の間で差異がある．	・音節の種類が減少する． ・音便が発生し，撥音・促音が生じる． ・音節が複雑に発達する． ・ハ行転呼音が生じる． ・漢字音に合拗音が用いられる．	・平仮名・片仮名が案出される． ・n 撥音・促音は表記されない． ・濁音符が生じる． ・漢文訓読にヲコト点が用いられる．
鎌倉・室町時代	**概観**　古代語から近代語への過渡的な諸現象が起こる． **特徴**　特に文法の面で大きく変化する． **地域**　京都地方の貴族の言語が中心だが，東国の方言なども知られる． **位相**　武士や庶民の言語も少しずつ知られるようになる．	・オ段長音が発生する． ・四つ仮名の混乱が始まる． ・拗音が音韻として確立され，イ・エ段の合拗音が直音化する． ・連声がさかんにみられる．	・仮名の使用が庶民にも広まっていく． ・定家仮名遣いが使われるようになる． ・日本語がローマ字で表記される． ・半濁音符が生じる．
江戸時代	**概観**　近代語の基礎が確立する． **特徴**　後期の江戸語は，語彙を除いて，現代語に近い言語体系となる． **地域**　上方語と江戸語との対立が顕著で，ほかの方言もよく収集される． **位相**　身分や階級などによってさまざまな差異があった．	・音節の種類が現代語に近づく． ・パ行音が音韻として確立される． ・四つ仮名・オ段長音の開合が混乱する． ・合拗音が直音化する．	・文字が庶民にも普及する． ・契沖が歴史的仮名遣いの原理を考え出す． ・変体仮名がしだいに整理されていく． ・濁音符が定着する．
明治時代以降	**概観**　共通語が成立し普及する． **特徴**　語彙が前代と大きく変わり，口語を書きことばとするようになる． **地域**　方言が共通語の影響を大きく受けている． **位相**　職業・年齢などによって，ことばに若干の差異がみえる．	・外来語に用いる音韻以外は前代と差異がない． ・外国語との接触で，外来語の発音に新たな音節が用いられる．	・学校教育の普及によって，識字率が高まる． ・仮名字体が統一される． ・漢字制限・仮名遣いなど，文字政策が戦後，社会に浸透する．

	語彙	文法	その他
奈良時代まで	・和語（固有語）がもっぱら用いられる． ・和語は1・2音節がほとんどである． ・漢語は律令・仏教・漢籍などに関することばに用いられる．	・古代語法が確立する． ・形容詞未然形・已然形語尾に「け」がある． ・ナリ活用がみえはじめる． ・ク語法・ミ語法が用いられた．	敬語　尊敬語・謙譲語があるが，丁寧語はまだない．自敬表現がよく用いられる． 文体　漢文・変体漢文・宣命体・万葉仮名文． 資料　紙に書かれたもの以外に，金石文・木簡などがある．
平安時代	・複合語がしだいに多くなる． ・漢語が徐々に日本語化し，口頭語にも用いられる． ・和文語と漢文訓読語が異なる．	・古代語法が完成する． ・活用形が整い，下一段活用も成立する． ・係り結びが完成する． ・形容動詞のナリ活用・タリ活用が成立する． ・音便形が発生する．	敬語　尊敬語を中心に複雑化する．丁寧語が発生する． 文体　漢文・変体漢文・平仮名文・漢字仮名交じり文．和文体と漢文訓読体とに大きな差異がある． 資料　物語・日記などの和文資料のほか，訓点資料がある．
鎌倉・室町時代	・漢語が一般化し，和語の漢字表記を字音読みすることも行われる． ・女房詞が発生する． ・ポルトガル語からの外来語が用いられる．	・古代語法が崩壊する． ・終止形・連体形が合一化されはじめ，ラ変が四段化する． ・ク活用とシク活用の区別がなくなる． ・可能動詞が発生する．	敬語　人称代名詞が多様化するなど，語彙が豊富になる． 文体　漢文・変体漢文・平仮名文・片仮名文・漢字仮名交じり文．和漢混交文が成立する． 資料　口語を伝える資料も多く，特にキリシタン資料は重要である．
江戸時代	・漢語がいっそう通俗化し，庶民もしだいに漢語を使うようになる． ・蘭学を通して漢語で訳語がつくられる． ・オランダ語からの外来語が用いられる．	・近代語法が確立する． ・二段活用が一段化し，ナ変も四段化する． ・音便形が一般化する． ・「已然形＋ば」が仮定条件を表す． ・タリ活用が衰滅する．	敬語　身分・階級の差によって敬語を使用する．丁寧語が発達する． 文体　漢文のほか，候文体，擬古文体，仮名交じり口語文体，さらに俳文体，雅俗折衷文などがある． 資料　庶民を対象にした出版物が普及する．
明治時代以降	・漢語の使用が，特に明治に急増する． ・外国語の訳語として漢語がさかんにつくられる． ・英語などからの外来語が大量に用いられる． ・和製洋語が多くなる．	・近代語法が展開する． ・一字漢語サ変動詞が上一段や四段にも活用される． ・外来語がサ変動詞・形容動詞として用いられる．	敬語　語彙が単純化し，丁寧語が多用される．美化語が生じる． 文体　漢字片仮名交じり文が公文書に用いられたが，戦後は平仮名交じり文となる．言文一致体さらには口語体が主流となる． 資料　文字資料以外にも，音声資料も豊富になる．

2. 音韻の変遷

	自立音節の種類	特殊音素・二重母音	ハ行子音	タ行・ダ行子音
奈良時代	上代特殊仮名遣い:「キギケゲコゴソゾトドノヒビヘベミメヨロ」に二種類の音があった.『古事記』ではモの区別もされていた.「コゴ」のみは,平安初期にも区別が保存された.	撥音・促音はなかった. 母音長短の対立はあったとする説もある. さらに古くは,二重母音もあった.	古くは [p-] であった. 奈良時代には,すでに [ɸ-] になっていたとも.	各段とも [t-]・[ⁿd-] であった. チ [ti], ツ [tu], ヂ [ⁿdi], ヅ [ⁿdu]
平安時代	上代特殊仮名遣いの区別が失われ,五十音図のような体系が完成する. のち,衣 [e] と江 [je] は [je] に,オ [o] とヲ [wo] は [wo] に統合された.	二種の撥音 /M/・/N/ と,促音 /Q/ が発達. 二重母音として,/CVi/・/CVu/ が登場.	11世紀初頭,ハ行転呼現象が起こる.この頃には,確実に [ɸ-] になっていた.	各段とも [t-]・[ⁿd-] であった. チ [ti], ツ [tu], ヂ [ⁿdi], ヅ [ⁿdu]
鎌倉時代	語頭で,イ [i] とヰ [wi] は [i] に,エ [je] とヱ [we] は [je] に統合された. アヤワ三行の統合が完成する.	二種の撥音の区別がなくなる.促音のツ表記が一般化する. /-eu/ と /-jou/ の合流が進む.	オノマトペに,p音の例が増える.撥音の後のp音は既に存在したか?	四つ仮名(ジ:ヂ,ズ:ヅ)の混乱例が出はじめる.破擦音化の兆しか?
室町時代	開拗音が定着し,合拗音が整理された結果,モーラ組織の組み替えが起こった(付表3).「デア>ヂャ」のような変化が起こり,拗音を含む和語が現れ,数を増していく.	/CVu/ が音声的に長母音化する傾向が顕著に. /-au/・/-ou/ は,それぞれ,[ɔː]・[oː] となる(音韻論的解釈は第2章参照).	まだ [ɸ-] が保たれていた. p音が安定的に現れるようになり,表記も工夫される.	チ・ヂ・ツ・ヅが破擦音化し,[tʃi][tsu][ⁿdʒi][ⁿdzu] となり,四つ仮名の混乱が進行する.
江戸時代	エ [je] が [ʲe],オ [wo] が [ʲo] になる. セ [ʃe] が [se], ゼ [ʒe] が [ze] になる. パ行音の定着,四つ仮名の合流により,ほぼ現代語と同じ音韻体系となる.	/-au/ と /-ou/ が合流して /-oR/ となる. 江戸語では,/-ai/→/-eR/ など,/CVi/ も /CVR/ 化する傾向がある.	ウ段を除き,[h-] に変化した.パ行音が音韻として確立.江戸でヒ→シが目立つ.	ジ:ヂ,ズ:ヅの区別が失われる.サ゜[tsa],セ゜[tse],ソ゜[tso] が現れる.
明治時代以降	外来語音が加わった以外は,江戸時代とほぼ同じ. 共通語となった東京語は,/-u/ の円唇性が弱く,無声子音間の狭母音の無声化が顕著. ガ行鼻音が失われつつある.	江戸語の連母音訛は,標準語からは排除される. ウトー /'utoR/(歌う)などが,ウタウ /'uta'u/ に「回帰」する.	江戸時代とほぼ同じ.広い母音に挟まれた [h] は有声化することも.「おはよう [oɦajoː]」など.	[tsa][tse][tso] がいったん標準語から排除される.外来 [ti][tu] などが体系の空き間に入り込む.

	音配列の制限	外来語音	アクセント
奈良時代	母音の連続を嫌う傾向が強い．それを回避するために，母音脱落・母音融合・子音挿入が行われる．和語では，濁音・ラ行音は語頭に立たない．	漢字音が移入される．『万葉集』には「餓鬼」「法師」などの漢語に，合拗音・p入声が含まれている．	資料は乏しい．『古事記』の神名などにアクセント注記がある．『日本書紀』の万葉仮名の用法からみて，平安時代のアクセントと，ほぼ同じであったとする説がある．
平安時代	二重母音の定着とともに，母音連接を避ける傾向も弱まる．連声の確例が現れる．「ばふ」「だく」など，濁音で始まる和語もみえはじめる．	漢字音の移入により，語頭濁音・開拗音・合拗音・閉音節（子音終わりの音節）が広まる．	『類聚名義抄』をはじめとする，豊富な資料がある．復元されるアクセント体系は，現在の諸方言のどれよりも，複雑・華麗である（第2章・付表4）．
鎌倉時代	二重母音/CVu/を避けて，長母音化する傾向がみえはじめる．引き続き，連声現象が起こる．濁音で始まる和語が増える．	合拗音のクキ・クエが消滅する．漢字音のm韻尾とn韻尾の区別がなくなる．ŋ韻尾[-u]は鼻音性を失う．	上昇調の拍が，高平に変化した結果，[[○, [[○]], [[○○, [[○]○などの型が消滅する．このほか，[○]○, [○○]] なども消滅した．
室町時代	二重母音/CVu/は，音声的には長母音化した．連声現象が規則的に起こる．*連声現象は，音節末子音(-m, -n, -t)に，直接ア行・ヤ行・ワ行音が接するのを避けるために生じた．	開拗音が，日本語の音韻体系に完全に同化する．シュ・ジュ以外のウ段拗音も定着する．合拗音クワは，まだ保たれる．	アクセントの体系的な変化が起こる．○○ [○>[○] ○○，○○ [▷>[○] ○▷のような変化の結果，始まりの高さが変わる語が出てきたため，式保存の法則（語源が同じなら，始まりの高さが同じ）が一部崩れる．
江戸時代	/CVu/音節は/CVR/音節に転じる．江戸語では，/CVi/音節も/CVR/音節に転じる傾向がある．連声現象は衰退していく．	唐音資料で，デ°[ti]・ド[tu]・イ°[ü]のような，日本語にない音を表す工夫がされる．合拗音クワが直音化．	京都方言では，江戸後期に，○ [○○>○○ [○, [○○] ○>[○] ○のような変化が起こり，語のまとまりや境界を表すのに役立つギリシャ型アクセントとしての性質が強まる．
明治時代以降	外来語に関しては，従来の音配列則を破るものが出てきた．語頭パ行音，ベッド・ドッグ・マッハのような，促音の後の濁音・ハ行音など．	外来音として，ティ[ti]・トゥ[tu]・ディ[di]・ドゥ[du]・ファ[ɸa]・フィ[ɸi]・フェ[ɸe]・フォ[ɸo]・シェ[ʃe]・チェ[tʃe]などが用いられる．	東京のアクセントが，全国の共通アクセントとなる．学校教育，ラジオ・テレビの普及により，伝統的な地域アクセントが大きく変質する．

3. 音節の種類の変遷
(ア行・カ行のみ音韻表記と音声表記を併記，それ以外は音声表記のみ)

	ア行	カ行	ガ行	サ行	ザ行	タ行	ダ行
奈良時代	ア /'a/ [a] イ甲 /'i/ [i] イ乙 /'ï/ [ï] ウ /'u/ [u] 衣 /'e/ [e] オ /'ö/ [ö]	カ /ka/ [ka] キ甲 /kʲi/ [kʲi] キ乙 /ki/ [kⁱi] ク /ku/ [ku] ケ甲 /kʲe/ [kʲe] ケ乙 /ke/ [kᵊe] コ甲 /ko/ [ko] コ乙 /kö/ [kö]	ガ [ᵑga] ギ甲 [ᵑgʲi] ギ乙 [ᵑgⁱi] グ [ᵑgu] ゲ甲 [ᵑgʲe] ゲ乙 [ᵑgᵊe] ゴ甲 [ᵑgo] ゴ乙 [ᵑgö]	サ [sa] シ [ʃi] ス [su] セ [ʃe] ソ甲 [so] ソ乙 [sö] 子音は本文参照	ザ [ⁿdza] ジ [ⁿdʒi] ズ [ⁿdzu] ゼ [ⁿdʒe] ゾ甲 [ⁿdzo] ゾ乙 [ⁿdʒö]	タ [ta] チ [ti] ツ [tu] テ [te] ト甲 [to] ト乙 [tö]	ダ [ⁿda] ヂ [ⁿdi] ヅ [ⁿdu] デ [ⁿde] ド甲 [ⁿdo] ド乙 [ⁿdö]
平安時代中期	ア /'a/ [a] イ /'i/ [i] ウ /'u/ [u] 衣 /'e/ [e] オ /'o/ [o]	カ /ka/ [ka] キ /ki/ [ki] ク /ku/ [ku] ケ /ke/ [ke] コ /ko/ [ko]	ガ [ᵑga] ギ [ᵑgi] グ [ᵑgu] ゲ [ᵑge] ゴ [ᵑgo]	サ [sa] シ [ʃi] ス [su] セ [ʃe] ソ [so] 子音は本文参照	ザ [ⁿdza] ジ [ⁿdʒi] ズ [ⁿdzu] ゼ [ⁿdʒe] ゾ [ⁿdzo]	タ [ta] チ [ti] ツ [tu] テ [te] ト [to]	ダ [ⁿda] ヂ [ⁿdi] ヅ [ⁿdu] デ [ⁿde] ド [ⁿdo]

特殊音素は，撥音 /M/・/N/，促音 /Q/．二重母音は /CVi/・/CVu/．

	ア行	カ行	ガ行	サ行	ザ行	タ行	ダ行
室町時代末期	ア /'a/ [a] イ /'i/ [i] ウ /'u/ [u] エ /'e/ [je] オ /'o/ [wo] ヤ /ja/ [ja] ユ /ju/ [ju] ヨ /jo/ [jo] ワ /wa/ [wa]	カ /ka/ [ka] キ /ki/ [ki] ク /ku/ [ku] ケ /ke/ [ke] コ /ko/ [ko] キャ /kja/ [kʲa] キュ /kju/ [kʲu] キョ /kjo/ [kʲo] クワ /kwa/ [kʷa]	ガ [ᵑga] ギ [ᵑgi] グ [ᵑgu] ゲ [ᵑge] ゴ [ᵑgo] ギャ [ᵑgʲa] ギュ [ᵑgʲu] ギョ [ᵑgʲo] グワ [ᵑgʷa] 語頭で [g-]	サ [sa] シ [ʃi] ス [su] セ [ʃe] ソ [so] シャ [ʃa] シュ [ʃu] ショ [ʃo]	ザ [za] ジ [ʒi] ズ [zu] ゼ [ʒe] ゾ [zo] ジャ [ʒa] ジュ [ʒu] ジョ [ʒo]	タ [ta] チ [tʃi] ツ [tsu] テ [te] ト [to] チャ [tʃa] チュ [tʃu] チョ [tʃo]	ダ [ⁿda] ヂ [ⁿdʒi] ヅ [ⁿdzu] デ [ⁿde] ド [ⁿdo] ヂャ [ⁿdʒa] ヂュ [ⁿdʒu] ヂョ [ⁿdʒo] 語頭で [d-] [dʒ-] [dz-]

特殊音素は，撥音 /N/，促音 /Q/．二重母音は /CVi/・/CVu/．

	ア行	カ行	ガ行	サ行	ザ行	タ行	ダ行
明治時代以降	ア /'a/ ['a] イ /'i/ ['i] ウ /'u/ ['u] エ /'e/ ['e] オ /'o/ ['o] ヤ /ja/ [ja] ユ /ju/ [ju] ヨ /jo/ [jo] ワ /wa/ [wa]	カ /ka/ [ka] キ /ki/ [ki] ク /ku/ [ku] ケ /ke/ [ke] コ /ko/ [ko] キャ /kja/ [kʲa] キュ /kju/ [kʲu] キョ /kjo/ [kʲo]	ガ [ŋa] ギ [ŋi] グ [ŋu] ゲ [ŋe] ゴ [ŋo] ギャ [ŋʲa] ギュ [ŋʲu] ギョ [ŋʲo] 語頭で [g-]	サ [sa] シ [ʃi] ス [su] セ [se] ソ [so] シャ [ʃa] シュ [ʃu] ショ [ʃo]	ザ [za] ジ [ʒi] ズ [zu] ゼ [ʒe] ゾ [zo] ジャ [ʒa] ジュ [ʒu] ジョ [ʒo] 語頭・撥音の後で [dz] [dʒ]	タ [ta] チ [tʃi] ツ [tsu] テ [te] ト [to] チャ [tʃa] チュ [tʃu] チョ [tʃo] ツァ [tsa]・ ツェ [tse]・ ツォ [tso]	ダ [da] デ [de] ド [do] ザ行と一部統合

特殊音素は，撥音 /N/，促音 /Q/，長音 /R/．二重母音は /CVi/ のみ．

付表

	ナ行	ハ行	バ行	マ行	ヤ行	ラ行	ワ行
奈良時代	ナ [na] ニ [ni] ヌ [nu] ネ [ne] ノ甲 [no] ノ乙 [nö]	ハ [pa] ヒ甲 [pʲi] ヒ乙 [pʲi] フ [pu] ヘ甲 [pʲe] ヘ乙 [pᵊe] ホ [pö] 子音は [ɸ-] か	バ [ᵐba] ビ甲 [ᵐbʲi] ビ乙 [ᵐbʲi] ブ [ᵐbu] ベ甲 [ᵐbʲe] ベ乙 [ᵐbᵊe] ボ [ᵐbö]	マ [ma] ミ甲 [mʲi] ミ乙 [mʲi] ム [mu] メ甲 [mʲe] メ乙 [mᵊe] モ甲 [mo] モ乙 [mö] モ甲乙の別は 古事記のみ	ヤ [ja] ユ [ju] 江 [je] ヨ甲 [jo] ヨ乙 [jö]	ラ [la] リ [li] ル [lu] レ [le] ロ甲 [lo] ロ乙 [lö] 仮に [l-] で 表記する.	ワ [wa] ヰ [wi] エ [we] ヲ [wo]
平安時代中期	ナ [na] ニ [ni] ヌ [nu] ネ [ne] ノ [no]	ハ [pa] ヒ [pi] フ [pu] ヘ [pe] ホ [po] 子音は [ɸ-] か	バ [ᵐba] ビ [ᵐbi] ブ [ᵐbu] ベ [ᵐbe] ボ [ᵐbo]	マ [ma] ミ [mi] ム [mu] メ [me] モ [mo]	ヤ [ja] ユ [ju] 江 [je] ヨ [jo]	ラ [la] リ [li] ル [lu] レ [le] ロ [lo]	ワ [wa] ヰ [wi] エ [we] ヲ [wo]

外来音として，開拗音・合拗音など．

	ナ行	ハ行		バ行		マ行	ヤ行	ラ行	ワ行
室町時代末期	ナ [na] ニ [ni] ヌ [nu] ネ [ne] ノ [no] ニャ [nʲa] ニュ [nʲu] ニョ [nʲo]	ハ [ɸa] ヒ [ɸi] フ [ɸu] ヘ [ɸe] ホ [ɸo] ヒャ [ɸʲa] ヒュ [ɸʲu] ヒョ [ɸʲo]	パ [pa] ピ [pi] プ [pu] ペ [pe] ポ [po] ピャ [pʲa] ピョ [pʲo]	バ [ba] ビ [bi] ブ [bu] ベ [be] ボ [bo] ビャ [bʲa] ビュ [bʲu] ビョ [bʲo]		マ [ma] ミ [mi] ム [mu] メ [me] モ [mo] ミャ [mʲa] ミョ [mʲo]	ア行に統合	ラ [la] リ [li] ル [lu] レ [le] ロ [lo] リャ [lʲa] リュ [lʲu] リョ [lʲo]	ア行に統合

/-au/・/-ou/ は，それぞれ [-ɔː]・[-oː]．

	ナ行	ハ行	パ	バ	マ行	ヤ行	ラ行	ワ行
明治時代以降	ナ [na] ニ [ni] ヌ [nu] ネ [ne] ノ [no] ニャ [nʲa] ニュ [nʲu] ニョ [nʲo]	ハ [ha] ヒ [çi] フ [ɸu] ヘ [he] ホ [ho] ヒャ [ça] ヒュ [çu] ヒョ [ço]	パ [pa] ピ [pi] プ [pu] ペ [pe] ポ [po] ピャ [pʲa] ピュ [pʲu] ピョ [pʲo]	バ [ba] ビ [bi] ブ [bu] ベ [be] ボ [bo] ビャ [bʲa] ビュ [bʲu] ビョ [bʲo] 母音間で，[β] にも	マ [ma] ミ [mi] ム [mu] メ [me] モ [mo] ミャ [mʲa] ミュ [mʲu] ミョ [mʲo]		ラ [la] リ [li] ル [lu] レ [le] ロ [lo] リャ [lʲa] リュ [lʲu] リョ [lʲo]	

外来音として，ティ [ti]・トゥ [tu]・ディ [di]・ドゥ [du]・ファ [ɸa]・フィ [ɸi]・シェ [ʃe]・チェ [tʃe] など．

4. アクセントの変遷

<table>
<tr><th></th><th>語例</th><th>類</th><th>平安末期</th><th>鎌倉時代</th><th>江戸初期</th><th>現代京都</th><th>現代東京</th></tr>
<tr><td rowspan="5">一音節名詞</td><td>柄 蚊 子 瀬 血 戸 穂…</td><td>①戸類</td><td>[○</td><td rowspan="2">[○</td><td rowspan="2">[○</td><td rowspan="2">[○</td><td rowspan="4">○[▽</td></tr>
<tr><td>(巣 沼(ヌ) 妻(メ) 麻(ヲ)…)</td><td></td><td>[[○</td></tr>
<tr><td>名 葉 日 藻 …</td><td>②名類</td><td>[○]]</td><td rowspan="2">[○]]</td><td rowspan="2">[○]]</td><td rowspan="2">[○]]</td></tr>
<tr><td>(歯 屋 繭(キ) 餌(エ)…)</td><td></td><td>[[○]]</td></tr>
<tr><td>絵 木 酢 手 荷 根 火…</td><td>③手類</td><td>○</td><td>○</td><td>[[○</td><td>[[○*1</td><td>[○]▽</td></tr>
<tr><td rowspan="9">二音節名詞</td><td>飴 梅 顔 柿 風 庭 鼻…</td><td>①庭鳥類</td><td>[○○</td><td rowspan="3">[○○</td><td rowspan="3">[○○</td><td rowspan="3">[○○</td><td rowspan="3">○[○▽</td></tr>
<tr><td>(象(キサ) 苣(チサ) 百合…)</td><td></td><td>[[○○</td></tr>
<tr><td>(溝 水 壺…)</td><td></td><td>[○○]]</td></tr>
<tr><td>歌 垣 紙 川 橋 冬 村…</td><td>②石川類</td><td>[○]○</td><td rowspan="3">[○]○</td><td rowspan="4">[○]○</td><td rowspan="4">[○]○</td><td rowspan="4">○[○]▽</td></tr>
<tr><td>(脛(ハギ) 雪…)</td><td></td><td>[[○]○</td></tr>
<tr><td>(虹…)</td><td></td><td>[○]]○</td></tr>
<tr><td>足 髪 事 花 腹 耳 山…</td><td>③山犬類</td><td>○○</td><td>○○</td></tr>
<tr><td>糸 海 肩 錐 空 箸 船…</td><td>④松笠類</td><td>○[○</td><td>○[○</td><td>○[○</td><td>○[○*2</td><td rowspan="2">[○]○▽</td></tr>
<tr><td>秋 雨 琴 猿 鶴 春 窓…</td><td>⑤猿聟類</td><td>○[○]]</td><td>○[○]]</td><td>○[○]]</td><td>○[○]]</td></tr>
<tr><td rowspan="11">三音節名詞</td><td>小豆 女 毛抜 娘…</td><td>②小豆類</td><td>[○○]○</td><td>[○○]○</td><td rowspan="2">[○○]○</td><td rowspan="7">[○]○○</td><td rowspan="2">○[○○]▽</td></tr>
<tr><td>頭 男 表 鏡 刀 宝 光…</td><td>④頭類</td><td>○○○</td><td>○○○</td></tr>
<tr><td>鮑(アハビ) 岬 山葵(ワサビ)…</td><td>③二十歳類</td><td>[○]○○</td><td rowspan="3">[○]○○</td><td rowspan="5">[○]○○</td><td rowspan="6">[○]○○▽</td></tr>
<tr><td>(疫病(エヤミ) 小蒜(メビル) 磁石…)</td><td></td><td>[[○]○○</td></tr>
<tr><td>(日向(ヒムカ)…)</td><td></td><td>[○]]○○</td></tr>
<tr><td>朝日 命 姿 涙 錦 枕…</td><td>⑤命類</td><td>○○[○</td><td>○○[○</td></tr>
<tr><td>(蜻蛉(アキツ) あわれ 釧(タマキ)…)</td><td></td><td>○○[○]]</td><td>○○[○]]</td></tr>
<tr><td>蚕 兜 便り 椿 病…</td><td>⑦兜類</td><td>○[○]○</td><td>○[○]○</td><td>○[○]○</td><td>○[○]○</td></tr>
<tr><td>兎 鰻 狐 雀 鼠 雲雀(ヒバリ)…</td><td>⑥兎類</td><td>○[○○</td><td>○[○○</td><td>○[○○</td><td>○○[○*3</td><td rowspan="3">○[○○▽</td></tr>
<tr><td>霞 形 煙 氷 魚 鱗 柳…</td><td>①形類</td><td>[○○○</td><td rowspan="2">[○○○</td><td rowspan="2">[○○○</td><td rowspan="2">[○○○</td></tr>
<tr><td>(紫苑(シヲニ)…)</td><td></td><td>[[○○○</td></tr>
</table>

付　表

注記:

㋐ [は拍内の上昇、] は声の下降、無印は低平（いずれも音声表記）。調素式では、[○]○→○●、[○○]→○●●、[○]○○→○●●上昇＋下降など。

㋑ この表は、アクセントの型の変遷を示すもので、語例は一応の目安にすぎない。各時代のアクセント資料に、その語の実例があるとは限らず、例外的な変化を遂げたり、語そのものが、その時代には使われていないこともある。

㋒ 類別語彙表外の語例の型は（　）に入れて示したが、現代東京アクセントの欄は、これらの型と対応させていない。

㋓ 類の欄の①～⑦は、第一類～第七類の意。

㋔ ＊1～3助詞がつくと、それぞれ○[▽、○○[▽、○○○[▽

区分	語例	類	終/体				
二音節動詞	買う　欠く　為る　鳴る　振る…	①着く類	終 体	○[○］ ○[○]	[○○	[○○	○[○
二音節動詞	着る　飼う　書く　成る　降る…	②取る類	終 体	○[○］ ○[○]	[○]○	[○]○	[○]○
二音節動詞	来る　出る　見る　似る　寝る…	①見る類	終 体	○[○］ ○[○]	[○○	[○○	○[○
三音節動詞	上がる　運ぶ　歌う　渡る　語る　踊る	①当たる類	終 体	○[○○］ ○[○○]	[○○○	[○○○	○[○○
三音節動詞	進む　曲げる　割れる　消える　植える… 上げる 染める	②動く類	終 体	○[○○］ ○[○○]	[○]○○	[○]○○	[○]○○
三音節動詞	余る　祈る　作る　頼む　守る　移す　過ぎる　落とす	②建てる類	終 体	○[○○］ ○[○○]	[○○]○	[○○]○	○[○]○
三音節動詞	投げる　延びる　生きる　落ちる　晴れる　白い	③歩く類	終 体	○[○○］ ○[○○]			[○○○
三音節動詞	歩く　隠す…	③歩く類	終 体				
二形	無い　良い…	良い類	終 体	○[○］ ○[○]	○[○	○[○	○[○
三形容詞	赤い　浅い　厚い　薄い	①赤い類	終 体	○[○○］ ○[○○]	[○]○○	[○]○○	[○]○○
三形容詞	重い　軽い　暗い　遠い　白い	②白い類	終 体	○[○○］ ○[○○]	○[○]○	○[○]○	○[○]○
三形容詞	高い　近い　早い　悪い…		終 体				

5. 文字表記の変遷

奈良時代	漢字の伝来（〜1世紀？）　金印（「漢委奴国王」） 漢字の本格的使用（5世紀）「稲荷山古墳鉄剣銘」 漢字の浸透　　形（字体）→音（字音）→義（和訓） 漢字の〈ひねり〉①→表音的側面＝万葉仮名 　　　　　　　　　→表語的側面＝国字 漢字による日本語の表現　変体漢文（和化漢文） 漢字列における句点の記入
平安時代	漢字の〈ひねり〉②　　万葉仮名→草体化＝平仮名 　　　　　　　　　　　　　　　　※文学，書の芸術世界 　　　　　　　　　　　→省画化＝片仮名 　　　　　　　　　　　　　　　　※漢文訓読の世界 漢文の理解　訓読の本格化＝訓点資料　ヲコト点の発達 濁音符の案出 漢字による日本語の表現　奈良時代から継承＝公家日記，文書など
鎌倉・室町時代	平仮名　平安時代から継承　下級階層へと拡がる　字体は不安定 片仮名　院政時代から片仮名交じり文が盛行 舌内撥音便の「ん」表記 促音の「つ」表記 仮名遣い　「いろは歌」の仮名遣い→定家仮名遣い ローマ字　キリスト教の布教活動　ポルトガル語によるローマ字で日本語が綴られる 半濁音符の使用 漢字による日本語の表現　前代から継承＝公家日記，文書など
江戸時代	文字の普及→文字文化の拡がり＝印刷・出版の普及 仮名草紙などを通して，庶民層にも仮名が浸透 平仮名字体の安定 外来語の片仮名表記　新井白石『西洋紀聞』 濁音符の定着 寺子屋での漢字学習 歴史的仮名遣い　契沖『和字正濫抄』←定家仮名遣いの批判 ローマ字　キリスト教禁教令　蘭学が興り，オランダ語によるローマ字で綴られる 　　　　　幕末には英語などによるローマ字が用いられる 慶応2年（1866）前島密「漢字御廃止之議」

	明治 5 年（1872）	「単語編」（歴史的仮名遣いを採用）発行
	明治 9 年（1876）	文部省『ローマ字音図』刊行
	明治13年（1880）	文部省編輯局「送仮名法」制定
	明治16年（1883）	「かなのくわい」（仮名専用論者）結成
	明治18年（1885）	「羅馬字会」（ローマ字専用論者）結成
	明治22年（1889）	内閣官報局送仮名法制定
	明治33年（1900）	仮名字体の一定化＝変体仮名の廃止
		字音仮名遣の改正＝長音符号の採用
		漢字1200字制限の三表発表（以上，小学校令施行規則）
	明治39年（1906）	文部省官房図書課「句読法案」「分別書き方案」発表
	明治40年（1907）	国語調査委員会「送仮名法」発表
	明治41年（1908）	文部省官房図書課「新仮名遣国語表案」発表
		国語調査委員会『漢字要覧』発行
	大正元年（1912）	国語調査委員会『疑問仮名遣』前編発行
	大正 4 年（1915）	国語調査委員会『疑問仮名遣』後編発行
	大正12年（1923）	臨時国語調査会「常用漢字表」（1962字）発表
	大正14年（1925）	臨時国語調査会『国語字音仮名遣改定案』刊行
明治時代以降	昭和 2 年（1927）	鉄道省，駅名のローマ字つづり方にヘボン式採用確認を通達
	昭和12年（1937）	「国語ノローマ字綴方統一ニ関スル件」（内閣訓令・告示）
	昭和13年（1938）	鉄道省，ローマ字つづり方を訓令式に統一
	昭和21年（1946）	「当用漢字表」（内閣訓令・告示）
		「当用漢字別表」（同上）
	昭和24年（1949）	「当用漢字字体表」（内閣訓令・告示）
	昭和27年（1952）	「公用文の作成要領」（依命通知）
	昭和29年（1954）	「ローマ字のつづり方」（内閣訓令・告示）
		「法令用語改善の実施要領」（通知）
	昭和34年（1959）	「送りがなのつけ方」（内閣訓令・告示）
		「法令用語の送りがなのつけ方」（通知）
	昭和48年（1973）	「当用漢字音訓表」（内閣訓令・告示）
		「送り仮名の付け方」（内閣訓令・告示）
		「公用文における当用漢字の音訓使用及び送り仮名の付け方について」（通知）
		「法令における当用漢字の音訓使用及び送り仮名の付け方について」（通知）
	昭和56年（1981）	「常用漢字表」（内閣訓令・告示）
		「公用文における漢字使用等について」（通知）
		「法令用語改善の実施要領」一部改正（通知）
		「法令における漢字使用等について」（通知）
	昭和61年（1986）	「現代仮名遣い」（内閣訓令・告示）
	平成元年（1989）	小学校学年別漢字配当表1006字となる
	平成 3 年（1991）	「外来語の表記」（内閣訓令・告示）

6. 平仮名字体表

資料名	年代	あ	い	う	え	お	か	き	く	け	こ	さ	し	す	せ	そ	た	ち	つ	て	と	な	に	ぬ	ね
虚空蔵菩薩念誦次第紙背消息	九六六年頃		いい	う		なお	か	いま	らく	に	こ	さほる	あそは	も	あそは	そも	ち	ち	つ	て	とく	なか	に	め	わ
北山抄紙背仮名消息	一〇〇〇年頃	ああ	い	うう			かう	すき	く	けに	いろ	いゆ		きせ	せ	そろ	ち	ち	て	て	と	なか	2	め	
秋萩帖	一〇世紀末	あ				お花																			
元永本古今和歌集 巻第一	一一二〇	あ																							

[出典] 松村明『大辞林 第二版』（三省堂、1995）をもとに作成

現行字体	あ	い	う	え	お	か	き	く	け	こ	さ	し	す	せ	そ	た	ち	つ	て	と	な	に	ぬ	ね
字源	安	以	宇	衣	於	加	幾	久	計	己	左	之	寸	世	曽	太	知	川	天	止	奈	仁	奴	祢
変体仮名の字源	阿悪愛	意伊移	有雲右	江盈要	隠	可閑駕我歟賀	支起貴	救九具俱	介気希遣	古許期故	佐散斜	事志新	数春須寿	勢世聲	所處楚	多堂當	千地致遅	都津徒	轉亭	東登等度	那難名南	尓耳二	努怒沼	年根

付表　　　　　　　　　　　　151

の	は	ひ	ふ	へ	ほ	ま	み	む	め	も	や	ゆ	え(ヤ行)	よ	ら	り	る	れ	ろ	わ	ゐ	ゑ	を	ん	所在
のれ	盈	比ふ	へ	はけ	ほまる	人	く	もら	め	もら	や	ゆ		よら	らう	わり	ろ	れ	ろ				う		石山寺
の	ほそ八	ひに	ふ	へ	ほは	まう	礼	む	め	さう	や	ゆ		よろ	わろ	わろ	る	れ	ろ	わ	る		う		京都国立博物館
の代	役老は	出え	ふ布	へ炎佐	保	末多	美兄	むせむ	女面	ええも多	やあ	田由	松由ゆ	仕	乱ぶ	彼言	あふる	礼礼生	そわ	和	る	立た	をそなら我	ん	東京国立博物館
乃の代芳	役老は	出え	不ふ布	へ	保ほは	末ま久兄	若ま弁	むんみ云	め光四	もも食をも多	やあ	由ゆゆ社	松ゆゆ社	らよ伯	乱ら	わり担	るる宮	礼礼生	そろ大	和わて	る	立も	をそなら我	ん	東京国立博物館

の	は	ひ	ふ	へ	ほ	ま	み	む	め	も	や	ゆ	よ	ら	り	る	れ	ろ	わ	ゐ	ゑ	を	ん
乃	波	比	不	部	保	末	美	武	女	毛	也	由	与	良	利	留	礼	呂	和	為	恵	遠	无
能農濃	者八盤半破	悲飛日	布婦	弊倍遍辺	本報宝	万萬満真	見三微	無无舞牟	面免馬	母裳	耶野夜屋	遊游	余餘世夜	羅蘭	里理梨李	流類累	連	路露侶	王倭輪	井遺	衛	乎越	—

7. 片仮名字体表

資料名	年代	ア	イ	ウ	エ	オ	カ	キ	ク	ケ	コ	サ	シ	ス	セ	ソ	タ	チ	ツ	テ	ト	ナ	ニ	ヌ	ネ
成実論	八二八年	アア	尹尹	ラチ	ヱ	ろオ	カ丁	Lし	クク	ニ	コニ	た	えし	ス	セ	ソ	大	ちち	ツ	足天	止乃	小小	午	奴奴	ネ
金光明最勝王経	八三〇年頃	アア	尹尹	チチ	ラ	お	う	十	ク	介	左(甲)己(乙)	し	えし	せン	ソ	太	ちち夫	ツ	天	止	示介	く	称松
妙法蓮華経玄賛	九五〇年頃	アア	尹アル	チテ	ゑ	キオ	うカフ	支オちへ	ク	ハへ	こミ	たたイ	しし	尺T	セセ	ソ	セセ	ちちチ	ナル	スト	ト	小ナ	てう	ヌ	子
史記	一〇七三年	アあ	ぃりイリ	やや	工えル	オおみ	カ	キヤ	クく	介	コに己	セ仕	しし	めめ	せ	ソ	タ	チ	ツ	天チ	ト	ナ	二	ヌ	ネネ
大唐西域記	一一六三年	ア	イ	や	エ	オ	カ	キ	ク	介	コニ	サセ	し	ねオス	セ	ソ	タ	チ	ツ	チ	ト	大ナ	二	ヌ	子ネオ

［出典］松村明『大辞林 第二版』（三省堂、1995）をもとに作成

現行	字体	ア	イ	ウ	エ	オ	カ	キ	ク	ケ	コ	サ	シ	ス	セ	ソ	タ	チ	ツ	テ	ト	ナ	ニ	ヌ	ネ
	字源	阿	伊	宇	江	於	加	幾	久	介	己	散	之	須	世	曽	多	千	州	天	止	奈	二	奴	祢
	成り立ち	偏から	偏から	冠から	旁から	偏から	旁から	草体の初三画から	初三画から	初二画から	初三画から	初三画から	全画	終三画から	終三画から	初三画から	全画	終三画から	中三点から	初二画から	初二画から	全画	全画	旁から	偏から

付表

	ヲン	エ	キ	ワ	ロ	レ	ル	リ	ラ	ヨ	ユ	ヤ	メ	モ	ミ	ム	マ	ホ	ヘ	フ	ヒ	ハ	ノ
	∨	乎	恵	井	和	呂	礼	流	利	良	与	由	也	毛	女	牟	三	末	保	部	不	比	八	乃
撥音の象徴符号	草体の下半分から	初三画から	全画	全画	初三画から	旁から	終二画から	旁から	初二画から	下半部から	終二画から	全画	終二画から	終二画から	全画	終二画から	旁から	初二画から	終四画から	旁から	全画	初画から

8. 漢字音対照表

ここでは，中国原音と日本漢字音の呉音・漢音が特徴的な対応をみせる例を整理する．

中古音：7世紀初頭の中国北方方言の体系．平山久雄の推定音価による．声調は省略した．

呉音：漢音以前に，百済を経由するなどして日本に入った漢字音．仏教語に多く残る．

漢音：唐代の長安方言に基づいた漢字音．遣唐使などによってもたらされた．

唐音：中世に臨済宗・曹洞宗で用いられた，新来の漢字音．中国浙江地方の字音を反映．表の唐音は，慶長版『聚分韻略』による．

	漢字	中古音	呉音	漢音	唐音
頭子音（声母）の対応					
p-	反	pyʌn	ホン	ハン	ヘン
p-	封	pioŋ	フウ	ホウ	フン
h-	海	hʌi	カイ	カイ	カイ
h-	兄	hyaŋ	キヤウ	クエイ	ヒン
ɕ-	昔	siɛk	シヤク	セキ	シー
ɕ-	心	siɛm	シム	シム	シン
tɕ-	精	tsiɛŋ	シヤウ	セイ	シン
tɕ-	早	tsɑu	サウ	サウ	サウ
tɕ-	燭	tɕiok	ソク	ショク	シユ
tɕ-	照	tɕiɛu	セウ	セウ	セウ
b-	平	biaŋ	ビヤウ	ヘイ	ヒン
b-	白	bak	ビヤク	ハク	ハ
d-	弟	dei	ダイ・デ	テイ	チ
d-	頭	dəu	ヅ	トウ	トウ
dʲ-	直	dʲiək	ヂキ	チョク	シ
dʲ-	治	dʲiəi	ヂ	チ	シ
g-	強	giɑŋ	ガウ	キヤウ	キヤウ
g-	極	giək	ゴク	キヨク	キ
dz-	存	dzuən	ゾン	ソン	ソン
dz-	従	dzioŋ	ジウ	シヨウ	シユン
dz-	助	dzɪɑ	ジョ	シヨ	シ
dz-	状	dziɑŋ	ジヤウ	サウ	シヤウ
dz-	示	dzi	ジ	シ	シ
dz-	神	dziĕn	ジン	シン	シン
z-	旬	zyĕn	ジユン	シユン	シン
z-	邪	zia	ジヤ	シヤ	シヤ
z-	時	ziəi	ジ	シ	シ
ɦ-	下	ɦia	ゲ	カ	ア
ɦ-	降	ɦauŋ	ガウ	カウ	アウ
ɦ-	和	ɦua	ワ	クワ	ヲ
ɦ-	絵	ɦuai	ヱ	クワイ	ウイ
ɦ-	恵	ɦuei	ヱ	クエイ	イ
m-	米	mei	マイ	ベイ	ミイ
m-	木	mŏuk	モク	ボク	モ
m-	明	miaŋ	ミヤウ	メイ	ミン
m-	門	muən	モン	ブン	—
m-	文	myŏn	モン	ブン	フン
m-	万	myʌn	マン	バン	メン
n-	内	nuʌi	ナイ	ダイ	ヌイ
n-	奴	no	ヌ	ド	ヌ
n-	男	nʌm	ナム	ダム	ナン
n-	寧	neŋ	ニヤウ	ネイ	ニン
nʲ-	女	nʲiə	ニヨ	ヂヨ	ニ
nʲ-	尼	nʲi	ニ	ヂ	ニ
nʲ-	嬢	nʲiaŋ	—	ヂヤウ	ニヤウ
ŋ-	牛	ŋɪĕu	ゴ	ギウ	ニウ
ŋ-	外	ŋuai	グエ	グワイ	ウイ
ŋ-	銀	ŋɪĕn	ゴン	ギン	キン
ɲ-	日	ɲiĕt	ニチ	ジツ	シ
ɲ-	若	ɲiak	ニヤク	ジヤク	シヤ
ɲ-	然	ɲiɛn	ネン	ゼン	セン
ɲ-	人	ɲiĕn	ニン	ジン	—
韻の対応					
-a	家	ka	ケ	カ	カ
-a	下	ɦia	ゲ	カ	ア
-a	花	hua	クエ	クワ	クワ
-ɪəi	衣	ʔiəi	エ	イ	イ
-ɪəi	気	kʰiəi	ケ	キ	キ
-ɪəi	希	hiəi	ケ	キ	キ
-o	図	do	ヅ	ト	ツ
-o	歩	bo	ブ	ホ	フ
-o	怒	no	ヌ	ド	ヌ
-ɪəi	己	kɪəi	コ	キ	キ
-ɪəi	期	gɪəi	ゴ	キ	キ
-ɛi	去	kʰɪə	コ	キヨ	キ
-ɛi	虚	hɪə	コ	キヨ	キ

						韻尾の対応				
-ɪə	呂	liə	ロ	リョ	リ					
-ei	西	sei	サイ	セイ	シイ	-m	三	sɑm	サム	サム	—
-ei	体	tʰei	タイ	テイ	チイ	-m	暗	ʔʌm	オム	アム	アン
-ei	米	mei	マイ	ベイ	ミイ	-n	山	ʂɒn	セン	サン	—
-Vi	回	ɦuʌi	ヱ	クワイ	ウイ	-n	勤	gɪĕn	ゴン	クエン	キン
-Vi	解	ɦɑi	ゲ	カイ	カイ	-ŋ	同	doŋ	ドウ	トウ	ツン
-Vi	怪	kɣɛi	クエ	クワイ	クワイ	-ŋ	亡	bɪɑŋ	マウ	バウ	マウ
-ɪəu	右	ɦɪəu	ウ	イウ	ユウ	-ŋ	宮	kɪuŋ	ク	キウ	キユン
-ɪəu	久	kɪəu	ク	キウ	キウ	-ŋ	夢	mɪuŋ	ム	ボウ	ムン
-uei	留	lɪəu	ル	リウ	リウ	-ŋ	京	kɪɑŋ	キヤウ	ケイ	キン
-Vn	間	kɛn	ケン	カン	カン	-ŋ	名	miɛŋ	ミヤウ	メイ	ミン
-Vn	山	ʂɛn	セン	サン	—	-ŋ	生	ʂɪɑŋ	シヤウ	セイ	サン
-Vn	元	ŋʏʌn	グエン	グワン	ケン	-ŋ	令	liɛŋ	リヤウ	レイ	リン
-ʌm	含	ɦʌm	ゴム	ガム	アン	-p	合	ɦʌp	ガフ	カフ	カ
-ʌm	凡	bɪʌm	ボム	ハム	ハン	-p	蝶	dep	—	テフ	チ
-ʌn	反	pʏʌn	ホン	ハン	ヘン	-p	雑	dzʌp	ザフ	サフ	—
-ʌn	飯	bʏʌn	ボン	ハン	ヘン				ザツ		
-ʌt	髪	pʏʌt	ホツ	ハツ	ハ	-p	立	lĭep	リフ	リフ	リ
									リツ	リツ	
mʏŏn	文	mʏŏn	モン	ブン	フン						
mʏŏn	聞	mʏŏn	モン	ブン	フン	-t	乙	ʔɪĕt	オツ	イツ	イ
mʏŏt	物	mʏŏt	モツ	ブツ	フ	-t	一	ʔɪĕt	イツ	イツ・イチ	イ
						-t	吉	kiĕt	キチ・キツ	キツ	キ
-ɪʌn	建	kɪʌn	コン	ケン	ケン	-k	脚	kɪɑk	カク	キヤク	キヤ
-ɪʌn	献	hɪʌn	コン	ケン	ケン	-k	色	ʂɪăk	シキ	シヨク	シ
-ɣʌn	遠	ɦʏʌn	ヲン	エン	エン	-k	力	lĭăk	リキ	リヨク	リ
-ɪəŋ	隠	ʔɪən	オン	イン	イン	-k	暦	lek	リヤク	レキ	リ
-ĭem	金	kĭem	コム	キム	キン	-k	逆	ŋɪɑk	ギヤク	ゲキ	キ
-ĭem	品	pʰĭem	ホム	ヒム	ヒン						

◎呉音・漢音の特徴

原音の［p-］はハ行，［h-］はカ行で現れる．原音の［ts-］［tɕ-］などはサ行で現れる．唐代の長安方言に起こった全濁声母の無声化（［b-］→［pʰ-～p-］など）により，呉音が濁音ならば，漢音は清音で現れるのが原則．同じく，鼻音声母の非鼻音化（［m-］→［mᵇ-］など）により，呉音が鼻音ならば，漢音は濁音で現れるのが原則（音節末に鼻音があるときには例外もある）．ただし，原音が［ŋ-］の場合は，呉音・漢音ともにガ行音となる．

◎唐音の特徴

上掲資料は濁点を用いないが，清濁は原則として呉音と一致する．中古音の［h-］はカ行で現れるが，一部はヒとなる（のちの江戸期唐音では，すべてハ行）．［ɦ-］は脱落．「茶サ・竹シ・直シ」など，呉音・漢音でダ・タ行となるものの一部がザ・サ行になる．［ŋ-］はガ行のほか，脱落したり，ナ行音になったりする．「子ス・事ズ」など，呉音・漢音でシ・ジとなるものの一部がス・ズになる．［-ɪə］［-ei］はイ段になる．［-uɑi］は㋒イになる．「和ヲ・波ホ」など，呉音・漢音でア段となるものの一部がオ段になる．ŋ 韻尾がウ・ンになる．入声韻尾（-p, -t, -k）は脱落する．

9. 語彙の変遷（上代単音節語一覧，阪倉 (1993)）

表 1

上代単音節詞名	は(刃)	は(葉)	は(歯)	は(羽)	●の(笑)	○の(野)	ね(寝)	ね(峯)	ね(子)	ね(音)	ね(根)	ぬ(沼)	ぬ(瓊)	に(丹)	に(荷)	に(汝)	な(名)	な(菜)	●と(鳥)	●と(十)	●と(跡)	○と(砥)	○と(外)	○と(門・戸)	て(価)	て(手)
新撰	○	○		○				○							○		○	○			○	○				○
和名	○	○	○						○	○		○						○						○		○
文学	○	○	○	○		○		○	○	○					○			○					○	○		○
現代	○	○	○																					○		○

表 2

上代単音節詞名	●め(海藻)	●め(女)	○め(目)	み(身)	み(巳)	み(箕)	み(実)	み(見)	ま(馬)	ま(間)	ほ(秀)	ほ(穂)	ほ(帆)	●へ(竈)	●へ(瓫)	●へ(甑)	○へ(辺)	ふ(生)	ふ(縞)	●ひ(樋)	●ひ(火)	○ひ(日)	○ひ(氷)	○ひ(梭)	○ひ(檜)	は(端)
新撰	○	○		○	○	○						○	○	○						○	○	○		○	○	
和名	○	○		○					○	○	○		○			○					○	○	○			
文学	○	○	○	○	○	○			○		○	○		○		○		○		○	○	○	○		○	○
現代	○	○		○																	○	○			○	○

表 3

計	上代単音節詞名	を(峯)	を(男)	を(尾)	を(麻)	を(緒)	ゑ(餌)	ゐ(蘭)	ゐ(猪)	ゐ(井)	わ(吾)	わ(輪)	●よ(代)	●よ(節)	○よ(夜)	ゆ(弓)	ゆ(湯)	や(矢)	や(屋)	も(藻)	も(喪)	も(裳)	●め(芽)
148																							
52	新撰		○	○			○	○	○				○	○		○		○	○	○			
62	和名			○			○	○	○	○				○				○					
79	文学	○	○	○	○			○	○				○	○		○	○		○	○		○	
48	現代	○	○	○		○						○			○	○		○		○	○		○

付表

(○は上代特殊仮名遣いの甲類, ●は乙類を示す. ただし,「え」では○はア行のエ, ●はヤ行のエを示す.)

（新撰）は「新撰字鏡」,（和名）は「和名抄」,（文学）は「平安時代文学用語」,（現代）は「現代語」の略.

か(梶)	か(髪)	か(彼)	か(香)	か(蚊)	か(鹿)	え(疫)	え(役)	え●(兄)	え●(胞)	え●(江)	え●(柄)	え●(枝)	え○(榎)	え○(荏)	う(卯)	う○(鵜)	い(五十)	い(汝)	い(寝)	い(胆)	あ(吾)	あ(網)	あ(足)	あ●(畔)	上代単音節名詞
○	○		○				○		○	○	○	○			○				○		○				新撰
○	○			○					○	○					○						○	○	○		和名
○	○	○	○						○	○							○	○		○	○				文学
○		○	○				○	○							○								○		現代

し(羊蹄)	さ(箭)	こ●(此)	こ○(木)	こ○(蚕)	こ○(海鼠)	こ○(子)	こ○(粉)	こ○(籠)	け●(木)	け●(占)	け●(食)	け●(日)	け●(毛)	け●(笥)	き(牙)	き●(葱)	き●(棺)	き●(城)	き○(木)	き○(杵)	き○(酒)	か(日)	か(釜)	上代単音節名詞
○		○			○	○	○					○	○		○					○			○	新撰
○	○			○		○			○			○			○					○			○	和名
○		○	○	○	○	○			○			○			○			○	○	○			○	文学
	○	○										○											○	現代

つ(津)	ち(父)	ち(道)	ち(鉤)	ち(千)	ち(茅)	ち(血)	ち(乳)	た(為)	た(誰)	た(田)	そ●(其)	そ●(衣)	そ○(麻)	せ(背)	せ(兄)	せ(石花)	せ(瀬)	す(州)	す(酢)	す(簀)	す(巣)	す(沙)	し(其)	上代単音節名詞
	○		○	○	○		○							○			○	○		○	○		○	新撰
○	○	○		○	○	○	○					○	○					○	○	○	○		○	和名
○		○		○		○	○		○	○		○	○		○	○		○		○			○	文学
	○	○		○			○			○		○		○	○			○		○	○			現代

10. 文法の変遷（左）と用言活用の変遷（右）

	動詞の主な現象	形容詞・形容動詞の主な現象	体言・副用言その他
奈良時代まで	・活用の種類は下一段活用を除いて八つあった． ・已然形で止める語法があった． ・用言を体言化するク語法がさかんに用いられた． ・語によって後代とは活用の種類が異なる．	・未然形・已然形活用語尾に「け」がある． ・「こそ」の結びは連体形になることがある． ・ミ語法がある． ・ナリ活用に成立の兆しがある（タリ活用はない）．	・指示代名詞が「こ・そ・か・いづ」，人称代名詞が「わ（あ）・な・か・た」の体系をもっていた． ・擬態語が豊富にある． ・陳述副詞がある．
平安時代	・ワ行下二段「蹴う」がカ行下一段となり，下一段活用「蹴る」が成立する． ・音便が発生する． 　イ音便　鳴いて 　ウ音便　給うて 　撥音便　喜んで 　促音便　切って	・已然形活用語尾に「けれ」が用いられる． ・音便が発生する． 　イ音便　わかい 　ウ音便　うつくしう 　撥音便　多かんなる ・ナリ活用が成立し，漢文訓読にタリ活用が現れた．	・準体法がさかんに用いられる． ・注釈副詞の用法が発達する． ・係り結びが完成する．
鎌倉・室町時代	・終止形が連体形と同じ形になる傾向が生じる． ・ラ変が四段化する． ・二段活用の一段化が始まる． ・音便形がしだいに用いられる． ・四段を下一段化させて可能動詞が発生する．	・終止形が連体形のイ音便と同じになり，ク活用とシク活用の区別が消滅する． ・シク活用の終止形に「し」が用いられる． ・タリ活用は鎌倉時代を中心に広まる．	・接続詞が発達する． ・人称代名詞が複雑化し，コソアド体系が整う． ・擬態語がさらに豊富になる． ・「テ＋補助動詞」がしだいに増えていく．
江戸時代	・終止形が連体形と同じになる． ・二段活用が一段化する． ・四段の未然形にオ段音が現れて，五段活用となる． ・「已然形＋ば」が仮定条件を表すようになる． ・ナ変が四段化する．	・形容詞「けれ＋ば」が仮定条件にも用いられる． ・「しく＋は」が「しく＋ば」となる． ・形容動詞「なら＋ば」が仮定条件を表す． ・タリ活用が衰滅する．	・音便形が一般化する． ・助動詞「ない」が江戸語で形容詞型活用をとる． ・終助詞が発達する． ・「に違いない」「たばかりに」のような複合辞が発達していく．
明治時代以降	・一字漢語のサ変動詞が上一段化・四段化する．例：信じる（信ずる），訳す（訳する） ・漢語・外来語がサ変動詞でさかんに用いられる． ・近年，ラ抜きことばの可能動詞が広がる．	・仮定条件は形容詞「けれ＋ば」だけが用いられる． ・外来語が形容動詞化することが多くなる． ・「問題な発言」のように，連体修飾に「な」をとる語が増えている．	・否定・丁寧・推量の意などを含む文末表現の体系が確立される． ・助動詞「みたいだ」が成立する．

付表

時代	動詞活用の種類	形容詞の活用	形容動詞の活用
奈良時代まで	カ行変格活用／サ行変格活用／上一段活用／上二段活用／下二段活用／ナ行変格活用／ラ行変格活用／四段活用	け／く／し／しき／け ○／から／かり／○／かる／○／○／しけ／しく／しき／しかる／しから／しかり／○／しかる／○	（なら）／なり／なる／（なれ）／（なり）／なる／（なれ）
平安時代	カ行変格活用／サ行変格活用／上一段活用／上二段活用／下二段活用／ナ行変格活用／ラ行変格活用／四段活用	（う）／く／（い）／き／けれ／かれ／から／かり／○／かる／○／○／しから／しかり／（しう）／しく／（しい）／しき／しかる／しけれ／しかれ	なら／なり／なり／なる／なれ／なれ／に／たら／たり／と／たり／たる／たれ／たれ
鎌倉・室町時代	カ行変格活用／サ行変格活用／上一段活用／上二段活用／下二段活用／ナ行変格活用／四段活用	から／かり／（う）／く／（し）／い／（き）／かる／けれ／かれ	なら／なり／な／なれ／なれ／に／で／ぢゃ／たら／たり／たり／たる／たれ／○／と／たり／たる／たれ
江戸時代	カ行変格活用／サ行変格活用／上一段活用／下一段活用／五段活用	かろ／かっ／う／く／い／い／けれ／○	だろ／だっ／で／な／なら／に／（な）／○	（と）／（たる）
明治時代以降	カ行変格活用／サ行変格活用／上一段活用／下一段活用／五段活用	かろ／かっ／う／く／い／い／けれ／○	だろ／だっ／で／な／なら／に／○	（と）／（たる）

11. 助動詞の変遷（一部，複合辞を含む）

比況	丁寧	断定	希望	継続	完了	過去
ごとし		なり		ふ→×	り／たり／ぬ／つ	けり／き
ごとし／ごとくなり／やうなり		なり／たり	まほし→×	（→×）	り→×／たり／ぬ／つ	けり／き
やうな・やうぢゃ（ごとし×／ごとくなり×／やうなり×）	まらする—まする	たり→×／なり→である／であ—ぢゃ／だ	たし—たい／たがる		た（たる）／ぬ→×／つ→×／ている／てある	けり→×／き→×
ようじゃ・ようだ	ます・まする／ませなんだ	たり→×／なり→である／だ／じゃ／でございます	たい／たがる		た／ている／てある／てしまう	
みたいだ／ようだ	ます／ませんでした	たり（接続助詞）／である／です／や（西日本）／だ	たい／たがる		た／ている／てある／てしまう	け（方言）

付表

	奈良時代まで	平安時代	鎌倉・室町時代	江戸時代	明治時代以降
受身	ゆ・らゆ　る・らる	る・らる	るる・らるる	れる・られる	れる・られる
自発	る・らる	る・らる	るる・らるる	れる・られる	れる・られる
可能	可能は否定の表現にだけ用いられる	（「—たまふ」の形で）	（「（さ）せらるる」の形で）	（「（さ）せられる」の形で）	（「（さ）せられる」の形で）
尊敬	す（四段）→×	す（下二段）・さす・しむ	する・さする	せる・させる	せる・させる
使役	しむ	す・さす　しむ	しむる（以降、文語）　する・さする	しむる　せる・させる	しむる　せる・させる
打消	ず　（なふ）	ず	ない（東日本）　ぬ（ん）　なんだ	ぬ（ん）　ない　なんだ・なかった	ぬ（ん）（西日本）　ない　なかった
推量	む　けむ　らむ　まし　べし　らし　まじ　ましじ	む　むず（んず）　けむ（けん）　らむ（らん）　まし　べし　べらなり→×　らし　じ　まじ　めり→×	う　んず・うず→×　けむ→×　らう→×　まし→×　さうな　べし・べい→×　らし→×　まじき・まじい→まい	う・よう　たろう　であろう—だろう　なんだ・なかった　そうじゃ・そうだ（伝聞・推量も）　らしい　じ　まい	う・よう　ただろう　だろう　そうだ　らしい　まい　ないだろう

12. 助詞の変遷（◎＝その時代に生じたもの　△＝その時代に用法が変化したもの　×＝その時代に特有のもの）

間投助詞		終助詞						係助詞				副助詞					
強意	感動	疑問	強意	感動	他への希望	希望	禁止	疑問・反語	強調	添加	主題	強意	例示	限定	程度	添加	類推
わ・ろ×・ゑ×	や・よ・を			も・かも・は・を・な	なも・(なむ)・な・に・(も)	しか・な・もが	な・(な…)そ	や・か	ぞ・なも・こそ	も	は	し・い・しも		のみ	まで・ばかり	さへ	だに・すら
	や・よ・を		かし◎	な・かな・は・も	なむ	しが・ばや・もがな	な・(な…)そ	や・か	ぞ・なむ・こそ	も	は	し・しも	など◎	のみ・ばかり△	まで・ばかり	さへ	だに・すら
	や・よ	か△・ぞ	かし	な・かな・わ・の◎		ばや	な・(な…)そ	や・か	ぞ・こそ	も	は	し・しも・は×し	など	ばかり	まで・ばかり・ほど・くらい◎	さへ	さへ△
さ◎・な◎・ね◎・の△	よ	か	い◎	な・わ・の・て・ぜ◎			な		こそ	も	は		など	ばかり・しか	まで・ばかり・きり・だけ・ほど・くらい	まで△・さえ	さえ
さ・な・ね	よ	か		な・なあ・わ・ぜ			な		こそ	も	は		など・なんか・なんて	ばかり・きり・だけ・しか	まで・ばかり・ほど・くらい	まで・さえ	でも・さえ

付　表

時代	格助詞				接続助詞							
	主格	連体修飾	連用修飾	並立	条件				列叙		列挙	同時並行	前提
					順接仮定	順接確定	逆接仮定	逆接確定	順接	逆接			

時代	主格	連体修飾	連用修飾	並立	順接仮定	順接確定	逆接仮定	逆接確定	順接列叙	逆接列叙	列挙	同時並行	前提
奈良時代まで	(が)・(の)	が・の・つ・な	に・を・(へ)・と・(から)・にて・より・よ・ゆり・ゆ・して	と	ば	ば	とも	ど・ども	て・して・に	を・ものから・ものゆゑ		つつ	
平安時代	(が)・(の)	が・の	に・を・へ・と・よ・り・から・にて・して	と・に・の・や	ば	ば・からに	とも・と	ど・ども	て・して・に・で	を・ものの・ものから・ものゆゑ	ぬ（…ぬ）	つつ	に
鎌倉・室町時代	が・の	が・の	に・を・へ・と・よ・り・で	と・に・や	ば・たら・なら	ば・さかい・ほどに	とも・ても	ど・ども・けれども	て・に・いで	を・も・ものの・のに	ぬ（…ぬ）・つ（…つ）・たり（…な）	つつ・ながら	に・が・ところに
江戸時代	が・の	が・の	に・を・へ・と・よ・り・から・で	と・に・や	ば・たら・なら	ば・から・さかい・で・ので	ても	けれども・ても	て・ないで	のに・ところで・が・ものの	し・たり・は	ながら	が・と・ところに
明治時代	が・(の)	の	に・を・へ・と・よ・り・から・で	と・に・や	ば・たら・なら	から・ので	ても・ところで	けれども・ても	て・ないで	のに・が・ものの	し・たり・ば・は	ながら	が・と・ところに

13. 待遇表現の変遷

	概　観	尊敬語
奈良時代まで	・話し手の主観を基準として敬語が用いられる． ・尊敬語・謙譲語が用いられる． ・神や天皇が自分自身に対して敬意を表す自敬表現が用いられる． ・丁寧語はまだみえない．	代名詞　まし・いまし・みまし・きみ 動詞　います・ます・きこす・たまふ・めす・をす 補助動詞　たまふ・たぶ・めす・をす 助動詞　す（四段） 接頭語　み・おほ・おほみ　ま・たま・ふと・とよ 接尾語　たち
平安時代	・身分などを基準として敬語を用いる． ・尊敬語を中心として複雑化する． ・丁寧語が発生する． ・「…したてまつりたまふ」のような，二方面に対する尊敬表現が発達する． ・「奏す」「啓す」などの絶対敬語が用いられる．	代名詞　おまへ・おもと・そこもと・貴殿・御辺 動詞　おはす・おはします・おぼしめす・大殿ごもる・御覧ず・たまふ・のたまふ・めす 補助動詞　たまふ（四段）・おはす 助動詞　す（下二段）・さす・しむ・る・らる 接頭語　お・み・おん・おほん・ご・ぎょ 接尾語　どの・きみ・たち・うへ
鎌倉・室町時代	・社会的な人間関係を基準として敬語を用いる． ・人称代名詞が多様化する． ・丁寧語が発達する． ・男女で丁寧語の使用に違いがみられる．	代名詞　おぬし・こなた・そなた・そこもと 動詞　おしゃる・おぢゃる・おりゃる・めす 補助動詞　なさる・なる 助動詞　るる・らるる・せらるる 接頭語　お・み・おん・ご・貴・尊・芳 接尾語　さま・どの・きみ・たち・うへ その他　お…なさる・お…ある・お…なる
江戸時代	・身分・階級など社会的な基準によって敬語を用いる． ・人称代名詞が多様化する． ・接頭語と補助動詞などからなる敬語表現が発達する． ・丁寧語が発達し，職業や階級，男女の差によって使用に違いがある．	代名詞　おまえ・こなた・そなた・貴様・貴殿 動詞　いらっしゃる・おっしゃる・なさる・めす 補助動詞　なさる・あそばす 助動詞　れる・られる・せられる 接頭語　お・み・おん・ご・貴・尊・芳 接尾語　さま・さん・がた その他　お…なさる・お…だ・お…になる
明治時代以降	・第三者に対する敬意よりも聞き手に対する敬意の表現が強く意識される． ・敬意を表すというよりも話し手の品位を示す言い方が好まれる． ・謙譲語を丁寧語化して用いる． ・敬語の語彙が単純化する．	代名詞　貴兄・お宅 動詞　いらっしゃる・ご覧になる・なさる・めす 補助動詞　なさる・あそばす 助動詞　れる・られる・せられる 接頭語　お・ご・貴・尊・芳 接尾語　さま・さん・がた その他　お…になる・お…なさる

	謙讓語	丁寧語	軽卑語
奈良時代まで	代名詞　やつがれ 動詞　たまはる・たてまつる・たまふ（下二段）・はべり・まかる・まつる・まゐる・まをす 補助動詞　まつる・まをす・たまふ（下二段）		代名詞　（二人称） 　わけ・おのれ・おれ 助詞　が
平安時代	代名詞　おのれ・ここもと・やつがれ・小生 動詞　きこゆ・さぶらふ・たてまつる・はべり・まうす・まかづ・まかる・まゐる 補助動詞　きこゆ・さぶらふ・たてまつる・たまふ（下二段）・つかうまつる・まうす 接頭語　愚・小・弊・微 接尾語　め・ら	補助動詞　はべり・さぶらふ	代名詞　（二人称） 　おのれ・おれ 助詞　が
鎌倉・室町時代	代名詞　わたくし・それがし・おれ・拙者 動詞　いただく・さうらふ・さぶらふ・ぞんずる・たてまつる・はべる・まゐる 補助動詞　いたす・さふらふ・さぶらふ・つかまつる・まうす 接頭語　愚・拙・小 接尾語　め・ら・ども	動詞　ござある・ござる・おりゃる・おぢゃる 補助動詞　さうらふ・さぶらふ・さう・す・ござる・おりゃる・まらする	名詞　がき 代名詞　おのれ・あいつ・あいつめ 動詞　ぬかす 助詞　が 接尾語　め・ら
江戸時代	代名詞　わたし・わたくし・わし・おれ・おいら・みども・てまえ・拙者・小生 動詞　いたす・ぞんずる・まいる・もうす 補助動詞　いたす・ていただく 接頭語　愚・小・拙・私 接尾語　め・ら・ども その他　お…いたす・お…する	動詞　ござる・ございます・しゃる 補助動詞　でござり（い）ます・でござる 助動詞　ます　です・しゃる・しゃんす・んす・やしゃる	名詞　あま・がき 代名詞　てめえ・おのれ・あいつ 動詞　くたばる・ぬかす・ほざく 補助動詞　やがる 接尾語　め・ら
明治時代以降	代名詞　わたし・わたくし・おれ・小生 動詞　いたす・いただく・もうす・まいる 補助動詞　あげる・てさしあげる 接頭語　愚・拙・小・弊 接尾語　め・ども その他　お…する・お…いたす・お…もうす・お…もうしあげる	動詞　ございます 補助動詞　でございます・であります 助動詞　です・ます	名詞　がき・どじ 代名詞　あいつ 動詞　くたばる・ずらかる・ぬかす・ほざく 補助動詞　やがる 接尾語　め・ら

14. 文体の変遷

奈良時代	純漢文＝中国古典文の語法に準拠『日本書紀』『懐風藻』 変体漢文＝漢文の語法を用いて日本語文を志向『古事記』『風土記』 宣命体＝付属語部分を万葉仮名で小書き「祝詞」「宣命」 万葉仮名文＝「正倉院文書」『万葉集』「歌謡」
平安時代	和文体＝平仮名文　和文語の使用，一文が長い　朧化表現 　　　　　『源氏物語』『枕草子』『かげろふ日記』 純漢文＝前代からの継承『本朝文粋』『三代格』 変体漢文（記録体）＝前代からの継承『御堂関白記』高山寺本『古往来』 漢文訓読体＝訓点資料　漢文訓読語の使用 　　　　　　漢籍（大学寮・博士），仏典（寺院・僧侶）の訓読
鎌倉・室町時代	中古の諸文体が文語体の規範となる．→擬古文『徒然草』 和漢混淆(交)文＝和文体と漢文訓読体の混淆(交) 　　　　　　　『今昔物語集』は両文体の折衷 　　　　　　　『方丈記』『平家物語』『太平記』 口語文＝室町時代口語の記録 　　　　抄物「中華若木詩抄」「四河入海」 　　　　キリシタン資料　『天草版平家物語』 　　　　狂言台本『狂言六義』
江戸時代	変体漢文＝前代の継承　公私の文書 候文体＝書簡文→公用文書に拡がる． 擬古文体＝国学者の間で，平安時代の和文を模した文体が好まれる． 俳文体＝和漢混淆文に美文要素を強めた，修辞的要素の濃い文体 　　　　俳人たちの間で流行『おくのほそ道』（松尾芭蕉） 口語文＝洒落本，滑稽本の会話部分　町人，庶民の話体
明治時代以降	普通文＝漢文訓読体・和漢折衷体・候文体が統一された文語文 　　　　法令や新聞雑誌などに用いられた． 口語文＝でござる体→明治初期に啓蒙書や演説などで用いられた． 　　　　加藤弘之『真政大意』，西周『百一新論』 　　　　言文一致の運動が起こり，明治20年代以降小説の文体として言文一致体が確立した． 　　　　だ調…二葉亭四迷『浮雲』『あひゞき』 　　　　です調…山田美妙『夏木立』 　　　　である調…尾崎紅葉『多情多恨』 　　　　であります調…嵯峨の屋御室『野末の菊』

資　　料

1. 稲荷山古墳鉄剣銘——5世紀の日本語表記
2. 宣命——奈良時代の散文
3. 万葉集［西本願寺本］——奈良時代の韻文
4. 正倉院万葉仮名文書——奈良時代の万葉仮名文
5. 讃岐国戸籍帳端書 有年申文——平安時代前期の草仮名文
6. 源氏物語 桐壺［陽明文庫本］——平安時代の仮名文
7. 長恨歌［正宗敦夫文庫本］——平安・鎌倉時代の訓点資料
8. 類聚名義抄［観智院本］仏下末（十六オ）——鎌倉時代の漢字辞書
9. 下官集［定家本］——定家仮名遣
10. 阿弖河庄上村百姓等言上状——鎌倉時代の片仮名文
11. 平家物語［高野本］——鎌倉時代の和漢混淆文
12. 天草版 伊曽保物語——天草版ローマ字本
13. 蜆縮涼鼓集，和漢音釈書言字考節用集——江戸時代の辞書
14. 浮世風呂——江戸時代後期の江戸語
15. 西洋事情，真政大意——江戸時代から明治時代の外来語
16. 気海観瀾広義，言海——江戸時代から明治時代の新漢語
17. 怪談牡丹燈籠，浮雲，夏木立，金色夜叉——近代口語体と速記本

資料の所蔵先一覧

1. 稲荷山古墳鉄剣銘——5世紀の日本語表記

【翻字】

辛亥年七月中記乎獲居臣上祖名意富比垝其児多加利足尼其児名弖已加利獲居

其児名多加披次獲居其児名多沙鬼獲居其児名半弖比

其児名加差披余其児名乎獲居臣世々為杖刀人首奉事来至今

獲加多支鹵大王寺在斯鬼宮時吾左治天下令作此百練利刀記吾奉事根原也

【読み下し文】

辛亥年七月中に記す。ヲワケの臣の上祖の名はオホヒコ、其の児タカリスクネ、其の児の名テヨカリワケ、其の児の名タカハシワケ、其の児の名タサキワケ、其の児の名ハデヒ、

其の児の名カサハヤ、其の児の名ヲワケの臣、世々杖刀人の首として事へ奉り来たりて今に至る。ワカタケル大王の寺シキの宮に在りし時、吾天下を左治す。此の百練利刀を作らしめて吾が事へ奉れる根原を記す。

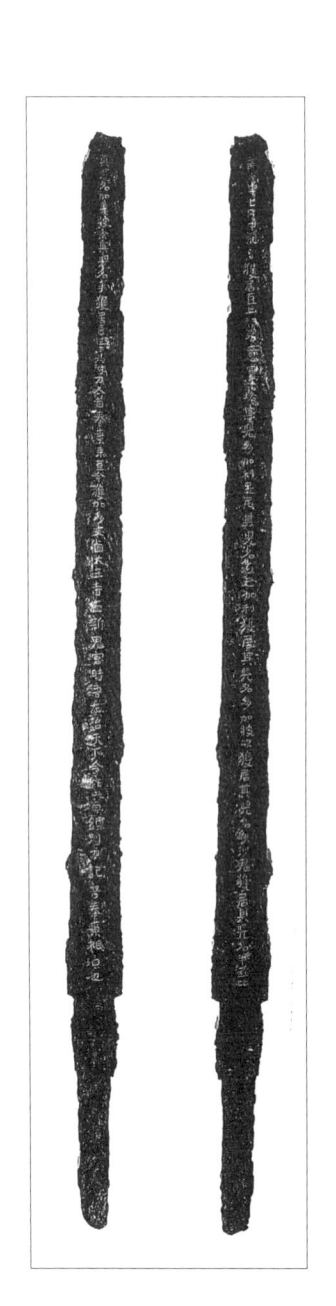

2. 宣命（天平勝宝9年〈757〉3月25日）――奈良時代の散文

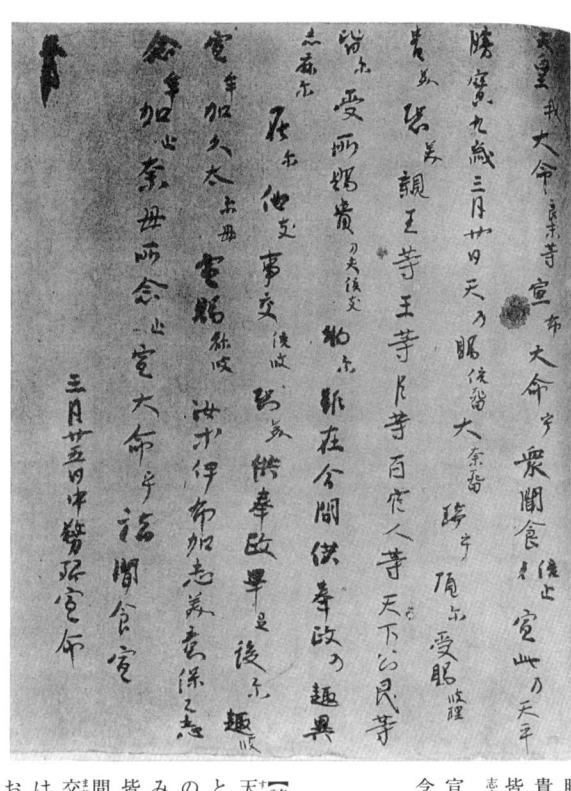

【翻字】

天皇我大命良末等宣布大命乎衆聞食倍止宣。此乃天平勝宝九歳三月廿日天乃賜倍留大奈留瑞乎頂尓受賜波理貴美恐美親王等王等臣等百官人等天下公民等皆尓受所賜貴刀夫倍伎物尓雖在今間供奉政乃趣異尓在尓他尓事交供奉政畢弖後尓趣波宣本。加久太尓宣賜波倍美供奉政畢弖後尓趣波宣本。加久太尓宣賜奈母所念止宣大命乎諸聞食宣。

三月廿五日　中務卿宣命

【読み下し文】

天皇が大命らまと宣りたまふ大命を衆き食へと宣りたまふ。此の天平勝宝九歳三月廿日に、天の賜へる大きなる瑞を頂に受け賜はり、貴み恐み、親王等王等臣等百官人等天下公民等、皆に受け賜はり貴とぶべき物に在ると雖も、今の間は供へ奉る政の趣異しまに在るに、他しき事に交へば恐み供へ奉る政畢へて後に、趣は宣りたまはむ。かくだにも宣り賜ひたまはしと宣りたまふ大命を諸聞き食へと宣りたまふ。

三月廿五日中務卿命を宣りたまふ。

3. 万葉集［西本願寺本］（鎌倉時代後期写）――奈良時代の韻文

【翻字】

春雑歌

志貴皇子懽御歌一首
石激垂見之上乃左和良妣乃毛要出
春尓成来鴨

鏡王女歌一首
神奈備乃伊波瀬乃社之喚子鳥
痛莫鳴吾恋益

【読み下し文】

春雑歌

志貴皇子の懽びの御歌一首
石ばしる垂水の上のさ蕨の萌え出づる
春になりにけるかも（巻八・一四一八）

鏡王女の歌一首
神名火の伊波瀬の社の呼子鳥
いたくな鳴きそあが恋まさる（巻八・一四一九）

4. 正倉院万葉仮名文書──奈良時代の万葉仮名文

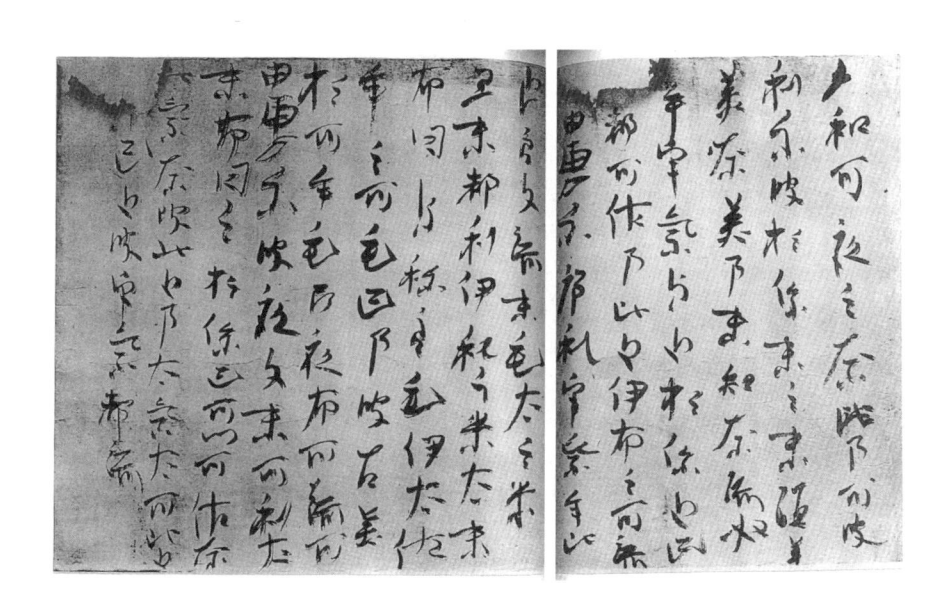

【翻字】
■ 和可夜之奈比乃可波
利尓波於保末之末須美
美奈美乃末知奈流奴
乎宇気与止於保止己
(可) 都可佐乃比止伊布之可流
止良久流末毛太之米
(可) 由恵尓序礼宇気牟比
弓末都利伊礼之米太末
布日与袮良毛伊太佐
牟之可毛己乃波古美
於可牟毛阿夜布可流可
由恵尓波夜久末可利太
末布日之於保己可川可佐奈
比気奈波比止乃太気太可比止
□己止波宇気都流

【読み下し文】
我が養ひの代りには、おほまします〔み〕
南の町なる奴を受けよと大床が司の人言
ふ。然るが故に、それ受けむ人ら車持たし
めて奉り入れしめ給ふ日、米らも出ださ
む。然も、この運み置かむも危かるが故に
早く罷り給ふ日し、おほこ（大床）が司な
びけなば、人の丈高人□事は受けつる。

5. 讃岐国戸籍帳端書 有年申文（藤原有年筆，貞観9年〈867〉）
　　——平安時代前期の草仮名文

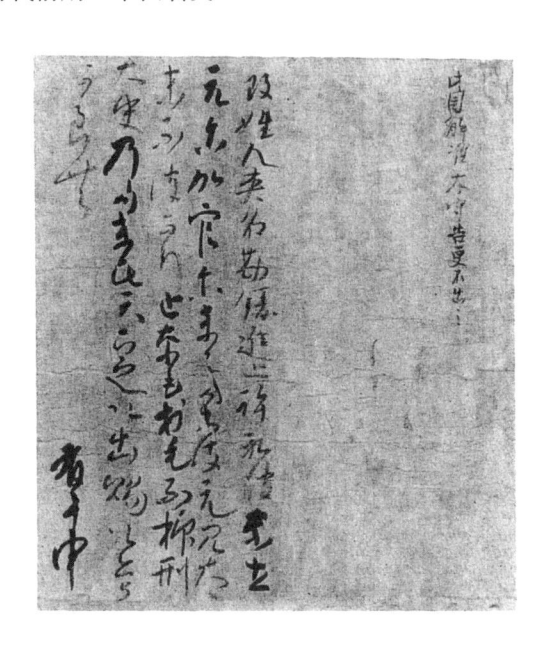

【翻字】
改姓人夾名勘録進上許礼波奈世
无尓加官尓末之多末波无見太
末不波可利止奈毛於毛不抑刑
大史乃多末比天定以出賜以止与
可良無
　　　　　　　　　　　　有年申

【読み下し文】
姓ヲ改ムル人ノ夾名ヲ勘録シ進
上す。これは何せむにか官に申
したまはむ。見たまふばかりと
なも思ふ。抑モ刑大史のたまひ
て定以テ出シ賜フ。いと良か
らむ。
　　　　　　　　　　　　有年申す。

6. 源氏物語 桐壺［陽明文庫本］（鎌倉時代中期写）──平安時代の仮名文

【翻字】
いつれの御時にか女御かういあまたさふ
らひ給ける中にいとやんことなき、は
にはあらぬかすくれてときめきたまふ
おはしけりはしめよりわれはとおもひ
あかり給へる御かた／＼はめさましき
ものに思ひをとしめそねみ給けるそれ
よりけらうのかうい（に）たちなとはあさゆふ
のみやつかへにつけつ、もやすからぬ事
おほく思ひつむるま、に人の心をうこかし
なけきおふつもりにやいとあつしう
なりゆきてものこゝろほそけに思ひ

7. 長恨歌 ［正宗敦夫文庫本］（正安2年〈1300〉加点）
── 平安・鎌倉時代の訓点資料

【翻字】

以聞玄宗流涙慟絶良久謂使者曰乃不

謬矣今世人猶言玄宗与貴妃

處世間為夫妻之至矣歌曰

漢皇重色思傾国　　御宇多年求不得

楊家有女初長成　　養在深窓人未識

天生麗質難自弃　　一朝選在君王側

【読み下し文】

玄宗に以(も)て聞(き)く。涙(を)流(して)慟(どう)ス*絶スルこと良久シ。使ー者に謂ツテ曰ハク、乃(ち)、謬ラ不リケリ[矣]。今の世の人、猶言(はく)、玄宗、貴妃与世間に處シテ、夫ー妻(の)[之]至リ為ラム[矣]。歌(ひて)曰(はく)、

*ヲコト点「を」あり、不審。

漢皇色を重(んじ)て思(ふ)傾ー国を。御(去濁)ー宇(上)多ー年求(むれ)と(も)得不。

楊家に女有リ初(め)て長ー成レリ。養(は)して深ー窓に在レバ人未ダ識(ら)ズ。

天の生セル麗ー質ナレ(ば)自に弃(て)難シ。一朝に選ハレて君王の側に在(り)。

*ヲコト点「を」不審、「は」の位置がずれたか。

（注）ルビは片仮名、ヲコト点は平仮名で示す。（　）は補読。（去濁）（上）は声点（アクセント、清濁）。句読点は適宜補った。

以閑玄宗勸能良久、詔使者乃承
詔、貧、今世人、楷言、玄宗与貴妃
處世間、爲夫妻ヽ至、貧歌曰
漢皇重色思傾國
楊家有女初長成
天生麗質難自棄
御宇多年求不得
養在深閨人未識
一朝選在君王側

8. 類聚名義抄 [観智院本] 仏下末（十六オ）（11〜12世紀ごろ）
　　――鎌倉時代の漢字辞書

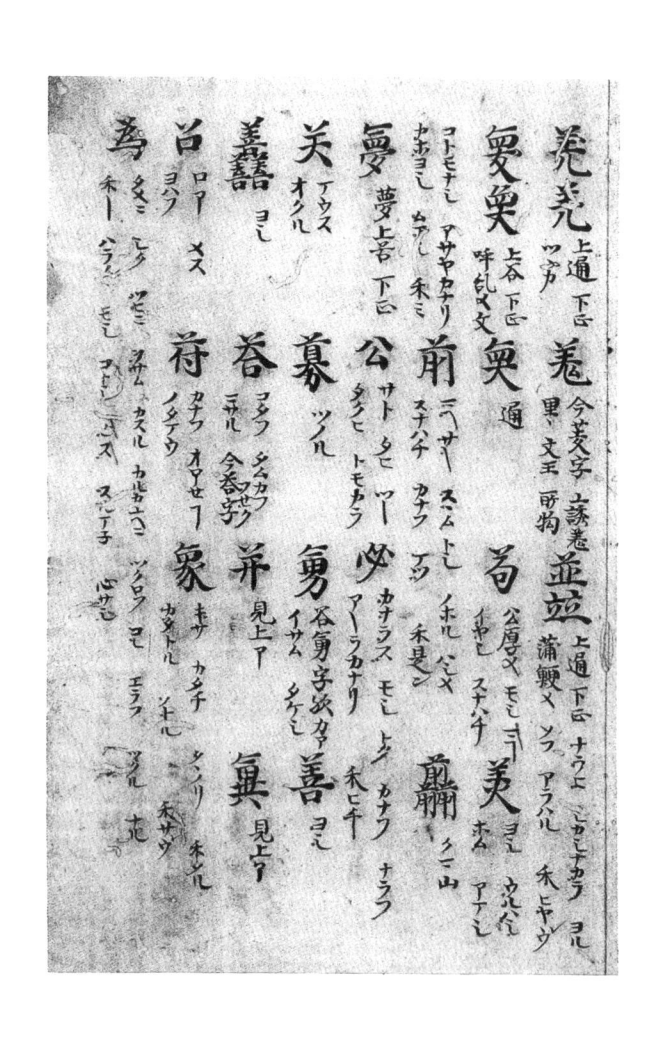

9. 下官集［定家本］──定家仮名遣

【翻字】

一嫌文字事
他人惣不然又先達強無此事只愚意分別者極
僻事也親疎老少一人無同心之人尤可謂道理
況亦当世之人所書文字之狼藉過于古人之
所用来心中恨之

緒之音　を　ちりぬるを書之仍欲用之
をみなへし　をとは山
をくら山　　たまのを
をさゝ　　　をたえのはし
をくつゆ
てにをはの詞のをの字

尾之音　お　うのおくやまに書之故也
おく山　　おほかた
おもふ　　おしむ
おとろく　おきの葉
おのへのまつ　はなをおる
時おりふし

10. 阿弖河庄上村百姓等言上状（建治元年〈1275〉写）
——鎌倉時代の片仮名文

【翻字】

阿テ河ノ上村百姓ラツヽシテ言上
一 フセタノコトリヤウケノヲカタエフセ
シツメラレテ候ヲソノウエニチトウノ
カタエマタ四百文フセラレ候ヌマタ
コトニ百姓スツナキコトニテ候
ソノウエニトシヘチニ一タンニ二百文ツヽノ
フセレウヲセメトラル、コトタヘカタク候

一 ウスクマリタトナツケテタンヘチニ
三百文ノセニセメトラレ候コト
センレイナキコトニテ候アイタ
コトニ百姓スツナキコトニテ候
コノテウ、ウ、ノヒレイニテセメラレ
候アイタ百姓トコロニアント
シ（ガ）タク候
ケンチカンネン十月廿八日
　　　　　　　　　百姓ラ申上

11. 平家物語 ［高野本］——鎌倉時代の和漢混淆文

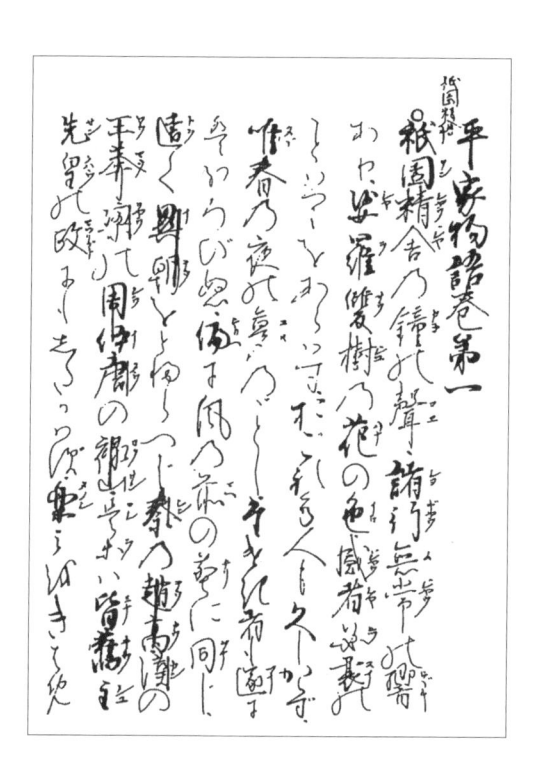

【翻字】（振り仮名、句読点は省略した）
平家物語巻第一
祇園精舎の鐘の聲諸行無常の響
あり娑羅雙樹の花の色盛者必衰の
ことはりをあらはすおごれる人も久しからず
唯春の夜の夢のごとしたけき者も遂に
はほろびぬ偏に風の前の塵に同じ
遠く異朝をとぶらへば秦の趙高漢の
王莽梁の周伊唐の禄山是等は皆舊主
先皇の政にもしたがはず楽みをきはめ

12. 天草版 伊曽保物語 (16世紀末) ——天草版ローマ字本

> Cameto, vaxino coto.
>
> Aru came tobitai cocoroga tçuite, vaxino motoni ytte tobŏzuru yŏuo voxiyefaxararei : voreiniua meixuno tatematçurŏzuruto yŭni yotte, vaxiua cašitçucode cumomade agatte, nozomiua taxxitacato iyeba : nacanaca, imacofo nozomiua taxxitareto yŭ fodoni, faraba yacufocuno tamauo cureito iyeba, atayŏzuru tamaga nŏte, mugon furuni yotte, iuauono vyeni naguecaqete coroite curŏta.
>
> Xitagocoro.
>
> Amatano fitoua vagamini vôjenu tanoximiuo tacumucara, yttan fono tanoximiuomo toguredemo, fono michicara vochite, miuo ayamatçu mono gia.

【読み下し文】

　　　　亀と鷲の事

　ある亀、飛びたい心がついて、鷲のもとに行つて、「飛ばうずるやうを教へさせられい、お礼には名珠(めいしゅ)を奉らうずる」と言ふによつて、鷲は掴(つか)うで雲まであがつて、「望みは達したか」といへば、「なかなか今こそ望みは達したれ」と言ふほどに、「さらば約束の珠をくれい」といへば、与へうずる珠が無うて、無言(むごん)するによつて、巌(いはほ)のうへに投げかけて殺(ころ)いてくらうた。

　　　　　下　心

　あまたの人は、わが身に応ぜぬ楽みをたくむから、一旦その楽みをも遂ぐれども、その道から落ちて、身を過つものぢや。

【翻字】

Cameto, vaxino coto.

Aru came tobitai cocoroga tçuite, vaxino motoni ytte tobŏzuru yŏuo voxiyesaxararei* : voreiniua meixuuo tatematçurŏzuruto yŭni yotte, vaxiua cai tçucŏde cumomade agatte, nozomiua taxxitacato iyeba : nacanaca, imacoso nozomiua taxxitareto yŭ fodoni, saraba yacusocuno tamauo cureito iyeba, atayôzuru tamaga nŏte, mugon suruni yotte, iuauono vyeni naguecaqete coroite curŏta.

Xitagocoro.

Amatano fitoua vagamini vôjenu tanoximiuo tacumucara, yttan sono tanoximiuomo toguredomo, sono michicara vochite, miuo ayamatçu mono gia.

＊ 「saxararei」は「saxerarei」の誤りか.

13. 蜆縮涼鼓集(上図，鴨東薮父，元禄8年〈1695〉)，
    和漢音釈書言字考節用集（下図）──江戸時代の辞書

【翻字】

くうぢ　　　　空地 アキ地也
くらづかさ　　内蔵寮
くず　　　　　葛 ─ノ葉 ─ノ粉 ─餅同
くはうじ　　　国栖 吉野─ 年中行事
ぐんじ　　　　荒神 ─三宝 ─庄司
くはんじゆ　　郡司 ─庄司
くしやうじん倶生神 仏法
くぢら　　　　鯨鯢 一云クジラ 和名二違ヘリ
くはんじやう　欵状

くうぢ　　　　くづ屋　　　屑屋 ワラヤ
くづめぢ　　　くずめぢ　　苦集滅道 山城
くずかづら　　くずかづら　葛蔓
くにのさづち　くにのさづち　国狭槌尊 神
くらうづ　　　くらうづ　　蔵人 本官名クランド 今呼名二用
くはんじや　　くはんじや　冠者 くはじや共
ぐはちぎやうじ　ぐはちぎやうじ　月行事 年日─
くじやく　　　くじやく　　孔雀
くじか　　　　くじか　　　麕 在二海中二 鹿園同別名也
くつわづら　　くつわづら　轡 クツハヅラ 一云クツハト誤鯨
                                和名二久都和

14. 浮世風呂（式亭三馬, 文化6年〈1809〉）――江戸時代後期の江戸語

【翻字】

者は熱い湯で懲させると湯嫌ひになるものさ。逆櫓の浄瑠璃を語る人が能い・胴湯をかきまはす時は、皆さまはねますよ。ヤシッシッ、ヤシッシッ トントサア這入ましよ。兄さん早く這入 金「ナニあつい事があるものか。おぢさんが折角うめてお呉だは、鶴は強いから。金「鶴は強いぞく 兄「おとつさん。おいらも強いよ、コレ見な トンくくく 這入たよ 金「ヲ、つよいくく。手桶でだぶくくを汲で、ソ,ギア引 面白ぞくく

15. 西洋事情（上図，福沢諭吉，慶応2〜明治3年〈1866〜1870〉），真政大意（下図，加藤弘之，明治3年〈1870〉）
　——江戸時代から明治時代の外来語

【上図：西洋事情】

其事ヲ遂ケスト云フ
私有ヲ保護スル事
國法ヲ以テ人ノ私有ヲ保護スルハ國中貧冨ノ別
ナク皆其恩澤ヲ被ラサルモノニテ或ハ又冨豪ノ
勢ニ乗シテ暴行ヲ恣ニシ不正ノ行フノ弊ナキニ
非ラサレハ此弊ハ元私有ヲ保護スルカ為ニ生
タルモノニ非ラス畢竟他ノ法度ニ欠典アルヲ以
テ然ラシムルモノナリ良政府ノ下ニ於テハ一人
冨ヲ致セハ衆人其福ヲ共ニス仮令ヒ卑賤ノ小民
タリトモ自個ノ利益ヲ謀ラント知ラハ私有保護ノ

趣意ヲ誤解スルニ其處置ノ第一着ハ先ツ人ノ勤
勞ヲ保護スへシ「ワット」が蒸氣機關ヲ工夫シ「フル
トン」が繪画キ「ミルトン」が詩ヲ作リシ如キ此世ニ
功アラシメハ其世人其功ニ報ト自個ニ其報ヲ得ヘ
レ撫シテ之ヲ云ヘハ心力ヲ勞シテ従生スル物
アラハ其物ヲ鬻カラ所持シ或ハ之ヲ賣テ價ヲ取
ニ他ヨリ之ヲ妨ルノ理ナシ故ニ勤勞ノ保護ハ

【下図：真政大意】

是ヲ熟考シテ見ルト。箇様ナ華ノタメニ實ハ
不仁政ニナリ他ノ何故ト申ニ。右ノ如ク各員グ身
シト競ヒ合フテ勉強スレハバ又ナ益貧ヲ増ス
ヲ増シ。又勉強セヌ子ハ益ナ基貧ヲ増ス
様ニシテナルバカリ。愚昧ナルモノヒ懶惰ナ者
有リ勉強スルニ二十年モテ自然ト天賦ノ才力ナ
ハ廣ク所カ。各相應ナ幸福ヲ得ラレ子ツコリテ。
様ニ制度ガアリテ。箇様ナ華ハ終ニ愚昧懶惰

等ニ止マルニナリ。就テハ益其貧困ヲ増ス道理
デ到底國家ノ困窮風俗ノ頽敗ヲ生ズル根本ト
ナリテコレガ爲ニ歐洲ニモ昔古希臘ノ盛ナ時
今モ二三類シタ制度モアリ。又其後ニ至リテ「コ
ムニスメヂヤン。或ハ「ソシアリスメ」ト抱フコ
デノ經濟學ガ起リテ。或ハ少々異ナル所ハアレ
ドモ先ハ大同小異デ今日天下億兆ノ相生養スル
上ニ於テ。衣食住ヲ始メ都テ何事モ何事ニ
ヨラズ。一様ニシヤウト云フ論デ元來此學派ノ

16. 気海観瀾広義（上図，青地林宗，文政10年〈1827〉），
言海（下図，大槻文彦，第四冊，明治24年〈1891〉）
——江戸時代から明治時代の新漢語

17. 怪談牡丹灯籠（左上図，明治17年〈1884〉），浮雲（左下図，二葉亭四迷，明治20〜22年〈1887〜1889〉），夏木立（右上図，山田美妙，明治21年〈1888〉），金色夜叉（右下図，尾崎紅葉，明治30〜35年〈1897〜1902〉）——近代口語体と速記本

丹造氏と共に圓朝子が出席する寄席に就き請て樂屋に入り速記法を以て圓朝子が演する所の說話を其儘に直寫し片言隻語を改修せずして印刷に附せしは即ち此怪談牡丹燈籠なり是は有名なる支那の小說より飜案せし新奇の怪談にして頗る興あるのみならず勸懲に裨益ある物語にて毎に聽衆の喝采を博せし子が得意の人情話なれば其說話を聞く恰も其實況を見るが如くなると從て聞けば從て記し片言隻語と淺さず子が笑へば筆記も笑ひ子が怒れば筆記も怒り泣ば泣き喜べば喜び嬢子の言は優にして艶に傖夫の語は鄙にして訛る等所謂言語の寫真法を以て記したるがゆゑ此冊子を讀む者は亦寄席に於て圓朝子が人情話を親聽するが如き快樂あるべきを信ぜり以て我が速記法の功用の著大なるを知り玉ふべし但其記中往々文体を失し抑揚其宜きを得ず通讀に便ならざる所ありて尋常小說の如くならざるは即ち其調を寫さずる言語を直寫せし速記法たる所以にして我國に說話の語法なきを示し以て將來我國の言語上に改良を加へんと欲する遠大の目的を懐くものなれば看客幸ひに之を諒して愛讀あらんことを請ふ

若林玵藏識

怪談牡丹燈籠第壹編

三遊亭圓朝演述
若林玵藏筆記

第壹回

兇漢泥醉挑爭闘
壯士憤怒鏖鋼本

寛保三年の四月十一日まだ東京を江戸と申しました頃湯島天神の社にて聖徳太子の御祭禮を執行まして其の時大層參詣の人が出て群集雜踏を極めました茲に本郷三丁目に藤村屋新兵衛といふ刀劍商が御座いましてその店頭には善美商品が陳列てある所を通行かゝりました一人の侍は年齢二十一二とも覺しく色飽までも白く眉毛秀で目元キリゝッとして少し癇癪もちと見え鬢の毛をグーッと釣揚げて結わせ立派なお羽織にお結構なお拵へを着け雪駄を穿いて前に立ち背後に淺葱の法被に梵天帯を締め異

文三の某省へ奉職したは昨日今日のやうに思ふ間に既に二年近くになる。年頃節倹の功が現はれて此頃では些しは貯金も出來た事ゆゑ老耋ッたお袋に何時までも一人住の不自由をさせて置くも不孝の沙汰今年の暮には東京へ迎へて一家を成して而して……と思ふ旨を半分報知せてやれば母親は大悦び文三にはお勢といふ心宛が出來たことは知らぬが佛のやうな慈悲心から「早く相應な者を宛がつて初孫の顔を見度とおもふは親の私としてもかうなれど其地へ往ッて一軒の家を成やうになれば家の大黒柱とて無くて叶はぬは妻到底貰ふ事なら親類某の次女お何どのは内端で温順く器量も十人並で私には至極機に入ッたが此娘を迎へて妻としては」と寫眞まで添へての相談に文三はハット當惑の眉を顰めて物の序に云々と叔母のお政に話せば是れもまた當惑の躰○初めお勢が退塾して家に歸ッた頃「勇といふ嗣子があッて見ればお勢は到底嫁に遣らなければならぬが如何だ文三に配偶せては」と孫兵衛に相談をかけられた事も有ッたが其頃はお政も左様さ子と生返事何方附かずに綾なして月日を送る内お勢の甚だ文三に親しむを見てお政も遂に其氣になり當今では孫兵衛が「あゝ仲が好のは仕合はせなやうなもの丶兩方とも若い者同志だから

ますか。

　失禮ながら御名譽を埋没すゝのゝぇん必相應の報酬を差上げやうと存じちよいます」

開いた口の牡丹餅を意外は胸へ豚を搏たせて思はす膝を進めた。

「御尤の御情實折角の御依賴ですから夫れでは……」

「御承知すッて下さいますか」

「はい一先試しませう。才子佳人が主人公で政治の藥味が一寸加はり而して『諸君よ』の一箇處ぐらゐあります。いくら骨を折つて人情を穿つても度俗人の眼は眩みます。それを見別ける者が無いのですから骨折損です。今しばらく看客の見識が高くなるまでは節を屈して入るやうして居るのが一番の上策です」。

あゝ醉ひ。流石に希世の文學通だ。大概の人なら此一言で直ぐ隋しめて仕舞ふのだが翁は例の慈善會の會員ゆゑ其樣な冷淡な事をば爲かつた。

「如何にも是は一段面白い御考です。早速の御許諾で私も安堵いたしました。それから決鬪の話を持込みませう」。

「ま、一寸御待ちなさい」。

「妙でやすな。

「それからまた其上よい文章を『的』の字を澤山用ゐましやう」。

「はゝあ、『的』……『的』は至極宜い字でやす」。

「猶其上よ來の事を……」

「はゝ愈面白い」。

（八）

打霞みたる空ながら、月の色は匂滴るゝやうにて徽白き海は縹渺として限を知らず、響へば無邪氣なる夢を敷けるに似たり。寄せては返す波の音る眠けに怠りて、吹來る風は人を醉はしめんとす。打連れて此濱邊を逍遙せるは貫一と宮となりけり。

「堪忍して下さい」。

「僕は唯胸が一杯で何も言ふことが出來ない」。

五歩六歩行きし後宮はやう〳〵言出でつ。

「何も今更謝ることは無いよ。一體今度の事は翁さん姨さんの意から出たのか、又はお前さんの得心であるのか、其を聞けば可いのだから」。

「此地へ來るまでは僕は十分信じて居つた、お前さんに限つて那樣了簡のある可き筈は無いと。實は信じる信じないのありはしない、夫婦の間で、知れ切つた話だ。昨夜翁さんから悉しく話があつて、其上に賴むといふ御差含む涙に彼の聲は顫ひぬ。

「大恩を受けてゐる翁さん姨さんの事だから、賴むと言はれた日には、僕の體は火水の中へでも飛込まなければならないのだ。翁さん姨さんの賴なら、無論僕は火水の中へ

資料の所蔵先一覧

1. 稲荷山古墳鉄剣銘：文化庁保管，さきたま史跡の博物館資料提供
2. 宣命：宮内庁正倉院事務所蔵
3. 万葉集：お茶の水図書館蔵
4. 万葉仮名文書：宮内庁正倉院事務所蔵
5. 讃岐国戸籍帳端書　有年申文：東京国立博物館蔵（複製禁止，Image：TNM Image Archives Source: http://TnmArchires.jp）
6. 源氏物語　桐壺：陽明文庫蔵
7. 長恨歌：ノートルダム清心女子大学図書館蔵（正宗敦夫文庫）
8. 類聚名義抄：天理大学付属天理図書館蔵
9. 下官集：東京大学国語研究室蔵
10. 阿弖河庄上村百姓等言上状：金剛峯寺蔵（東京大学史料編纂所（編）『大日本古文書　高野山文書之六』，東京大学出版会，1979.）
11. 平家物語〈高野本〉：東京大学国語研究室蔵
12. 天草版伊曽保物語：大英博物館蔵（『勉誠社文庫3　伊曽保物語』，勉誠社，1976.）
13. 蜆縮涼鼓集：神宮文庫蔵（『駒沢大学国語研究資料第一　蜆縮涼鼓集』，汲古書院，1979.）

    和漢音釈書言字考節用集：国立国会図書館岡田文庫蔵
14. 浮世風呂：野村貴次氏旧蔵（『初版本浮世風呂　前編』，新典社，1978.）
15. 西洋事情：慶應義塾蔵梓（井上琢智（編集・解説）『幕末・明治期邦訳経済学書復刻シリーズ　第1期　幕末・明治初期邦訳経済学書　全7巻』，ユリーカ・プレス，2006.）

    真政大意（三都書林版　谷山楼蔵梓）：個人蔵
16. 気海観瀾広義（静修堂蔵版）：個人蔵

    言海：大槻文彦『私版　日本辞書　言海　第四冊』，大修館書店，1979.
17. 浮雲：金港堂版（名著復刻全集編集委員会（編）二葉亭四迷『新選　名著復刻全集　近代文学館　新編　浮雲（第一篇）』，日本近代文学館，1980.）

    金色夜叉：春陽堂版（精選名著復刻全集近代文学館・編集委員会（編）尾崎紅葉『精選　名著復刻全集　近代文学館　金色夜叉（前編）』，日本近代文学館，1978.）

    夏木立：金港堂版（名著復刻全集編集委員会（編）山田美妙『特選　名著復刻全集　近代文学館　夏木立』，日本近代文学館，1976.）

    牡丹燈籠：東京稗史出版社版（名著復刻全集編集委員会（編）三遊亭圓朝（演述）若林玵蔵（筆記）『名著復刻全集　近代文学館　牡丹燈籠』，日本近代文学館，1968.）

索　引

あ 行

青地林宗　185
ア行表記　18
アクセント　26, 143, 146
アクセント史　26
アクセント体系　27
『吾妻鏡』　119
東鑑体　119
「阿弖河庄上村百姓等言上状」　178
『天草版伊曽保物語』　85, 180
『天草版平家物語』　51
『海人藻芥』　130
アヤワ三行　18
　　──の統合　19
『有年申文』　39, 172
アルタイ諸語　2
『譜厄利亞興学小筌』　76
『譜厄利亞語林大成』　76
闇斎点　121

イ音便　13, 87
已然形　80
位相語　122, 125
位相語史　125
一音節　146
一字漢語サ変動詞　83
一人称　89
一斎点　121
「稲荷山古墳鉄剣銘」　31, 37, 168
『色葉字類抄』　63

ウィリアムス(W. Williams)　72

ヴォイス　100
ウ音便　13, 17, 87
『浮雲』　186
『浮世風呂』　183
受手尊敬　113
受身表現　112
漆紙文書　39

英華字典　71
『英華字典』　73
n 音便　16
m 音便　16
遠称　88
『円朝講談速記本』　123

鴨東萩父　182
欧文直訳体　123
『大鏡』　58
大槻文彦　185
大野晋　55
「岡田山一号墳鉄刀銘」　31
尾崎紅葉　123, 186
オーストロネシア語族　2
オ段長音　14
オノマトペ　22
　　──の拗音　19
『和蘭字彙』　76
音韻　142
音韻史　9
音韻表記　144
音仮名　36
『温故知新書』　64
音声表記　144
音節構造　13
音節の種類　144
音配列　143
　　──の制限　11

音便　16, 87
音読み　32

か 行

「会意」　32
開音　102
開音節　1
『改正増補和訳英辞書』　74
『解体新書』　74
『怪談牡丹灯籠』　186
『懐風藻』　59
開拗音　18
　　──の定着　21
外来語音　143
外来の語彙　55
『下学集』　64
係助詞　97, 162
　　強調の──　98
係り結び　80
書きことば　3
格助詞　93, 163
確定条件　85
　　逆接の──　95
　　順接の──　94
『雅言集覧』　64, 132
雅語　132
過去推量の丁寧体　108
過去否定の丁寧体　105, 107
雅俗の使い分け　132
片仮名　42
片仮名字体の変化　45
片仮名字体表　152
片仮名交じり文　122
荷田春満　50
活用　80
　　──の種類変化　82

活用形の用法　85
仮定形　86
仮定条件　85,97
　　逆接の――　95
　　順接の――　94
加藤弘之　184
仮名遣い　47
「仮名墨書土器」　39
可能動詞　88
雅文　120
雅文体　123
賀茂真淵　50
カリ活用　83
漢音　66,154
韓化漢文　118
漢語サ変動詞　25
漢語受容　65
漢字　30
　　――の形態的変化　67
「漢字御廃止之議」　33,123
漢字音対照表　154
漢字仮名交じり　121
漢字政策　33
神田孝平　123
間投助詞　99,162
神字日文伝　30
漢倭奴国王印　30
漢文教授に関する調査報告　121
漢文訓読　59
漢文訓読語　91,121
漢文訓読体　120
漢文訓読文体　122
漢文体　117
漢文直訳体　123
漢訳洋書　71
慣用音　67
『気海観瀾広義』　185
聞手尊敬　114
戯訓　36
擬古文　120
『魏志』倭人伝　58
擬態語　90

逆接の確定条件　95
逆接の仮定条件　95
『玉篇』　62
『拠字造語抄』　60
ギリシャ型アクセント　28
キリスト教　75
記録体　118
近称　89
近世語　5
近代音　66
近代語　5
近代口語体　186

ク活用　81,83
『愚管抄』　61
ク語法　86
句読点　53
『句読法案』　53
訓仮名　36
訓漢字　118
訓点　44
訓点資料　47,49,120,174
訓読み　32
訓令式　51

『桂庵和尚家法倭点』　121
敬意逓減の法則　110
敬意表現　110
敬語　110
形式名詞　86
形声　32
契沖　49
軽卑語　165
軽卑の主格助詞　91
軽卑表現　109,113
形容詞　83
形容動詞　84
『下官集』　177
『言海』　70,185
言語体系　56
言語地理学　6
言語変化　7
『源氏物語』　61,173

『蜆縮涼鼓集』　24,182
謙譲語　109,113,165
「現代かなづかい」　50
「現代仮名遣い」　50
言文一致　4
言文一致運動　123
言文一致体　123
言文二途　4

語彙　156
　　外来の――　55
　　固有の――　55
『語彙』　132
語彙史　55
合音　102
高知県中村方言　23
合拗音　18
　　――の整理　21
古音　66
呉音　66,154
『古今和歌集』　57
国字　32
国風暗黒時代　59
『古事記』　30,34
『後撰和歌集』　57
古代語　4
五段活用　82
語頭音節の脱落　11
後藤点　121
『古本節用集』　64
固有の語彙　55
『金色夜叉』　186

さ　行

最高敬語　111,113
『在唐記』　23
嵯峨の屋御室　123
サ行子音　23
サ行拗音　23
雑誌90種調査　58
『讃岐国戸籍帳端書(有年申文)』　39,172
三音節　146

索　引

『三語便覧』 76
『三省堂英和大辞典』 79
三人称 89

子音 21
子音挿入 12
使役表現 112
字音語の連濁 25
式亭三馬 183
シク活用 81, 83
自敬表現 111, 113
指示代名詞 88
時代区分 4
『七喩三平等十无上義』 45
為手尊敬 111
下一段活用 82
下二段活用 88, 114
借音 36
借訓 36
写本 7
重音節 13
終助詞 98, 162
終助詞用法 93
重箱読み 67
主格 91
主格助詞 93
　軽卑の―― 91
純漢文 117
順接の確定条件 94
順接の仮定条件 94
準体句 91, 93
準体助詞 86
準体法 80
畳字連歌 57
「正倉院万葉仮名文書」 37, 38, 171
上代語 5
上代単音節語 156
「上代特殊仮名遣」 9
声点 26
声明 6
「常用漢字表」 33
『続日本紀』 37, 118
助詞 91, 162

助動詞 100, 160
所有者敬語 112
女流文学 61
自立音節 142
新漢語 71
『真政大意』 77, 184
『新撰字鏡』 32, 62
神代文字 30
唇内撥音便 87
新濁 25
『新訳和英辞典』 71

推量の丁寧体 107

正格漢文 117
『西洋紀聞』 47
『西洋事情』 184
接続詞 91
接続助詞 92, 94, 163
絶対敬語 111
舌内撥音便 87
『千字文』 60
前鼻音 24
「宣命」 169
宣命体 37

相対敬語 111
候文体 123
促音＋ハ行子音 22
促音便 16, 87
俗漢文 117
俗語 132
素材敬語 109
速記本 186
尊敬語 111, 164
　皮肉としての―― 113
尊敬語化 114
尊大表現 109, 111, 113

た　行

態 100
第一人称の変遷 128
待遇表現 109, 164

待遇表現史 109
体言 88
体言止め 81
対者敬語 109
第二人称の変遷 129
『大般若経字抄』 45
代名詞 88
タ行子音 23, 142
濁音 11
濁子音 24
濁点 52
『竹取物語』 57
「だ」体 123
田中館愛橘 51
タミル語 56
タリ活用 85
単音節語 59
男女のことばの差 130

チェンバレン（Chamberiain） 51
中央語 3, 125
中古音 154
中古語 5
中称 88
中世語 5
「長恨歌」 174
長母音 15
直音表記 18
陳述副詞 90

坪内逍遙 123
『徒然草』 58

「であります」体 123
「である」体 123
「定家仮名遣」 49, 177
定訓 118
『訂増英華字典』 73
丁重語 109
丁重語化 114
程度副詞 90
丁寧語 114, 165
丁寧体 106

は行

ハ行子音　21, 142
ハ行転呼音　22
バ行・マ行四段動詞　17
『白氏文集』　61
白話語彙　132
八母音説　10
撥音の後のp音　22
撥音便　16, 87
話しことば　3
『反音作法』　26
半濁点　52

比較言語学　2
美化語　109
引き音素　15
否定の推量丁寧体　108
被覆形　12
表記体　116
表語文字　33
平仮名　38
平仮名字体表　150

『附音挿図英和字彙』　74
複音節語　59
福沢諭吉　184
副詞　90
副助詞　96, 98, 162
副用言　90
武家詞　100, 131
『武家節用集』　131
節博士　27
藤原定家　177
二葉亭四迷　123, 186
『仏語明要』　76
不定称　88
『補忘記』　27
文化的語彙　56
文体　166
文体史　116
文体的異形　116
文法　158

索引

「です」体　123
『哲学字彙』　74
『篆隷万象名義』　62

唐音　66, 154
同音語　59, 78
同音衝突　78
東国方言　103, 125
東西の方言差　126
動詞　81
『東大寺諷誦文稿』　45, 122
『同文通考』　32
「当用漢字表」　34
特殊音素　142
外山正一　51
渡来人　66
ドーリットル(J. Doolittle)　72

な行

『夏木立』　186
ナ行変格活用　82
ナリ活用　84

二音節　146
西日本方言　103
二重母音　12, 142
二段活用の一段化　81
『日仏辞書』　76
『日葡辞書』　25, 65
二人称　89
二方面敬語　114
日本語語彙　55
日本語の系統　1
日本語のルーツ　55
日本式　51
『日本書紀』　23, 30
『日本大辞書』　70
『日本大文典』　75, 126
女房詞　130
人称代名詞　89

文法史　80
『平家物語』　58, 179
ヘボン式　51
変体漢文体　33, 118

母音
母音交代型　82
母音脱落　11
母音調和　1
母音融合　12
母音連接　11
母音連続　11
方言　2, 6
方言資料　3
『砲術語選』　74
『方丈記』　58
「菩薩半跏像銘」　33
補助符号　52

ま行

『舞姫』　77
前島密　123
『枕草子』　57
万葉仮名　32, 34, 58, 171
『万葉集』　35, 57, 60, 170

ミ語法　84
『妙一記念館本仮名書き法華経』　25
『名語記』　67

メキシコ型アクセント　28
メドハースト
　　(W. H. Medhurst)　72

文字史　29
『文字之教』　33
文字表記　148
モーラ組織の転換　21
モリソン(R. Morrison)　72
文選読み　60

や 行

ヤ行表記　18
安本美典　55
『訳鍵』　76
山田美妙　123, 186
山田孝雄　61
やまとことば　56

『遊仙窟』　60, 128
湯桶読み　67

拗音　18
拗音仮名　18
用言　80
用言活用　158
様態副詞　90
四段活用　82, 88
四つ仮名　24

ら 行

ライマンの法則　25
ラ行音　11
ラ行変格活用　81
『羅葡日対訳辞書』　75

蘭学　70
『俚言集覧』　64, 132
吏読　32
琉球方言　2
『凌雲集』　59

類音表記　18
類義語　78
『類聚名義抄』　176
ルレ添加型　82

「歴史的仮名遣」　50
連声　26
連声濁　25
連体形＋の　93
連体形の終止法　81
連体接続の主格用法　92
連体止め　80
連濁　25
連母音音訛　15

露出形　12
ロドリゲス（J. Rodriguez）　23
ロブシャイド（W. Lobscheid）　72
ローマ字　50

「ローマ字のつづり方」　51

わ 行

『和英語林集成』　51, 71, 74, 76
和化漢文体　117
『和漢音釈書言字考節用集』
　64, 182
和漢混淆（交）文　121, 179
和漢折衷文　122
『和漢朗詠集』　60
『倭玉篇』　64
『和訓栞』　64
和語　58
　──の拗音　19
　──の連濁　25
和語・漢語・洋語使用量　57
『和字正濫鈔』　49
和習（臭）　117
和製漢語　69
和文語　122
和文体　119, 122
『和名類聚抄』　63
『和訳英辞書（改正増補）』　74

ヲコト点　47

MEMO

MEMO

編著者略歴

沖森　卓也
1952年　三重県に生まれる
1977年　東京大学大学院人文科学研究科
　　　　国語国文学専門課程修士課程修了
現　在　立教大学文学部教授
　　　　博士（文学）

日本語ライブラリー
日本語史概説　　　　　定価はカバーに表示

2010年 4 月20日　初版第 1 刷
2023年 4 月10日　　　　第13刷

編著者　沖　森　卓　也
発行者　朝　倉　誠　造
発行所　株式会社　朝　倉　書　店
　　　　東京都新宿区新小川町6-29
　　　　郵便番号　162-8707
　　　　電　話　03（3260）0141
　　　　ＦＡＸ　03（3260）0180
　　　　https://www.asakura.co.jp

〈検印省略〉

Ⓒ 2010〈無断複写・転載を禁ず〉　　　Printed in Korea

ISBN 978-4-254-51522-0　C 3381

JCOPY　〈出版者著作権管理機構　委託出版物〉
本書の無断複写は著作権法上での例外を除き禁じられています．複写される場合は，
そのつど事前に，出版者著作権管理機構（電話 03-5244-5088, FAX 03-5244-5089,
e-mail: info@jcopy.or.jp）の許諾を得てください．

前阪大 前田富祺・京大 阿辻哲次編

漢字キーワード事典

51028-7 C3581　　　　B 5 判 544頁 本体18000円

漢字に関するキーワード約400項目を精選し、各項目について基礎的な知識をページ単位でルビを多用し簡潔にわかりやすく解説（五十音順配列）。内容は字体・書体、音韻、文字改革、国語政策、人名、書名、書道、印刷、パソコン等の観点から項目をとりあげ、必要に応じて研究の指針、教育の実際化に役立つ最新情報を入れるようにした。また各項目の文末に参考文献を掲げ読者の便宜をはかった。漢字・日本語に興味をもつ人々、国語教育、日本語教育に携わる人々のための必読書。

計量国語学会編

計 量 国 語 学 事 典

51035-5 C3581　　　　A 5 判 448頁 本体12000円

計量国語学とは、統計学的な方法を用いて、言語や言語行動の量的側面を研究する学問分野で、近年のパソコンの急激な普及により広範囲な標本調査、大量のデータの解析が可能となり、日本語の文法、語彙、方言、文章、文体など全分野での分析・研究に重要な役割を果たすようになってきている。本書は、これまでの研究成果と今後の展望を解説した集大成を企図したもので、本邦初の事典である。日本語学・言語学を学ぶ人々、その他幅広く日本語に関心を持つ人々のための必読書。

前宇都宮大 小池清治・早大 小林賢次・早大 細川英雄・愛知県大 犬飼 隆編

日本語学キーワード事典（新装版）

51031-7 C3581　　　　B 5 判 544頁 本体17000円

本書は日本語学のキーワード400項目を精選し、これらに対応する英語を付した。各項目について定義・概念、基礎的知識の提示・解説を主として、便利・正確・明解をモットーにページ単位で平易にまとめて、五十音順に配列。内容的には、総記、音声・音韻、文字、語彙、文法、文体、言語生活等の従来の観点に加えて、新しく表現・日本語教育についてもふれるようにした。学部学生（留学生を含む）、国語・日本語教育に携わる人々、日本語に関心のある人々のための必携書

前東大 山口明穂・前東大 鈴木日出男編

王 朝 文 化 辞 典
―万葉から江戸まで―

51029-4 C3581　　　　B 5 判 616頁 本体18000円

日本の古典作品にあらわれる言葉・事柄・地名など、約1000項目を収める50音順の辞典。古典作品の世界をより身近に感じ、日本文化の変遷をたどることができる。〔内容〕【自然】阿武隈川／浅茅が原／荒磯海／箱根山、【動植物】犬／猪／優曇華／茜／朝顔／不如帰、【地名・歌枕】秋津島／天の橋立／吉野／和歌の浦、【文芸・文化】有心／縁語／奥書／紙、【人事・人】愛／悪／遊び／化粧／懸想／朝臣／尼、【天体・気象】赤星／雨／十五夜／月／嵐、【建物・器具】泉殿／扇／鏡

前国立歴史民俗博物館 小島美子・慶大 鈴木正崇・前中野区立歴史民俗資料館 三隅治雄・前国学院大 宮家　準・元神奈川大 宮田　登・名大 和崎春日監修

祭・芸能・行事大辞典

50013-4 C3539　　　　B 5 判 2228頁 本体73000円

21世紀を迎え、日本の風土と伝統に根ざした日本人の真の生き方・アイデンティティを確立することが何よりも必要とされている。日本人は平素なにげなく行っている身近な数多くの祭・行事・芸能・音楽・イベントを通じて、それらを生活の糧としてきた。本辞典はこれらの日本文化の本質を幅広い視野から理解するために約6000項目を取り上げ、民俗学、文化人類学、宗教学、芸能、音楽、歴史学の第一人者が協力して編集、執筆にあたり、本邦初の本格的な祭・芸能辞典を目指した

◆ シリーズ朝倉〈言語の可能性〉〈全10巻〉 ◆

中島平三監修／言語の学際的研究の紹介と，広大かつ深遠な可能性を詳細に解説

学習院大 中島平三監修・編
シリーズ朝倉〈言語の可能性〉1

言 語 学 の 領 域 I

51561-9 C3381　　　　A 5 判 292頁 本体3800円

言語学の中核的領域である言語の音,語句の構成，それに内在する規則性や体系性を明らかにし，研究成果と課題を解説。〔内容〕総論／音声学／音韻論／形態論／統語論／語彙論／極小主義／認知文法／構文文法／機能統語論／今後の可能性

学習院大 中島平三監修　前都立大 今井邦彦編
シリーズ朝倉〈言語の可能性〉2

言 語 学 の 領 域 II

51562-6 C3381　　　　A 5 判 224頁 本体3800円

言語学の伝統的研究分野といわれる音韻論・形態論・統語論などで解決できない諸課題を取上げ，その研究成果と可能性を解説。〔内容〕総論／意味論／語用論／関連性理論／手話／談話分析／コーパス言語学／文字論／身体言語論／今後の可能性

学習院大 中島平三監修　津田塾大 池内正幸編
シリーズ朝倉〈言語の可能性〉3

言 語 と 進 化・変 化

51563-3 C3381　　　　A 5 判 256頁 本体3800円

言語の起源と進化・変化の問題を様々な視点で捉え，研究の現状と成果を提示すると共に今後の方向性を解説。〔内容〕総論／進化論をめぐって／言語の起源と進化の研究／生態学・行動学の視点から／脳・神経科学の視点から／言語の変異／他

学習院大 中島平三監修　南山大 岡部朗一編
シリーズ朝倉〈言語の可能性〉7

言 語 と メ デ ィ ア・政 治

51567-1 C3381　　　　A 5 判 260頁 本体3800円

言語とメディアと政治の相互関連性を平易に詳しく解説。〔内容〕序章／言語とメディア／プリント・メディアの言語表現／ニュース報道の言語表現／テレビにおけるCMの言語表現／映像メディアの言語表現／政治の言語と言語の政治性／他

学習院大 中島平三監修　東大 斉藤兆史編
シリーズ朝倉〈言語の可能性〉10

言 語 と 文 学

51570-1 C3381　　　　A 5 判 256頁 本体3800円

言語と文学の本来的な関係性を様々な観点から検証し解説。〔内容〕総論／中世の英詩を読む／文体分析の概観と実践／幕末志士の歌における忠誠の表現と古典和歌／ユーモアの言語／文学言語の計量化とその展望／文学と言語教育／他

学習院大 中島平三編

言 語 の 事 典

51026-3 C3581　　　　B 5 判 760頁 本体28000円

言語の研究は，ここ半世紀の間に大きな発展を遂げてきた。言語学の中核的な領域である音や意味，文法の研究の深化ばかりでなく，周辺領域にも射程が拡張され，様々な領域で言語の学際的な研究が盛んになってきている。一方で研究は高度な専門化と多岐な細分化の方向に進んでおり，本事典ではこれらの状況をふまえ全領域を鳥瞰し理解が深められる内容とした。各章でこれまでの研究成果と関連領域の知見を紹介すると共に，その魅力を図表を用いて平明に興味深く解説した必読書

学習院大 中島平三・岡山大 瀬田幸人監訳

オックスフォード辞典シリーズ

オックスフォード 言 語 学 辞 典

51030-0 C3580　　　　A 5 判 496頁 本体12000円

定評あるオックスフォード辞典シリーズの一冊。P.H.Matthews編"Oxford Concise Dictionary of Linguistics"の翻訳。項目は読者の便宜をはかり五十音順配列とし，約3000項目を収録してある。本辞典は，近年言語研究が急速に発展する中で，言語学の中核部分はもとより，医学・生物学・情報科学・心理学・認知科学・脳科学などの周辺領域も幅広くカバーしている。重要な語句については分量も多く解説され，最新の情報は訳注で補った。言語学に関心のある学生，研究者の必携書

立教大 沖森卓也編著　拓殖大 阿久津智・東大 井島正博・東洋大 木村　一・慶應大 木村義之・早稲田大 笹原宏之著
日本語ライブラリー
日本語概説
51523-7　C3381　　A5判 176頁　本体2300円

日本語学のさまざまな基礎的テーマを，見開き単位で豊富な図表を交え，やさしく簡潔に解説し，体系的にまとめたテキスト。【内容】言語とその働き／日本語の歴史／音韻・音声／文字・表記／語彙／文法／待遇表現・位相／文章・文体／研究

早大 蒲谷　宏編著
日本語ライブラリー
敬語コミュニケーション
51521-3　C3381　　A5判 180頁　本体2500円

敬語を使って表現し，使われた敬語を理解するための教科書。敬語の仕組みを平易に解説する。敬語の役割や表現体の位置付けなど，コミュニケーションの全体を的確に把握し，様々な状況に対応した実戦的な例題・演習問題を豊富に収録した。

宮城学院女子大 田島　優著
シリーズ〈現代日本語の世界〉3
現代漢字の世界
51553-4　C3381　　A5判 212頁　本体2900円

私たちが日常使っている漢字とはいったい何なのか，戦後の国語政策やコンピュータの漢字など，現代の漢字の使用と歴史から解き明かす。〔内容〕当用漢字表と漢字／教育漢字／常用漢字表と漢字／人名用漢字／JIS漢字／他

東海大 小林千草著
シリーズ〈現代日本語の世界〉4
現代外来語の世界
51554-1　C3381　　A5判 184頁　本体2900円

外来語をその受容の歴史から掘り起こし，日常にあふれる外来語の今を考える。〔内容〕規定と問題点／受容史からたどる現代／「和製英語」／若者語・流行語としての外来語／日常生活の中の外来語／外来語の「現在」／外来語研究の「現在」

国立国語研 大西拓一郎著
シリーズ〈現代日本語の世界〉6
現代方言の世界
51556-5　C3381　　A5判 136頁　本体2300円

地理学・民俗学などに基づき，方言の基礎と最新情報を豊富な図表を交えてわかりやすく解説。方言の魅力と，その未来を考える。〔内容〕方言とは何か／日本語の方言／方言の形成／方言の分布／地理情報としての方言／方言の現在・過去・未来

前東北大 佐藤武義編著
概説 日本語の歴史
51019-5　C3081　　A5判 264頁　本体2900円

日本語の歴史を学ぶ学生のための教科書であると共に，日本語の歴史に興味のある一般の方々の教養書としても最適。その変貌の諸相をダイナミックに捉える。〔内容〕概説／日本史の中の資料／文字／音韻／文法／語彙／文体・文章／方言史

前筑波大 北原保雄編著
概説 日本語
51017-1　C3081　　A5判 184頁　本体2700円

美しく豊かな日本語を今一度見つめ直し正しく学べるよう，著者らの熱意あふれる筆致でわかりやすく解説した大学，短大向け好テキスト。〔内容〕総論／音声・音韻／文字・表記／語彙／文法／敬語／文章・文体／共通語・方言／言語生活

前東北大 佐藤武義編著
概説 現代日本のことば
51027-0　C3081　　A5判 180頁　本体2800円

現代日本語は，欧米文明の受容に伴い，明治以降，語彙を中心に大きな変貌を遂げてきた。本書は現在までのことばの成長過程を概観する平易なテキストである。〔内容〕総説／和語／漢語／新漢語／外来語／漢字／辞書／方言／文体／現代語年表

前大阪教育大 中西一弘編
新版 やさしい文章表現法
51032-4　C3081　　A5判 232頁　本体2600円

文章をいかに適切に書けるかは日常的な課題である。多くの例を掲げ親しみやすく説いた，文章表現法の解説・実践の手引き。〔内容〕気楽にちょっと／短い文章(二百字作文)を書いてみよう／書く生活を広げて／やや長い文章を書いてみよう／他

前宇都宮大 小池清治著
基礎古典文法
51016-4　C3081　　A5判 168頁　本体2600円

本文で基礎的文法知識を説明し，「演習」「発展」などの項目で，文学読解に役立てるための知識と方法を例示。また「学説」のコラムを設け興味深く学べるようまとめた。〔内容〕言語の単位／語論／助動詞／助詞／古典の敬語／文章・文章論

上記価格（税別）は 2022年 7月現在